浙江财经大学东方学院

ZHEJIANG UNIVERSITY OF FINANCE & ECONOMICS DONGFANG COLLEGE

仰山論叢

2013年卷

◎ 黄董良 主编

ZHEJIANG UNIVERSITY PRESS

浙江大学出版社

目 录

人文艺术篇

校地合作篇

教学改革篇

东方学院社会合作办学现状、问题及对策

黄董良　王金安　敖锦标　罗乐平

摘要：东方学院 2010 年成功搬迁海宁长安新校区，成功实现以空间换时间的跨越式发展，目前学院的发展方向已逐步转向内涵式建设发展轨道。积极融入地方社会经济，探索社会合作办学之路的重要性日益凸现。本调研报告在分析梳理学院近年来社会合作办学工作现状及面临困难障碍的基础上，提出拓展和加快学院社会合作办学的建议。

关键词：东方学院　社会合作办学　现状　对策

众所周知，社会服务作为高校的四大职能之一，在培养学生，提升教师教学水平，服务于地方经济发展等方面都有着重要的作用。2010 年，东方学院完成整体搬迁海宁长安新校区办学的历史重任，经过全体东方人近 4 年的共同努力，成功实现了以空间换时间的跨越式发展，目前学院的发展方向已开始逐步转向内涵式建设发展轨道，在此背景下，学院的社会合作办学工作的重要性就日益凸现出来。

作为一所以应用型人才为培养目标的本科院校，东方学院依托社会资源合作办学是提升教学质量，拓宽办学视野的重要途径。围绕"差异化、国际化、职业化"的战略发展方向，学院社会服务、社会合作办学面临着诸多机遇和挑战。为进一步了解学院社会服务、社会合作办学情况，不断提升社会服务、社会合作办学水平，增强服务地方经济社会发展能力，学院组织了本次专题调研。

本调研报告在分析梳理学院近年来社会合作办学工作现状及面临困难障碍的基础上，提出了进一步做好该项工作的初步建议。

一、社会合作办学现状分析

2010 年学院搬迁至长安新校区办学以来，学院就积极探索与海宁市各级政府和各类企业的互动与合作，已逐步从分散非系统开始走向全面深入。

(一)社会合作办学环境得以改善

2010 年，东方学院作为省内第一所外迁的独立学院，从位于杭州主城区的文华校区整体搬迁至毗邻杭州的海宁长安新校区办学。此次成功搬迁，不仅使学院的办学空间(整个新校区面积近 1000 亩)和办学设施等条件得以实质性改善，实现了以空间换时间的跨越式发展，学院办学的社会合作环境也随之得以根本性改善。原来在位于杭州主城区的文华校区办学时，尽管享有省会城市的诸多便利条件，但其极为局促的办学空间(整个校区面积不足 200 亩)严重制约了学院的生存和发展。同时办学所需要的社会合作环境，也极为糟糕，因为杭州城里公办高校林立，更有像浙江大

学这样的一流名校存在,因此杭州的各级政府和各类企业单位心仪的合作伙伴,显然不大可能落到像东方学院这样办学历史还不长的独立学院身上。而东方学院搬迁至长安新校区办学以后,作为海宁市的第一所大学,自然享有了较为理想的社会合作环境。学院所在海宁市各级政府部门和各类企业大都愿意与学院开展各种形式合作。这对定位于培养应用型专门人才的东方学院而言,无疑具有至关重要的现实意义。

(二)推动合作办学的态度积极主动

自搬迁海宁长安新校区独立办学以来,学院紧紧围绕培养符合经济社会发展需要的高级应用型专门人才这一目标,将深度融入区域经济社会,并为其发展作出应有的贡献作为自身生存和发展的内在需要和重要使命。因此,学院各层次各部门,都非常积极主动地根据各自工作的特点和要求参与推动与海宁市各级政府部门和各类企业单位的各种形式的合作。这是推动学院开展社会合作办学的内生力量,具有更加重要的现实意义。

(三)学院积极探索合作办学的有效途径和机制

1. 积极探索与地方政府合作的有效途径和机制

(1)学院已与海宁市人民政府签署全面战略合作协议。

2012年,学院已与海宁市人民政府签署全面合作战略协议,组建校地合作工作领导小组,设立联系人和牵头人制度,建立实质性的合作平台。希望能因此将学院社会合作工作由原本缺乏统一领导、自发分散无序的状态,转变为有统一领导协调的有序状态,并努力推进合作的广度和深度。

(2)各分院积极探索与有关政府部门的有效合作途径。

各分院相继与海宁市人民法院、嘉兴司法局、海宁市工商局、海宁市财政局、海宁市经贸局、海宁市长安镇人民政府、海宁市许村镇人民政府等单位展开了良好的多形式的互动合作。由于海宁市相关单位都有较强的意愿,因此合作的空间和潜力都会比较理想。

近年来,工商管理分院,与海宁市工商局合作,共同做课题;人文艺术分院与杭州交通局合作,由学院学生为浙江省长途客运车安全告知设计了一套卡通人物,为周边村庄设计村标;法政分院为当地法制活动拍摄微电影。这些举措既为政府部门提供了人才和技术服务,又提高了师生的实践能力。

2. 积极探索与各类企业合作的有效途径和机制

(1)与企业通过结对子的方式建立起互动合作关系。

工商管理分院的老师与相关企业的管理人员通过结对子的方式建立起了良好常态化合作机制。目前分院已与"虹越花卉"、"长三角汽车城"等企业通过结对子的方式建立起常态化良好合作关系,分院教师与企业营销、管理人员进行一对一的结对。双方进行双向沟通,教师在不影响本职工作及授课任务的情况下,每周可以抽时间去对方单位走访,了解对方的企业文化,管理状况及面临的困难与问题,参与合作企业的管理。对方结对人员可以到学院开设专题讲座等,把实际工作经验传授给学生,让学生得到工作一线的真实信息。学生毕业论文可以结合实习单位实际来做,并可以得到"双导师"的有效指导。

(2)通过教师到实际部门挂职锻炼建立良好的互动合作关系。

根据教师的学科专业的特点,联系接洽相应的政府部门、企事业单位,安排教师赴岗进行挂职实践,以提高教师的实际工作经验。法政分院已建立起年轻教师必须到法院挂职锻炼至少半年的制度,目前第一位参加挂职的老师已完成任务,第二位老师已在挂职锻炼之中。金融经贸分院分别安排年轻教师到浙商银行嘉兴分行、浙江省股权交易中心等单位挂职锻炼。

（3）面向企事业单位开展各类咨询、培训等服务。

学院教师根据自己的专业特点，积极地参加社会服务，担任企业的顾问，提供各类咨询，同时还开展英语培训、电子商务培训、财务知识培训、销售管理培训等等。

（4）通过创建"订单班"人才培养模式，为特定企业培养适用专门人才。

通过创建"订单班"人才培养模式，能有效地为特定企业培养适用专门人才。校企紧密合作办学，双方利用各自的资源优势共同参与人才培养。企业依据自身的生产设备和技术人员情况，提出人才需求规格、专业设置的要求，由校企双方共同制订培养方案和教学计划，将企业文化、生产工艺、生产操作等引入教学课程内容。学校负责学生的基础理论课和专业基础课的教学；学生的实践教学和技能操作到企业，企业全程参与人才培养过程。校企联合培养人才的教育教学内容贯穿到每一个教学环节当中，通过整合校企资源联合培养人才，使学生毕业后就能直接上岗，成为熟练的技术人才。

工商管理分院已与八方物流公司合作创办过"八方物流"班。金融经贸分院的渤海银行班正在运行中，与浙江省建设银行建立订单班事宜正在商谈中。

（5）校企合作创建实训中心。

学校依托企业建立院校与企业共用的生产性实训基地，由企业或学校提供实训场地、管理人员和实训条件，校企共同投入，按照符合企业生产要求建立生产性实训基地，由企业和学校共同设计学生的实训课程，学生集中到生产性实训基地顶岗实习、实训和生产。教师到企业、园区实践，企业师傅到校任教，实现学生的专业职业能力与企业岗位职业能力相对接、实习实训环境与企业生产环境相一致。

目前我院校企合办实训中心项目正在积极探索和进行之中。学院现设有"跨专业综合实训中心"、"法务实训中心"、"经济与管理实验中心"、"人文艺术实验中心"、"公共基础实验中心"和"金融实训中心"。财税分院按照财政学、税务、劳动和社会保障三个专业分别成立了"学生实践中心"；人文与艺术分院成立文化艺术设计工作室（习羽工作室），该工作室不仅能使学生深化理论知识的运用，还能更好地参与社会实践，大大提高学生的学习效率，同时也能体现我院教育体制改革的成效。

（6）创建适合学科专业的实习实践基地。

各分院紧密结合自身学科专业特点和人才培养的需要，积极探索创建富有特色的实习实践基地，目前学院已在全省各地建立了90余个实习实践基地。

（7）结合学科专业特点组织开展各类专题活动、文化讲座、学术研讨会等。

财税分院与长安地税、国税共同合作举办"税收宣传月"活动，此活动已连续举办三年，颇受地方好评；分院与本地合作进行了社保情况的调查，举办了"产业与养老服务"研讨会；分院与海宁中学接洽，举办了"心智导师"活动，帮中学生解决困难及心理问题等。法政分院与海宁司法部门合作，共同开展"社区矫正"活动；在盐仓经济开发区开展"法务咨询"等活动。信息分院与许村服装协会共同召集7家公司，举行了数次座谈会，确定以"正鼎鞋业"作为试点，由老师带队，学生主导，帮其设计企业网站，开展电子商务。工商分院深入地方医院及疗养、养老机构进行调研，深入了解医院、养老机构等实际情况，就"医养结合"进行深度研究，探索新模式。

由学院科技服务部主办的"仰山文化大讲堂"，是一个人文教育的开放课堂，旨在希望能为广大师生搭建起一个常态化的文化交流传播平台，邀请浙江省内的一些文化名人来校进行讲座，向广大师生分享文化感受及研究心得。自2012年开讲以来，受到了广大师生的欢迎和好评。

3. 积极探索国际化社会合作办学途径

学院高度重视国际化工作，始终把提高国际化办学水平作为学院重要的办学目标。2010年搬迁海宁长安新校区办学之初，学院就成立了国际合作交流中心，积极开展与国外高校的交流活动。

经过三年多的不懈努力,已与美国、英国、法国等国外多所知名高校建立了合作关系,结合学院学生的实际需求,按照"游学—交换和实习—攻读硕士学位"三个层次,为不同年级和不同需求的学生量身订制了适合学生发展愿景的国际交流项目,为塑造学院的国际化办学特色打下了良好的基础。

2010年学院与英国的英格兰及威尔士特许会计师协会正式签约,将其职业资格考试的12门课程引入我院会计专业的培养方案之中,因此诞生的ACA班已有四届学生在读,教学效果良好。2011年学院与美国的南缅因大学、弗洛斯堡州立大学分别签订了校际合作办学协议。2012年与法国雷恩商学院签订了校际合作协议,根据协议该校每年向我院增加了交换生名额。2013年与法国英赛克—阿尔卑斯—萨瓦高等商学院签订校际合作协议。2011年学院与美国弗洛斯堡州立大学开始联合培养工商管理硕士(MBA)项目,该项目部分课程的教学任务在国内由我院教师承担完成,现在第一、第二期项目的国内课程教学任务已经顺利完成,学生已成功转入美国弗洛斯堡州立大学学习,第三期项目的国内课程教学工作目前正在有序进行之中;该校还向我院提供了每年6名本科交换生。另外,学生相互访学活动也得以顺利开展,2012—2013年,美国弗洛斯堡州立大学已有2个师生访问团共40余名师生成功访问我院,我院也有40余位同学在寒暑假成功访学美国。

二、面临的主要困难和障碍

虽然学院在社会服务和合作办学方面工作取得了较好的进展,也有一些创新和亮点,但学院在这方面工作仍面临着许多困难和障碍。

(一)教师参与的积极性、主动性还需要进一步调动

由于东方学院师资队伍的总量还不足,不少教师由于教学任务较为繁重,还面临着其他诸如晋升职称、出国进修、挂职锻炼、结婚生子等事宜,因此对参与社会服务、社会合作办学工作的积极性还不高,主动走出去的意愿还不强。按照教育部关于高等学校18∶1的生师比要求的70%配备教师测算,学院尚有150人左右的教师缺口,师资队伍总量不足,部分一线教师承担着相对较重的教学科研任务,繁重的教学任务也使部分教师没有足够的时间和精力投入到社会合作办学领域。

(二)教师参与的激励机制还不够健全

开展社会服务、社会合作办学,必然会涉及教师的工作量认定、经费支持、职称评审等方面的问题,这些问题亟待学院层面出台相应政策加以解决。目前,学院的社会服务、社会合作办学工作基本还是处于"各自为政"的状态,合作单位的洽谈、签约,人员的派出,经费的使用,效果评估和验收等仍由各分院自主,缺乏学院层面的顶层制度设计和制度安排。

(三)社会合作单位缺乏必要的基本条件

不少单位虽然非常愿意与学院开展诸如教师挂职锻炼、学生实习实践等合作事项,但由于单位离学校较远,又无法向师生提供必要的住宿和餐饮等条件,而致使合作最终无法实现。

(四)校地(企)合作的有效模式尚未形成

现在还没有形成有效的校地(企)合作模式,不能使校地(企)合作变成来自学校和地方(企业)自身内在发展的一种动力需要,急需创新校地(企)合作的有效模式。校地(企)合作由学校单方面推进成效甚微,多数是短期的、不规范的、靠感情和人脉关系来维系的低层次的合作,尚未形成统一协调的、自愿的整体行动,校企合作的有效机制模式没有形成。

（五）各分院社会服务、社会合作办学水平存在较大差异

由于师资队伍、学科专业等客观因素的影响，我院各分院的社会服务、社会合作办学情况各不相同，既有一些分院已经形成了相对成熟的运作模式，也有一些分院仍处在社会服务、社会合作办学的初期阶段。各分院在社会服务、社会合作办学之间的交流与协作还存在一定程度的欠缺，致使好的经验和做法没有得到传播和推广，缺乏经验的又在从头摸索，严重影响了我院社会服务、社会合作办学的整体效率。

三、解决问题的几点建议

（一）激发广大教师参与的积极性和主动性

一是要坚持"走出去"和"请进来"两条腿走路，既要"走出去"和地方融入，积极地服务于地方经济发展，更要在"请进来"方面下工夫，进一步提高合作的层次。目前，学院一线教师教学工作量普遍较大，加之学院迁建海宁办学，部分教师"走出去"不仅需要花费大量的时间和精力，学院也需要承担较高的成本，影响了他们的积极性。今后，学院要在继续做好教师挂职锻炼和与地方企事业单位结对学习的基础上，重点引进一批学有专攻、经验丰富、乐于教学的各行业优秀人才来校交流汇报，结合学院教学科研实际为他们量身打造一批高水平的学术交流合作的平台（如"仰山文化大讲堂"、法政分院的"模拟法庭"和"司法审判理论与实务研讨会"），这对于拓宽学院师生视野，提高教学水平将产生积极影响。二是要按照2013年师资建设大会的统一部署扎实推进师资队伍建设工作，全面开展"151人才工程"，从根本上解决一线教师教学任务过重的问题。三是要高度重视保障性工作，各分院和职能部门要积极协调相关合作单位，争取经费和其他方面的支持，为教师"走出去"创造有利条件，解决他们的实际问题和后顾之忧。

（二）健全学院社会服务、社会合作办学的激励制度

一是要借鉴各分院在社会服务、社会合作办学方面的好经验、好做法，加强各分院之间的交流与合作，并将这些经验和做法在全院范围内推广。二是要统筹兼顾，发挥"鲶鱼效应"。逐步探索适合学院实际的社会服务、社会合作办学管理制度，在人员选拔、派出机制、工作量考核、工资福利待遇、合作验收等方面制定统一标准，并将合作交流纳入教职工考核评价体系，形成完整规范的操作流程和考核办法，由分院定期向学院主管领导汇报社会服务、社会办学合作进展情况，由学院党政联席会议对各分院进展情况提出意见。三是要及时做好社会服务、社会合作办学的跟踪和反馈。对于正在进行的社会服务、社会合作办学项目，各分院要及时建立档案，对于已经完成的项目，要做好资料的汇编和整理工作。

（三）统筹安排、整体协调学院社会合作各项工作

既要充分认识到各分院的特殊性，又要认识到学院发展的整体性，力争使学院社会合作办学的整体水平在未来几年有较大规模的提高。一是学院通盘考虑，不断整合现有资源，促进各分院交流合作，使社会服务、社会合作办学覆盖的学科领域更广，涵盖的专业更多，积极探索交叉学科和多学科融合发展；二是逐步探索实行论文双导师制，借鉴工商管理分院以顺丰速运为蓝本的论文设计理念，按照"论文导师＋项目导师"的思路，不断提高毕业论文设计的实用性和针对性。

(四)努力创建一批富有特色社会合作品牌项目

学院作为海宁市唯一的一所本科院校,应该充分利用和依托海宁市各级政府和各类企业的各种关系和资源,创建一批富有特色的社会合作品牌项目,以提升学院社会服务水平。一是要紧紧抓住如阿里巴巴长安仓储中心建设等新机遇,大力促进学院物流管理、电子商务、信息管理等相关学科专业的合作办学水平,努力创建新型合作办学品牌项目;二是继续维护,并努力挖掘有社会合作办学项目的潜力,使之成为可持续的传统品牌合作项目,如法政分院与海宁市人民法院、长安法庭等的合作项目,工商管理分院与八达物流、八方物流、长三角汽车城、嘉兴物流中心、顺丰快递等企业的合作项目。

大金融背景下的人才需求探析

陈中放　黄董良

摘要：大金融是将经济和金融的微观个体和宏观整体有机结合，构建一个高效、稳定和具有应付危机能力的新型金融体系，更好地服务于实体经济。在大金融背景下，金融的人才需求将会发生深刻的变化，高校必须以大金融观念加强学科专业建设，重构课程体系，变革教学内容，努力培养适应大金融时代需要的应用型专门人才。

关键词：大金融　人才需求　培养模式

随着国内经济发展放缓，经济结构的调整迫在眉睫，各行各业都将经历阵痛性转变，从而去适应市场的发展。这其中，也包括了高等教育市场。长期以来，我国的高等教育市场不愁生源，自然高校也不担心输出。但是随着生源的结构性变化与逐渐减少，高校的市场竞争将渐趋激烈，独立学院在名气、地域、师资等都不占优势的情况下，很难在未来的市场竞争中脱颖而出。因此，我们需要重新明确自身的定位，认清形势，找准方向，改变思维模式，为未来的竞争做好准备。只有能培养出符合市场所需要的人才，才是影响竞争力的最关键因素。我们应该培养怎样的学生去适应日新月异的市场？我们应该如何塑造我们的核心竞争力？根本的一点在于我们如何去正确地分析目前形势，在眼花缭乱的经济现象中去捕捉经济内在的发展规律，树立符合市场经济发展的思维。

一、大金融概念的提出

大金融这一全球性金融框架概念已经于2013年度的G20国际峰会上正式提出，各国都已经认识到这一概念的提出将会有益于帮助全世界实现强劲、可持续、平衡的经济增长的"全球经济目标"。

目前理论界认为"大金融"基本内涵主要是：宏观与微观金融理论的系统整合；金融和实体经济的相辅相成与和谐发展；金融发展一般规律和"国家禀赋"的有机结合，国内金融与国际金融和谐共融的全球化思维模式和跨界意识。金融与经济全局思维成为大金融理论的核心要义。

在传统的经济知识体系中，因局限于经济发展的实际状况，主流的宏观经济理论一直未将金融体系正式纳入分析框架，使得金融体系对宏观经济运行的实际影响没有被重视，在理论上割裂了二者之间的相互关联和作用机制。所以没有将经济运行中的金融因素提供一个逻辑一致并且比较完善的分析框架。金融体系对宏观经济的影响也只是在新古典或新凯恩斯模型中植入特定的金融摩擦因素等少数理论中用到。近年来，西方各国大规模的金融危机引发的经济危机再次表明，金融对实体经济的影响至关重要。在金融体系的内部运行规律、实体经济的内生性机制以及这两方面相互作用机制得到一定认识之前，经济学理论已经无法取得突破性进展。

　　现代经济发展到今天,无论理论和现实都走到了一个十字路口,必须有一种更加全面、系统和比较符合现实的思维来构建新的经济金融理论体系,这是我们必须面对和需要深入思考的问题。"大金融"正是在无论经济理论和金融理论都面临重大缺陷,并且现实的经济和金融发展迫切地需要一个新的理论来指导的双重背景下提出来的。"大金融"理论的核心,就是要将无论经济和金融的微观个体和宏观整体有机结合,构建一个高效、稳定和具有应付危机能力的新型金融体系,能更好地服务于实体经济,从而推动中国和世界经济增长。

　　金融在某种意义上讲就是资金融通,金融是个过程,在大金融时代的金融市场,融资方式分直接融资与间接融资。很多人认为金融就是银行、保险,或者再加上证券,这种理解是比较片面的,已经落后于经济和金融的发展现状。大金融的概念也不是突然冒出来的,长期以来尤其近年来国内外很多有识之士不论在理论上或者实践中都进行了有益的探索。

二、大金融概念的理论追溯

　　在现代经济理论的研究历史上,对金融和经济之间的关系进行专门研究的最早的是 1955 年约翰·G.格利和爱德华·S.肖在《美国经济评论》上发表的《经济发展的金融方面》,随之 1969 年雷蒙德·W.戈德史密斯在其名著《金融结构与发展》中,就金融发展对经济影响这个"金融领域中最重要的问题"进行研究,奠定了金融发展理论。他认为世界上各个国家的金融发展"只存在一条主要的金融发展道路,在这条道路上,金融相关比率、金融机构在金融资产总额中的比重、银行系统的地位等方面的变化都会呈现出一定的规律性,只是在战争中和通货膨胀之时才会出现偏离现象"。这个 20 世纪提出的金融发展理论认为,发展中国家经济落后的症结在于金融抑制,金融发展理论深刻地分析了如何在发展中国家像发达国家一样建立一个以金融促进经济发展的金融体制,不断地进行金融深化,并指出当金融处于逐步深化状态时,一国的金融资产总量与国民经济总量之比值(金融相关比率)不断地提高,金融体系的规模与机构不断优化。在金融结构中,一开始发展中国家都是以间接金融(如银行信贷)为主,但随着该国金融的不断深化,直接金融(股票、债券)的比例会迅速提高,大大高于间接金融的发展比例,形成显著的储蓄、投资、就业和结构优化效应。

　　从金融发展的指标解析看,我国货币化率指标 M2/GDP 从 1978 年的 0.29 稳步上升到 2013 年末接近 1.92,远远超过了美国、日本等发达国家水平。但是各国之间的 M2/GDP 指标并不能有效反映各国金融深化程度的差异,这主要原因是由于各国经济运行体制和资本市场发育程度不同,在我国由于投资渠道不畅、直接金融中介机构发育迟缓等特定原因和国民高储蓄率意识的历史传统决定了我国货币化率指标必定显著高于西方发达国家的相关指标。而从世界各国金融发展历史经验看,主要发达国家货币化率均经历了一个从逐渐增长到逐渐下降的过程,特别是在经济发展到有一定程度的基础后金融服务业大发展的阶段,随着股票市场、债券市场、金融衍生品市场、房地产市场等金融资产能充分自由定价,各种金融商品交易市场的蓬勃发展时,货币化率出现了快速下降,以股票、基金、债券、房地产等形式存在的金融资产快速增加,体现一国的金融深化向更深层次发展。所以,更能体现金融深化程度的是金融相关系数,即各国金融资产总量与国民生产总值的比例。

2008 年各国金融资产总量与国民生产总值的比率

中国	美国	英国	欧元区	日本
2.53	10.2	12.94	8.07	10.99

从表 1 中可以看出,我国的金融相关系数远远落后于发达国家,我国以间接金融即银行信贷为主要金融工具,近年来银行信贷几乎占了金融资产总量的 2/3,而发达国家则以直接融资为主。比如美国银行信贷只占金融资产总量的 1/10,他们十分注重在直接金融创新上的研究。所以我国金融的发展,应增加直接融资的比重,根除"金融就是银行"的错误观念,充分去认识"大金融"的概念。

对于金融和经济关系这个课题,本文第一作者早在 1994 年的一次在香港召开的探讨金融问题的国际会议上,就发表一篇论文,提出"逐步增加证券融资比例,迅速加快股权融资发展"的政策建议。然而长期以来,我国理论界对这个问题的研究明显滞后。但最近我国理论界有了比较重大的突破,我国著名经济学家黄达先生在 21 世纪初期明确提出了"大金融"概念,经过我国金融理论界与实际金融业人士的共同推动与完善,2013 年,在中国人民大学校长兼央行货币委员会委员陈雨露教授与马勇博士共同撰写的《大金融论纲》中完善了"大金融"框架系统。

三、大金融与传统金融的区别

从以上理论发展和我国经济改革的实际中可以清楚地看到,大金融与传统金融无论在范围的广度上和研究的深度上都发生了十分巨大的变化,这是我国经济和金融改革发展到今天的必然,也是国际金融不断创新的结果,如果再以传统金融的理论和思维来分析今天的金融,显然完全落伍了。

金融作为资金的融通过程,一方面是在某一个国家的特定经济环境中运行,另一方面随着不断的改革开放会和国际金融产生越来越紧密的联系。传统金融主要研究银行,而在大金融时代金融市场有直接金融与间接金融之分,大金融时代的金融市场主体是投资者和融资者,银行只是金融中介里面的间接金融的一种金融机构。大金融的特点在于它强调的四个整体性。

(一)要把金融中介看做是一个统一的整体

金融中介并不仅仅是货币、信贷、银行,而应该一起考虑另外一部分资金和直接金融机构。由于金融业的起点是银行,它在几百年来金融发展的过程中起到了十分重要的作用,所以一般人会把银行、保险等间接金融机构认为是金融,就连我们目前的教材很多还是把金融学和货币学、信用学、银行学等同起来。其实,今天衡量财富的主要标志已经不是货币而是资金,货币只是资金的一部分,银行和保险等间接金融量在美国金融市场中占金融资产总量的比例只占不到 1/3,西方发达国家都大致如此,所以加快直接金融的发展不仅是我国金融改革的首要任务,也是金融发展理论衡量一个国家金融深化程度的主要标志。

(二)要把金融市场看作是一个统一整体

必须把金融市场作为一个统一整体,而不应单单考虑金融中介。如果把金融作为一个整体,或作为一个过程看,这个金融市场的主体是投资者和融资者,金融行业是一个服务性行业,金融中介机构是服务于投资者和融资者的侍者。业内经常讲客户是上帝,但在我们的理论体系中,教科书不是为这些投资者和融资者编写的,为这个金融市场的主体服务的知识则更少,通常总是站在金融中介的角度去传播金融知识,这种思维无疑已不符合现代服务的理论和实际。

(三)要把金融和经济作为一个整体来研究

应该把金融和经济作为一个整体来研究,而不应该把他们割裂开。应该说金融是经济体系里面的一个行业,但随着经济的发展,金融业在经济中的地位越来越重要,它已经成为经济发展的主要动力。过去理论界认为金融是经济的血液、神经,现在大家普遍认为金融是经济的核心,是经济的主导行业,每一个国家经济的发展无法离开金融发展的支撑。

中国经济创造了史无前例经济奇迹,连续30多年平均每年GDP以9%的高速增长,远远超过了20世纪七八十年代的"日本奇迹",他们只有连续20年每年以7%的经济增长,当时已经是世界经济发展的奇迹了。中国经济高速发展当然有很多原因,但是我们认为主要是东方民族特有的偏好储蓄的价值观;中国经济的缓进的改革形成多种所有制并存所造成的"金融剩余"起了主要的推动作用,中国的高储蓄率可以集中大量信贷资金,按同比计算,中国M2/GDP的货币化率指标是美国的8～9倍,这给高投资率创造了条件,形成以高投资拉动经济发展格局。

但同时这也隐藏了巨大金融风险,从金融发展理论看今后经济的发展必然会改变金融结构,所以在研究金融时一定要考虑经济环境,在研究经济时也一定要考虑金融的主导作用。

(四)要把国内金融放在国际金融整体中来研究

应该把我国金融放在国际金融的整体中来研究(E),不能把我国金融发展和国际金融割裂开。我国的改革开放已经过了三十多年,所有的行业都已经不同程度实现了国际化,金融因为涉及面最广,完全市场化最难,所以是最后对外开放的行业。根据我国加入WTO的协议,我国将逐步全面开放金融业,现在来看我国金融业全面开放可以用倒计时来计算了,因此加快我国金融制度的改革与完善、转变金融人才的培养思维与模式,以适应国际金融的发展,这是摆在我们面前的一项极为迫切的任务。

四、大金融概念在我国改革中的实际应用

创新是金融发展的动力,也是金融这一传统行业永葆活力的根本。金融创新不仅仅是指金融产品和金融业务的创新,还包括对金融体系、金融市场、金融技术、金融机构创新。近年来,我国在金融制度和金融产品创新方面取得了重大成绩,包括人民币汇率制度改革、股权分置改革、存款保险制度加速推进、金融机构境外战略投资者引入、资产证券化、股票指数期货、权证创设、利率互换等等。中央政府和各个地方政府也根据不同的实际情况进行了很多金融改革的尝试,早已经突破了传统金融的范围,促进了在大金融范围内各个方面的发展,反过来又促进了金融对经济服务水平的提高。

(一)各地政府成立金融办公室

在目前政府简政放权的强烈呼声下,各地方政府总体上都在精简政府机构,但金融机构的建设比较例外。众所周知,我国的主要金融机构都由中央直接管理。在这种体制下,各地方政府从省级到地(市)、县都新设了金融工作办公室,配备了比较多的编制,如宁波市金融办公室一成立,就有30多人的编制,这正证明了各级政府对大金融工作的重视。这些新设的金融办公室,其工作职责远远超过了传统金融的范围。根据《浙江省人民政府金融工作办公室主要职责内设机构和人员编制规定》,省政府金融工作办公室的主要职责为:负责建立全省金融工作沟通协调机制。建立"一行三局一办"(人民银行杭州中心支行、浙江银监局、浙江证监局、浙江保监局、省金融办)的沟通协调机制。负责组织协调金融机构为本省经济社会发展提供金融保障。负责金融保障情况的汇总分析、督促落实、考核评价,引导金融机构运用各种金融创新工具和融资平台为经济建设尤其是重点工程、主导产业、重点区域和中小企业、"三农"发展提供金融支持。负责推进地方创新类金融组织的试点工

作;负责牵头协调全省小额贷款公司试点的审核和管理工作;负责股权投资基金发展综合协调的具体工作;指导股权投资管理公司组建行业协会工作;牵头协调未上市公司股份转让试点工作;参与推动融资性担保机构规范管理工作;承担由地方政府审批的创新类金融组织相应授权的监管职责。

确定以上这些工作职责表明,各地方政府在实际工作中已经充分认识到大金融概念,各个地方政府成立金融办公室主要是为各地的"大金融"服务,而银行、保险只是金融的一部分,而且主要由全国的金融监管机构管理,并非是地方金融工作办公室的主要管理内容。

(二)各地金融改革试点

近年来,国务院在全国各地进行了一系列的金融改革试点:

2008 年 3 月由国务院批准实施在天津滨海新区开发开放中推出的以完善现代金融服务体系和金融改革创新为要点的试点。

2009 年 1 月国务院发文实施在重庆推出的为统筹城乡发展而扩大金融服务的试点:推进金融体制改革,健全金融市场体系,改善城乡金融服务;加快发展多层次的资本市场;探索发行用于市政基础建设的项目收益债券;设立保险业创新发展试验区;开展外汇管理体制改革试点;建立现代农村金融制度,大力推进农村金融产品和服务创新。这项改革的特点是促进城乡统筹。

湖南着力于支援长株潭城市群的金融服务创新综合试点,包括微信和支付结算等金融创新。新疆开展以提升边疆和民族地区金融服务水准为重点、支援跨越式发展的金融改革试点。

2012 年 3 月浙江温州推进的金融综合改革试点,以规范民间融资,发展民营金融、改进中小企业金融服务等为要点建设金融改革试验区。温州是我国民营经济的发源地和主要阵地,中央把以民间融资为主要改革目的的金融改革试点放在温州,正体现了每一个地区的金融改革和经济的紧密联系。

2012 年 6 月在珠三角、深圳前海地区开展以金融对外开放和粤港澳金融合作为重点的改革试点。福建泉州建设综合改革试验区,探索金融服务实体经济的新途径、新模式。在浙江丽水推进的以农村信用体系建设为核心的农村金融改革试点。丽水是我省以农业为主的经济区,中央把农村金融改革试点放在丽水,也证明了一个地区要发展经济,必定会与金融产生联系。

从以上国务院进行的一系列金融改革试点不难看出,大金融概念在我国深化经济改革中已不断地被应用到实际工作中。

(三)上海自贸区的成立

2013 年 9 月 18 日,国务院下达了关于印发《中国(上海)自由贸易试验区总体方案》的通知。《中国(上海)自由贸易试验区总体方案》包括:在上海自贸区先行尝试人民币资本项目下开放,并逐步实现可自由兑换等金融创新;企业法人可在自贸区内完成人民币自由兑换;很可能采取分步骤推进人民币可自由兑换的方式,如先行推动境内资本的境外投资和境外融资;拟开放人民币资本项目,是金融领域试点最惹人关注的问题。上海市金融办副主任徐权表示,自由贸易试验区的试点涉及金融方面的包括利率市场化、汇率自由汇兑、金融业的对外开放、金融产品创新等,也涉及一些离岸业务。这一改革方向不会因为短期的流动性变化、热钱流向的变化而变化。

在上海构建离岸金融中心:离岸金融业务是自由贸易区的重要组成部分,也是与人民币资本项目开放一脉相承的。大家都看好上海作为离岸金融中心,人民币汇率价格发行机制能使外流资金更好地周转,提高人民币使用的效率。

金融创新与金融服务不仅是上海自贸区的亮点,也是未来中国金融改革的重点。上海自贸区的金融革新意义非凡、任重而道远,相关概念股也被市场人士寄予厚望。上海自贸区的建立引起了证券交易所"大金融概念股"的一轮上涨狂潮。

五、大金融时代金融市场对人才的需求

大金融时代的金融市场是投资、融资和金融中介三部分构成的,并且它和国内经济和国际金融有着密切的联系,所以人才的需求也会随着形势的变化而变化。从以上分析我们可以预测,今后我国经济、金融方面的人才需求会发生以下一些变化:

(一)间接金融机构尤其银行人员需求减少

全面开放金融市场,外资银行进入中国,中国银行会面临激烈的竞争。两年内中国的利率要全面放开,将会有一大批中小银行破产或者被兼并。我国金融管理当局已经预见到这一趋势,正在制定银行破产法和筹建存款保险机构。

目前银行间的竞争已经达到空前激烈程度,根据金融发展理论,间接金融比例今后会较快下降,人才需求也会减少。目前银行营业部在数量上比任何企业网点都多,随着互联网金融的发展,银行网点将会减少,由此带来的影响是人才需求的减少。

(二)直接金融人才需求增加

由于金融创新层出不穷,直接金融发展近 20 年,现在已经接近金融资产总量的 1/3。根据前面的分析,直接金融的比例会迅速发展,随着投资基金、信托、金融租赁等直接金融机构不断涌现,金融创新技术、产品不断出现,直接金融人才需求将增加。

(三)金融投资人才需求增加

这里所说的"金融投资人才",是指"金融综合经纪人",即对各种金融投资工具都熟悉、通晓的人才。他们根据不同的情况对客户提供不同的金融产品,为各个金融机构保持着客户的稳定,主要服务对象是资金充裕的大客户。根据经济形势变化,这类人员需求会很旺盛。原因主要有以下三个方面。

一是私人财富增加。据统计在我国,拥有 100 万元以上流动资产的富余人员的净高值人员已经达到几百万。与此同时,金融投资和私人财富管理正在走入每一个家庭。

二是第三方理财机构兴起,出现了很多为投资者和融资者服务的机构,有的已经发展到一定规模,如诺亚财富已经在美国纳斯达克上市。

三是各行业的客户经理有"综合化"趋势。银行、证券、保险、期货、基金等各类金融机构的客户经理都需要争取客户资源,所以他们必须要了解各类金融投资工具,迎合客户需求,有了客户就有了竞争的优势。

(四)金融融资人才需求增加

这里所说的"金融融资人才",是指对各种金融融资工具、方式都熟悉的人才。在目前经济状况下,企业是资金需求方,中小企业融资难已经成为社会现实。究其原因,我国的金融体制是一个问题,但大部分中小企业缺乏融资专门人才,也是中小企业融资难的主要原因之一。所以财经院校不仅需要培养财务部经理,更需要培养财务总监(COO),这类人才要懂金融,能为企业制定融资规划,并根据企业情况选定最优融资工具。

浙江财经大学东方学院作为一所独立学院,明确以培养高级应用型人才作为办学定位,金融学

科又是学院的传统优势学科,因此我们必须审时度势顺势而为。不断创新思维方式,以大金融观念加强学科专业建设,重构课程体系,变革教学内容,产教融合强化实践教学,塑造与凸现有竞争力的办学特色,努力培养出适应大金融时代需要的金融及金融化专门人才。

参考文献:

[1] 巴曙松.网络大潮冲击下的金融业走向"大金融".财经界,2000(5).

[2] 夏斌.十八大后金融改革核心内容.多盈财经网,2012-11-19.

[3] 陈雨露,马勇.大金融论纲.北京:中国人民大学出版社,2013.

[4] 雷蒙德·W.艾德史密斯.金融结构与金融发展(中文版).上海:上海三联书店,1990.

[5] 约翰·G.格利,爱德华·S.肖.金融理论中的货币(中文版).上海:上海三联书店,1991.

"程序设计技术"课程群建设的主线分析

翁文庆　冯　睿

摘要: 课程群建设是一项系统工程,课程群建设只有抓住主线,才能使群内各课程有机融会贯通。本文以"程序设计技术"课程群为例,详细分析了课程群建设的几条主线。

关键字: 程序设计　课程群建设　主线

近年来,各高校的专业建设从以往的单科课程建设,纷纷转向课程群建设。所谓课程群,指的是同属一个学科或专业,在内容上密切相关,前后连贯、递进的若干门课程。因此,在进行课程群建设时,首要考虑的就是这个"群"字。课程群里的每一门课程的建设,都要充分考虑前后课程的关联和衔接,打通课程之间的内在脉络,使得课程之间互相配合,在内容上相互连贯融合,避免了课程之间前后脱节或内容重复,从而获得群体优势。也就是说,在课程群建设时,一定要有贯穿群内所有课程的主线,进行通盘考虑。近一年多来浙江财经大学东方学院围绕应用型的办学方向,在全院范围进行了广泛的课程群建设,取得了较好的效果。本文就计算机科学技术专业"程序设计技术"课程群建设的主线,进行分析和探讨。"程序设计技术"课程群主要包含四门课程:"程序设计基础"、"面向对象程序设计"、"数据结构"和"图形与游戏程序设计"。

一、"程序设计技术"课程群介绍

"程序设计技术"课程群是计算机科学与技术专业的一个专业基础课程群,本课程群重点培养学生的程序设计能力。本课程群有四门内容上密切关联,具有递进关系的课程组成,四门课程列详细情况如表 1 所示。

表 1　"程序设计技术"课程群基本情况表

序号	课程名	课程性质	开课学期	学分	总学时(理论＋实验)
1	程序设计基础	必修	1	5	60＋30
2	面向对象程序设计	必修	2	3.5	34＋51
3	数据结构	必修	3	2.5	51＋34
4	图形与游戏程序设计	选修	5	4	17＋51

本课程群的教学目标是培养学生的程序设计能力。通过本课群的教学,使学生在基础技术层面理解计算机数据处理的实现过程、数据抽象与算法分析方法、模块化和数字化等专业概念与基本方法,并获得技术应用的直观感受,为后续系统地学习专业理论与应用开发技术打下基础。

二、"程序设计技术"课程群建设的主线分析

（一）课程群的内在逻辑

在进行课程群建设时，有时往往有不同的培养目标，就有不同的组合。课程群内课程的选择非常重要，课程群内课程的选择标准只有一个，那就是课程之间的内在逻辑。课程群内的课程，一般同属一个学科或专业，在内容上密切相关，前后连贯、递进的若干门课程。我们在选择课程群内课程时，要避免关联不强、拉郎配式的课程组合。

1."程序设计技术"课程群教学内容

"程序设计技术"课程群各门课程的教学内容设置安排如表 2 所示。

表 2 "程序设计技术"课程群教学内容设置表

课程	主要教学内容	培养目标
程序设计基础（C 语言）	数据类型、三大程序结构、数组、函数、指针	验证、简单算法设计
面向对象程序设计（C++）	类与对象、重载、继承、多态和流	抽象、程序结构设计
数据结构（C++）	典型的结构：线性表、栈和队列、二叉树、图 常见的算法：排序、检索、递归等	抽象、复杂算法设计
图形与游戏程序设计	图形程序设计、游戏程序设计、开发工具	中、小规模程序设计

2."程序设计技术"课程群课程之间的内在逻辑

"程序设计基础"、"面向对象程序设计"和"数据结构"均为专业核心课程、必修课，知识连贯性强，能力培养呈现梯度提升。其中，"程序设计基础"为专业入门课，安排在第一学期教学，着重于培养学生基本的计算思维能力，了解计算机数据处理的基本过程。"面向对象程序设计"介绍面向对象程序设计方法和程序架构，实验技术平台的选用与后续软件开发技术平台能够较好衔接。"数据结构"主要介绍计算机数据表示与算法设计，是计算机理论课程的基础。"图形与游戏程序设计"与前三门课程有密切的技术延伸性关系，根据学生的兴趣特点，以"游戏"作为应用性项目，把计算机图形学理论的教学与应用性实现技术的学习相结合，并进一步深化算法分析与设计能力的培养。

（二）课程群教学内容的整合

以往在课程建设的时候，往往是单门课程单兵作战，单打独斗，没有考虑或很少考虑相关课程的需求和情况，因此经常会出现课程间内容重复或前后知识点衔接不畅，影响教学效率和效果。课程群建设的出现能够很好地解决这个问题。课程群建设的定位是大课程建设，相当于把群里的几门课程建设成一门大课程，跳出了单门课程建设时过于强调课程内容系统性和完备性的框框，强调的是多门课程的有机融合，避免课程内容前后重复或脱节，使课程之间互相配合，内容前后连贯，从而获得整体优势，提高教学效率和效果。

"程序设计技术"课程群在建设时非常注重课程群教学内容的整合。首先根据计算机科学与技术专业的培养目标，制定课程群的培养目标，并对课程群中的每门课明确定位，从而确定每门课程的培养目标；在此基础上，全面修订各门课程的教学大纲，删除课程间重复的内容，明确每门课程该讲哪些知识点，并注重知识点之间的前后连贯，从而使群内各门课的教学内容有效整合，获得群体优势。比如，"程序设计基础"中的文件部分内容，在"面向对象程序设计"中有文件流的内容，所以这部分内容可以不讲或简单介绍；再比如"程序设计基础"中会介绍冒泡法和选择法两种排序算法，

那么在"数据结构"课程中就可以不再介绍;又再如"程序设计基础"中的链表部分内容,对初学者来说难度较大,可以将这部分内容推迟到"数据结构"课程中去介绍。

(三)课程群实验教学的一体化设计

"程序设计技术"课程群里的四门课程都是实践性很强的课程,因此课程的实践环节直接影响到学习的效果,实验的教学设计就显得尤为重要。以往的实验教学设计,往往课程之间的实验教学内容没有什么关联性,甚至同一门课程的前后实验内容也关联性不大。为了克服这个缺点,我们在课程群建设中,对实验教学采用了一体化的设计方法。

所谓一体化的设计,是指实验教学过程中,通过一个具有一定应用意义的综合项目,分解贯穿到实验的整个过程,变成一个个小的实验项目,学生完成了实验过程,也就完成了一个综合性的项目,使学生完成从知识到能力的提高过程。同一个综合性的实验项目,在同一门课程中可以应用不同的知识点加以实现,甚至在不同的课程中加以实现。

比如我们选取的"学生成绩管理程序"这个综合性的实验项目,在"程序设计基础"课程中可以用结构体来实现,在"面向对象程序设计"课程中可以用类来实现,在数据结构中可以通过使用链表来加以完善。在不同的课程中实现同一个综合性的项目,连贯性比较好,学生容易接受;同时,学生可以充分利用以前设计的代码,降低的设计难度,学生只要把注意力集中在新知识点的应用上;另外,使用不同的方法来实现同一个综合性的项目,拓展了学生的思维,提高了分析问题解决问题的能力。"程序设计基础"课程实验的一体化设计基本方案(部分)如表3所示。

表3 "程序设计基础"实验一体化设计基本方案(部分)表

序号	实验项目名称	实验课时	项目内容
1	程序控制结构	8	顺序结构:输入一个学生及成绩信息,格式化输出 选择结构:输入一个学生成绩,判断及等级(用if和switch语句实现) 循环结构:输入一批学生的成绩,判断每个成绩的等级并分类计数
2	数组	6	一维数组:输入一批学生一门课程的成绩,判断每个成绩的等级并分类计数,将学生成绩排序输出,并显示各等级统计结果 二维数组:输入一批学生多门课程的成绩,计算每个学生的平均成绩,判断每个平均成绩的等级并分类计数,将学生的平均成绩排序输出,并显示各等级统计结果
3	函数	6	输入一批学生多门课程的成绩,计算每个学生的平均成绩,判断每个平均成绩的等级并分类计数,将学生的平均成绩排序输出,并显示各等级统计结果。要求用函数进行模块化设计

(四)课程群建设要针对教学对象

每个学校的定位不同,教学对象也不同,因此课程群建设应该有所区别,要有针对性。东方学院作为独立学院,其学生的学习特点是:中学文化课的基础稍差,从而导致接受能力和自学能力稍差,有相当一部分同学没有养成良好的学习习惯。但学生普遍注重实践,动手能力不弱。针对这些特点,"程序设计技术"课程群在建设过程中重点采取了以下两点措施:

1. 注重应用导向性

根据东方学院学生的特点,东方学院计算机科学与技术专业的培养目标,是培养应用型的专业人才,所以课程群建设时一定要注重应用导向性。在整合教学内容,修订教学大纲时,要去掉过于抽象和理论的内容,以知识应用为主,调整课程学时比例,加大上机实践的比例。学生的上机实验采用前述的一体化设计,实验以项目为导向,着重针对学生的学习能力,通过"模仿——改写——编写"三个步骤,完成实验项目,有效提高了知识的应用能力。

　　2. 充分利用网络辅助教学

　　网络辅助教学主要体现在两个面,一方面是课程群主要课程的所有课堂教学活动都在网络机房开展,教师学生人手一机。另一方面是利用网络课堂甚至互联网进行辅助教学。

　　网络机房装有先进的网络同步播放和管理软件,教师授课时,教师机的画面可以同步传送到学生机,比用投影机的效果更加优越。教师机还可以和学生机进行互动,如指定学生进行同步演示、向学生机发放课程学习材料,组织课堂小测验等;教师机也能够对学生的上机活动进行有效的管理监控(如自动考勤和监控学生机画面等),提高学生的学习自觉性。

　　每门课程建有网络课堂,网络课堂上有大量的课程学习相关资源供学生随时学习。教师可以通过网络课堂布置作业,组织测试。部分作业和测试网络课堂可以自动批阅,这大大提高了效率,方便教师及时掌握学生的学习效果。同时通过网络课堂,教师学生可以进行互动交流,答疑辅导。

　　MOOC(大规模开放在线课程)是近年来新出现的一种互联网网络课程学习模式,具有易于使用、受众面广、课程工具资源多元化、课程参与灵活和自主性高的特点。在课程的教学中,鼓励学生选择课程相关的 MOOC 课程进行学习,作为课堂教学的补充和参考;把 MOOC 课程中合适的相关案例和习题拿到课堂进行学习和讨论;鼓励学有余力的学生完成相关 MOOC 课程的学习,拿到课程学习合格证书。

三、总　结

　　课程群建设是一项系统工程,是群内各课程有机融合的过程,我们只有牢牢抓住课程群的建设主线,才能优化课程结构,完善课程体系,完美实现课程功能,从而提高教学效果,保障教学质量,增加学生的就业竞争力。"程序设计技术"课程群在建设和实施过程中取得了一些效果,但还有一些工作有待完成。今后要进一步提炼课程群特色,研究课程群教学内容,改进教学方法和教学手段,取得更好的教学效果。

参考文献:

[1] 翁伟等.程序设计课程群建设探索与实践.计算机教育,2009(23).

[2] 郭必裕.对高校课程群建设中课程内容融合与分解的探讨.现代教育科学,2005(2).

[3] 丁丽.程序设计课程群建设与改革研究.山东省农业管理干部学院学报,2011(6).

浙台大学生交流现状、困境及因应之道

叶颖蕊

摘要：随着《两岸经济合作框架协议》的签署和 2013 年 10 月 12 日召开的《首届两岸和平论坛》，海峡两岸交流在广度和深度上正在发生积极的变化，但两岸文教交流却不尽如人意。由于台湾地区对陆生入台从立法和政策方面多加限制，特别是陆生入台方面更是呈现单向型，高等教育交流发展较为缓慢。浙江由于历史渊源、地域优势和民营经济的发达在两岸交流方面发挥着重要作用，但在高等教育上的交流却是落后于其他省市。本文从浙江大学生对台交流的现状、特点和困境等方面进行梳理和剖析，提出相关困境的解决途径，以推动浙台大学生交流的进一步发展。

关键词：陆生入台　特点与困境　解决途径

一、序　言

近年来，随着两岸交流日益密切，特别是随着《两岸经济合作框架协议》[①]（即"ECFA"）的生效和 2013 年 10 月 12 日召开的《首届两岸和平论坛》，两岸多层次全方位的交流正发生着积极而深刻的变化。而早在 20 世纪 80 年代就开始的两岸文化教育交流，其推进的深度不够，特别是大学生交流互访更是显得薄弱。除了两岸文化认同和教育体制理念的差异外，主要是由于台湾地区对两岸文化交流从立法上进行了单向限制，其中主要有台湾地区对陆生入学的"两岸人民关系条例""大学法"和"本科学校法"（以下简称"陆生三法"）。为此台湾地区还在具体操作层面上提出了"三限""六不"政策，即限制承认大陆优秀院校、限制陆生赴台总量、限制承认医学和关系"国家"安全的专业（"三限"）和不加分、不提供奖助学金、不影响招生名额、不允许校外打工、毕业后不可留台就业、不开放报考证明（"六不"）。使得两岸大学生交流受到了极大阻碍。

浙江由于历史渊源、地域优势和民营经济发达，在两岸经贸、文化交流方面一直发挥着重要作用。相比在教育方面，尤其在高等教育交流方面却落后于其他省市。这固然和浙江自身高等教育发展的相对滞后有关，但主要是由于台湾地区"限制承认大陆优秀院校"的政策有关。因为台湾地区只认可浙江大学毕业生的文凭，对浙江其他高校的资格一概不予承认，这就使浙江其他高校大学生毕业入台继续深造被拒之门外，使得浙江大学生入台人数很少。为了解决这一难题，进一步推动

---

① 《两岸经济合作框架协议》（英文为 *Economic Cooperation Framework Agreement*，简称 ECFA；台湾地区的繁体版本称为"海峡两岸经济合作架构协议"），原称为《两岸综合性经济合作协定》或称《两岸综合经济合作协定》（英文简称 CECA，即 *Comprehensive Economic Cooperation Agreement*）。2010 年 1 月 26 日，ECFA 第一次两会专家工作商谈在北京举行。2010 年 6 月 29 日，两岸两会领导人签订合作协议。2010 年 8 月 17 日，台湾地区立法机构通过"海峡两岸经济合作架构协议"。

浙台大学生交流的发展,笔者对浙台大学生交流的现状进行了梳理,从中剖析,并从解决这一困顿的途径,特别是浙江独立学院如何结合浙台大学生交流方面提出了一些不成熟的想法,以供教育同行和专家探讨。

二、两岸大学生交流现状与问题分析

(一)总体情况

随着两岸"三通"的实现,民众往来两岸更加方便。2010 年 6 月 29 日,两岸签署的《两岸经济合作框架协议》对于两岸的经贸交流与合作具有重要的意义。两岸教育交流的规模持续扩大,仅 2008 年度,大陆教育系统赴台交流近万人次,来大陆参加活动的台湾地区师生达 3000 多人次。据不完全统计,已有 400 多个大陆高校和 100 多个台湾地区高校签订了交流合作协议。到 2012 年协议总数已经达到 5200 多份。在人员交流方面,大陆文教赴台人数从 2004 年 1.2 万多人,到 2011、2012 年已经上升到 6 万人次以上。

在两岸高校学历认证方面,2013 年 3 月,台湾地区扩大了认证范围,大陆以"211"工程为主的 111 所大陆高校学历获得了台湾地区方面的认可。在科研合作方面,海峡两岸高等教育界十分重视学术领域的交流和合作,两岸高校合作举办学术研讨会,合作开展科研攻关工作等实质性工作。

此外,双方还努力为交流提供更好的服务,大陆将为台湾学生提供更好的保障制度,从 2013 年 9 月起,在大陆各类全日制普通高校就读的台湾学生将纳入城镇居民医疗保险范围,享受基本医疗保险的待遇。

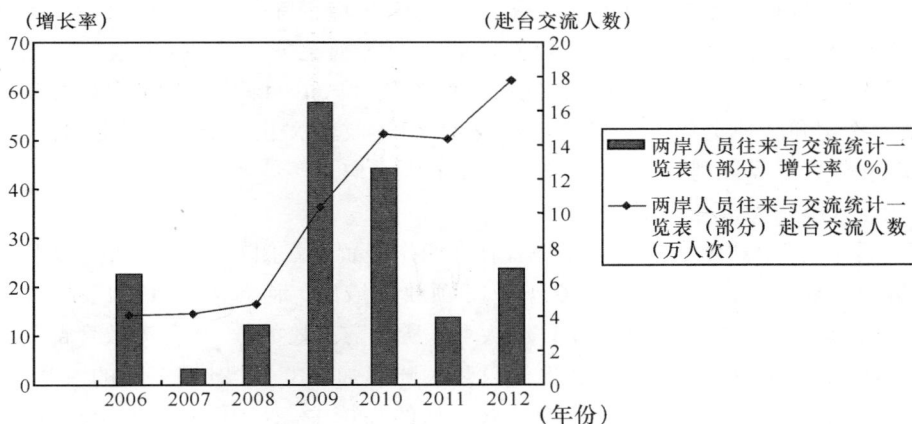

图 1　大陆赴台交流情况汇总

大陆高等院校从 1985 年开始招收台湾学生,随着两岸经济、文化领域交流的不断发展,到大陆求学的台湾地区学生数量不断增加。时任教育部港澳台办常务副主任丁雨秋 2005 年曾经介绍,1985 年到 2000 年大陆高校招收的台湾地区本科学生为 2895 人,研究生 864 人;2001—2004 年 4 年间招收了台湾地区本科生 2875 人,博士硕士研究生 2766 人;2004 年台湾地区学生到大陆求学的人数创历史新高,达到了 1777 人。根据教育部最新统计,截至 2012 年 1 月,到大陆就读的台湾地区学生累计已经达到 3 万多人,目前在校生为 7000 多人,去年大陆各高校招收台湾学生 2000 多人。[①]

---

① 数据来源于:中国统计年鉴 2013:425.

浙江与台湾隔海相望、地缘相邻、人缘相亲、习俗相近。近年来,浙江认真贯彻中央对台方针政策,积极开展与台湾文化、教育、经贸、科技、医卫、旅游、体育、新闻出版、宗教和民间信仰等领域的广泛交流交往,呈现领域广泛、整体推进的良好态势,形成了浙台大交流的新局面。浙台教育文化交流形式多样,青少年学生交流互访活动日益丰富,两地策划举办了"古越文化之旅暨浙台青年文化交流营"活动,邀请在台浙江籍的二、三代青年学生来浙,与浙江大学、温州大学、绍兴文理学院等大学生进行座谈交流;邀请台北市儿童教育学会来浙参加"海峡两岸第三届'学童杯'数学、珠心算友谊赛";浙江大学每年都派出交换生赴台湾"清华大学"、成功大学等高校学习访问。青年教师交流成效明显,两地举办了"台湾中青年教师浙江研习营",邀请台湾成功大学、"中山大学"的中青年老师代表来浙与杭州、绍兴、宁波等地与多所大学师生进行了交流,通过课堂学习、座谈、参观访问等形式,增进了浙台两地青年师生的感情和友谊。

(二)两岸文教交流中存在的问题

1. 两岸文教交流中的政治因素困扰

两岸文教交流合作中长期存在的一些问题,难以根本解决。台湾当局推崇的两岸政治文教交流政策的价值和目标与大陆差异较大。大陆推动两岸文教交流,旨在增进两岸互信,凝聚同胞情感,推进和平统一进程。而台湾在两蒋时期推行所谓"中华文化复兴运动",以"中华文化正统"自居,阻挠两岸文教交流。

两岸迄今未签订文教交流协议,没有建立稳定的交流机制。两岸文教交流的观念、措施、体制机制远远落后于当前两岸关系发展形势,尤其是台湾岛内政治局势的变化,使台当局的限制性、歧视性政策更严重阻碍了两岸文教交流的全面、深入、正常发展。两岸文教交流"投入不足、规模有限、精英独白、浅层失衡"的态势没有根本改观,品质与效果均有待提升。大陆赴台交流的项目与人次远多于台湾。台湾参与两岸交流的人员中以知识分子、演艺明星为主,中南部、基层民众较少。岛内舆论认为,两岸文化交流"沦为精英的独白或精英代理式的对话"。两岸文教交流集中在物质文化层面,制度文化和精神文化等深层次交流较少;两岸政治文化差异最大,交流幅度反而最小。有些交流活动过分看重经济利益,忽略了文教交流的大方向。

2. 两岸对学历认可的不对等性

2006年4月16日中共中央台办主任陈云林在两岸经贸论坛闭幕式上,通报了大陆方面将进一步采取的促进两岸交流合作、惠及台湾同胞的15项政策措施。而台湾主管部门从2010年才开始承认大陆41所高校学历,再到2012年3月承认111所大陆高校的学历,台湾教育部门颇有歧视大陆高校的嫌疑,但是被这些承认的高校也仅仅只是大陆参加"985","211"工程的大学,同时也排除其中涉及公安、军事、医疗等相关院校。[①] 在这些承认的高校中,浙江仅有一所浙江大学,对于浙台高校的交流,台湾地区给大陆设置了门槛,这似乎有违背教育的平等精神。在学力上,台湾地区高校的排名并不比大陆学校高出多少,教学资本和资源也不比大陆高校优越,如果标榜学术能力,两岸对学历或是学力的认可并不能作为一个门槛。当然相较陆生的基数,即使赴台比例在一个低的数量,台湾地区教育的基础设施,学生容量都难以容纳。由此引发的社会问题,如社会认同感、住房、社会福利不是短时间的政策调整引导能够改变的。从这个角度来说,台湾设置门槛还情有可原。所以当前的承认不对等对于保护两岸民众的利益,保障两岸社会发展的益处大于直接承认对等。由此我们还要考虑在台湾社会中对大陆的认同不是一朝一夕能够构建的,如同宏观上的文化交流需要缓慢推进,在两岸社会对教育事业的接轨是缓慢长期的一项任务。

---

① 罗祥喜.台湾承认大陆学历缘何起步维艰.中国报道,2010(2).

3. 交流的浅层次性

两岸文教交流从开始似乎一直停留在游学交流的层面。就 2013 年 7 月初到 10 月初两岸暑期在国台办官方网站上可知晓共有 115 个交流活动，其中高校参与的仅 11 个，且这 11 个批次的交流活动中，只有 3 个属于研讨会、1 个签署合作备忘录，其余都属于游学。在 115 个交流活动中，其中有 25 个是大学生参与，占总比重的 21.7%。若这种情况是两岸文教交流的一般情况，那么交流的浅层次非学术性就非常明显。要促进两岸交流，并非单方面从学校行政结构和行政指导方式入手就可行了，还要在此基础上能够使两岸大学生有一个相对高度的平台进行思想和能力交流。

体验和交流的意义还远远比不上与国外交换生的深度。115 个交流活动中，多为短期的夏令营和游学，仅仅以当地视角的一个侧面来反映当地风貌，无从谈起学生个人价值与能力的提升（相较于国外大学生壮游的实际意义）。① 在大陆赴台学生入读台湾地区高校的实现上，即便是台湾高校对大陆学生的逐步开放，但大陆学生入读数量仍然很少，这主要是"陆生三法"设置了障碍，陆生有专业限制，不能在台兼职工作。且由于两岸关系的敏感性，特别是大陆学生赴台做长期交流的生存压力大，缺乏政治认同和社会认同。

三、浙台大学生交流面临的困境

（一）两地教育体制与理念的差异

1. 教育体制的差异

台湾的普通教育学制为"六·三·三"制。台湾实行九年义务教育，也就是实施小学和初中的义务教育。按台湾"国民教育法"规定，"凡 6 岁至 15 岁之民众，应受民众教育"。反观大陆，《中华人民共和国教育法》的解释是"教育必须为社会主义现代化建设服务，必须与生产劳动相结合，培养德、智、体等方面全面发展的社会主义事业的建设者和接班人"。

浙江省教育事业形态，基本可以整理成两条脉络：一是，高考指挥棒对一线高校的普遍追求；二是，在社会导向下的专业取舍。两条脉络起于当先社会现实，实现于受教育者所存在的教育体制，特别受制浙江模式经济发展的反作用。社会问题在各种思潮下尤为突出。

2. 对教育事业意识形态不一

台湾地区注重个人能力的提升和个人价值的实现，将教育首先认为是对民众人格的培养，由个人的价值观的构建再上升到社会总体利益的实现，通过这种方式，民众对社会的认同感在若干年教育的渗透中会有十分明显的效果。

大陆对教育的理解是以国家利益至上，在教育方面，对名校的关注远高于普通学校。相对而言，大陆的教育种类较为单调，教育资源严重偏向于公办大学教育。这对中国社会的影响是全面而深远的，这也是中国现今教育制度最大的弊端。

（二）学生交流互访、入学面临的困顿

1. 浙江大学生赴台交流受一些政治因素的影响

浙江台湾两个地区交流始终会有政治因素影响，首先浙江籍贯的台湾岛内"政治人物"不胜枚举，这对浙江地区有本质上的牵连性。综合考虑下，浙台大学生交流对两岸特别是对台湾岛内那一代人说来是一种精神解渴，而这种一衣带水的牵连也成为"台独"势力极力抨击的一个历史问题。

---

① 由中共中央台办、国务院台办网站教育科技交流新闻汇总，http://www.gwytb.gov.cn/lajlwl/jykjjl/

2. 浙生赴台交流缺乏机制化,赴台意愿受政策影响大

当前两岸还没有正式的学生问题办事处,这给两岸的学生交流带来了困难。两岸文化交流未能实现制度化、机制化,对于深化两岸文化交流与合作未能提供必要的政策和法规支持,配套设施建设相对滞后,没有形成专门的流程体系。同时缺少为协商签署两岸高等学术交流协议创造各种有利条件,尚未构建两岸学术交流的格局。浙台大学生文化交流存在的问题的原因,很大程度上是两岸还没有完全建立互信,还存在隔阂。

大陆学生对两地交流政策不明晰,且日常生活中的一般经验使得学生产生排斥心理,赴台交流的意愿不是很高。

通过对定量样本前后调查比较可见,现有政策下,对赴台交流有较强意向的学生占比不多,仅23.55%,大部分调查对象表示意愿一般。而当调查"若取消限制条件后的赴台交流意愿",有意向的比例明显上升,意愿强烈的选项上升17%,增长率达到142%,原本占比最多的一般意愿选项也有大幅下降。可见,一方面政策机制对赴台意愿影响较大,另一方面学生对于赴台政策条件的关注度也较高。如图2所示。

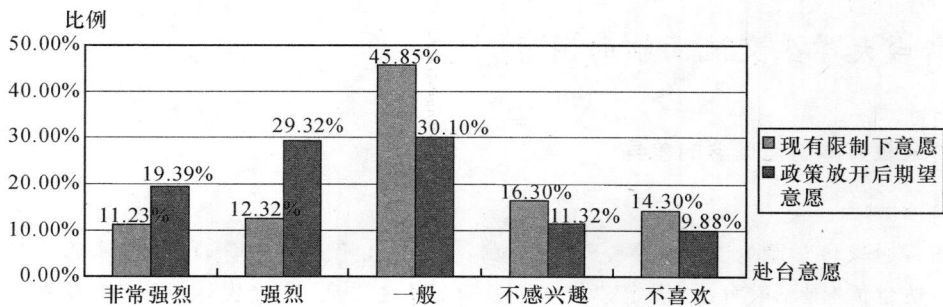

图2 浙生赴台现实意愿与期望意愿对比

3. 浙江大学生赴台交流受"三限""六不"限制

浙江省对外交流一直是一个传统,浙江经济发达,学生选择的方向呈现多方向的趋势,除了传统的英美,学生对涉外交流的预期有各种各样的需求,对台湾地区交流的比例达到7.24%,仅次于赴美国、欧洲、澳大利亚。如图3所示。

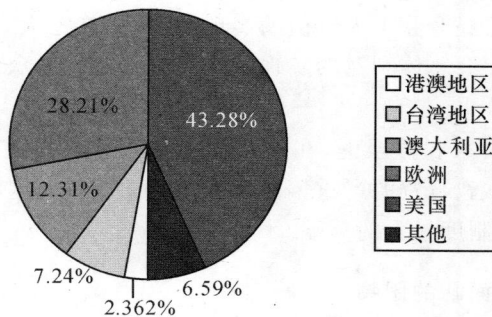

图3 浙江学生出国倾向分布表

在陆生入学方面,台湾地区教育资源过剩,很多学校多年生源不足,运转困难。台湾的大学校长们不分政治倾向,皆呼吁开放大陆学生入台。利益与意识形态的较力之下,台湾当局修改规定,即简称的"陆生三法",从2012年秋季开始,有限制地开放大陆学生赴台就读。限制可谓苛刻,可归纳为"三限""六不",限制招生的高校、限制陆生总数、限制医学学历采认,不加分优待、不影响内部

招生名额、不编列奖助学金、不允许在学期间工作、不能入台就业、不得报考公职。就 2011 年秋季入学陆生上限是 2141 名,实际注册的有 928 名。

相较于浙江省内高校的数量,浙江地区大学开放向台湾进行交流的数量限制多,不利于学生的多项选择。同时浙江地区学生生源数量大,赴台意愿强烈,家庭经济条件较全国较高,浙江学生负担学费的水平高,有这些因素促发浙江大学生赴台市场广阔,但是接收方向就显得非常贫瘠。如图 4 所示。

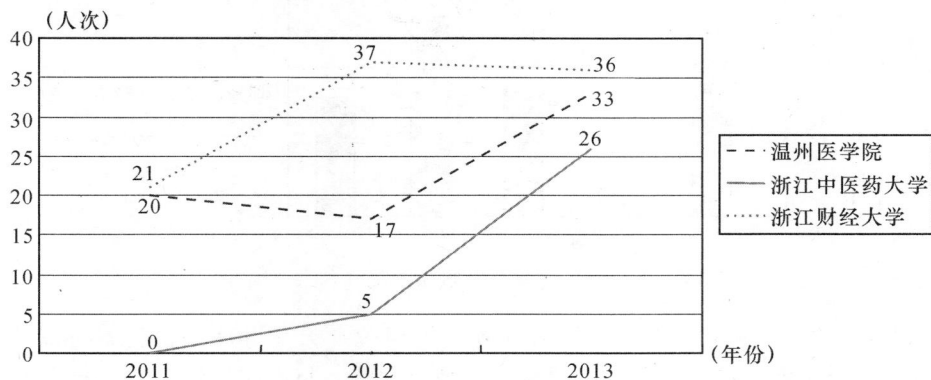

图 4　浙江部分大学赴台交流统计

而且由于政策限制大,每年成功赴台进行交流的数量就显得弥足珍贵,如数据中浙江中医药大学在 2011—2012 年总计 5 人,直到 2013 年,由于政策较为放松,人数才迅速增长。同样对于浙江财经大学和温州医学院而言,赴台人数不到总学生人数的千分之一,可见数量至少。

4. 独立学院对外交流的双向问题

台湾地区主管教育部门于 2010 年才开始承认大陆 41 所高校学历,再到 2012 年 3 月承认 111 所大陆高校的学历,但是这些被承认的高校也仅仅只是大陆参加"985","211"工程的大学,其中涉及公安、军事、医疗等相关院校则被排除之外。且在这些承认的高校中,浙江仅有一所浙江大学,对于浙台高校的交流,台湾在源头上就给大陆设置了门槛。同时浙江高校也没有建立一个抗衡台方的不平等政策的联盟或在相对大框架下的交流机制。对于独立学院的生存空间是非常巨大的挑战。

同时,浙江本土独立学院同台湾高校进行交流往往是单打独斗,且数量有限,在理论和实务中一直都处于被动的地位,没有统一的牵头机构或是一些合作体系。因力量单薄,在没有统一的组织和规划下对赴台交流学生的情况跟踪方式,配套的工作可能无法进入,其结果可能损失学校、学生双方的利益。独立学院对外交流大多依靠母体,选择余地较小,且台湾高校对独立学院学生的文凭认可程度普遍较低。在推进交流中出现的各种情况,独立学院受条件的限制,爱莫能助,关心的意愿也成了空头支票。

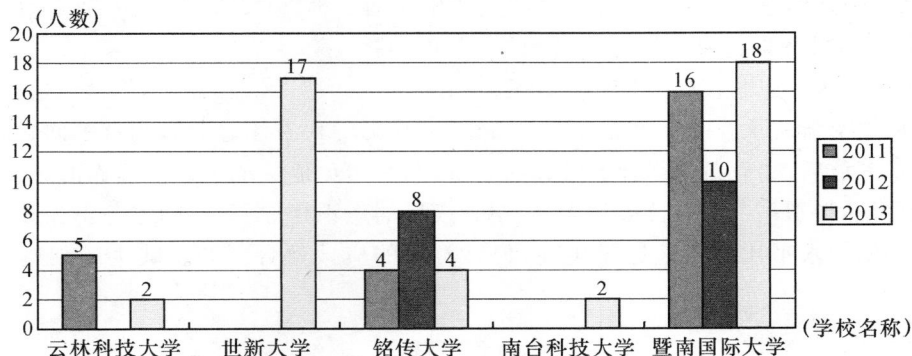

图 5　浙江大学城市学院赴台交流数据统计

以浙江大学城市学院为例,2011—2013 年共与台湾 5 所高校进行交流项目。交流人数、学校都相对较多。但相对于台湾 171 所高校的数量而言,比例不到 2.9%,可选择学校较为单一。由此看来,单一化、集中化、固化的交流项目与交流学校也是制约学生赴台交流的重要因素之一。要加快浙生赴台交流的数量与规模,放开与台湾合作交流学校的数量是当务之急。如图 5 所示。

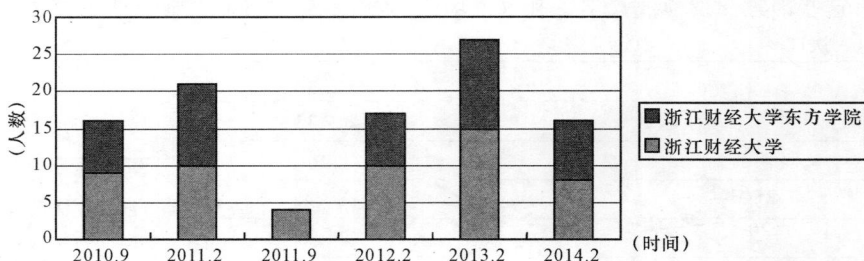

图 6　浙江财经大学与其独立学院赴台人数统计

以浙江财经大学与其独立学院东方学院为例。自 2010 年开始开展赴台交流项目以来,独立学院的参与人数,已经是浙生赴台交流的主要来源。独立学院参与人数达到平均每年 8 人,平均增长率达到 11.3%,实现与财经大学同等增长速度,甚至有所超过,可见实现独立学院赴台交流项目大有可为如图 6 所示。

(三)浙江高校赴台交流面临的困境

1. 学习内容和考评方式的不适

由于赴台学生在专业方向、所在学校、自身素质、去台湾的目的、对自己的要求等方面有差别,学习压力的程度和来源也不尽相同。主要体现于三点:一是课程同浙江本地相比平时分比重增加,平常时间都会有小论文讨论布置,不同于浙江期末考试占绝对比重,课程都需要认真对待。二是学分计算方式不同,有些学校是根据最后的综合成绩给学分,不同于浙江高校过了及格线就拿到所有学分。三是外语课程难度比较大,平时测评多,期末考评方式形式多样,习惯于应试教育的浙江学生比较难适应。①

2. 浙江大学生赴台交流受到生活习俗的困扰

两岸同根同源、同文同种,两岸青年学生既有很多相似之处,也因政治、社会、教育制度的不同,在价值观、统"独"立场等方面有一定程度的差异。如两岸青年有共同的民族与文化认同,但对"国家认同"以及"台湾前途"却有着不同的看法。台湾部分青年选择"维持现状",认同"中华民国",不完全排除"台独"选项;而绝大多数大陆学生支持两岸最终统一。大陆学生与台湾地区学生长期生活相处,必然在上述问题上有所碰撞、摩擦甚至产生矛盾。据 2010 年《远见》杂志的民意调查显示,有 21.1% 的大陆短期进修生受到意识形态差异的困扰。

3. 两岸教育交流受陆生本身的固有缺陷影响

陆生在两岸交流所承载的是大陆方面的希望,而作为一代青年总会有固有的问题。这一代的陆生生于改革开放后,物质条件得到了极大的丰富,不可避免地养成了娇生惯养的习气,在独立生活方面尤为欠缺,特别是一些家长望子成龙、望女成凤的意识指导下,一切家务不让孩子沾手。虽然陆生的平均知识水平比台湾地区学生高,但是常年的应试教育剥夺了陆生的创造能力和探究精神。

---

① 安晶. 大陆与台湾之间的学生流动研究. 华东师范大学,2012.

陆生对社会的理解层次低,对意识形态等问题只是停留在浅层的理解,缺少更深入的感受,对台湾认同感普遍低。同时由于学成后基本返回大陆工作就业,与台湾社会缺少更多接触和交流,使其在台交流期间就缺少尝试认识、理解台湾的思想理念。

4. 浙江大学生赴台工作、就业受到的限制

基于"陆生三法"设置了不必要的障碍,陆生有专业限制,不能在台兼职工作,一旦发现有违限制的,即直接遣送回大陆。"六不"中的不编列奖学金、不允许打工、不允许在台就业等都具有相当的歧视性,无法吸引和留住大陆优秀人才。在台大陆学生已经表示,世界其他大学都没有这样歧视性的规定,如果实施选择,都不会选择赴台念书。在世界各国和地区纷纷以各种优惠条件吸引陆生的情况下,台湾地区的限制只会令大陆高材生望而却步。如果大陆优秀学生毕业后不能继续在台工作和从事研究,那么台湾企业就无法在台雇用有突出成就的陆生,一些教授也无法把优秀的学生留在系上当助教,同时继续深造。

四、破解困境的因应之道

(一)建立政治互信上的文化交流

两岸交流的深入发展一定程度上要依靠两岸的政治互信的程度。2010 年 9 月《两岸经济合作框架协议》生效后,两岸关系向纵深方向迈进,但是政治互信和军事互信基础薄弱,亟待解决,当前应该进一步加强两岸高层往来,累积互信,允许两岸学者讨论建立互信的问题,同时可以逐渐进行军事交流。

当前两岸文化交流的审批程序复杂,限制较多,审批时间长,这就需要两岸互设文化办事处,简化程序,减少文化交流的成本。同时应该签署一系列两岸文化合作协议,使两岸文化交流常态化,合作化,避免受其他因素的影响。两岸交流的面不能只重视艺术宗教的交流而轻视其他方面的交流,也不能只重视和台湾部分地区人民的交流。

当前两岸和平发展的关系来之不易,同时国家和平统一的机会也慢慢增大,两岸同胞都应该珍惜这个良好时期,特别是大陆。在两岸文化交流时尽量淡化两岸在政治上的分歧,追求相对纯粹的文化交流,这从长远看有利于国家的最终统一。

(二)构建高校人才储备交流和储备机制

这项内容包括两个方面:一方面,建立一个浙台高校的专家学者储备库,充分利用各专家学者的优势和特长,有效地进行专业人才交流;另一方面,建立浙台高校毕业生人才储备库,使之合理地在两岸流动,以促进高校毕业生的就业。

跟进由政府以及相关的教育机构、高校、企业共同出资建立一个高等教育交流合作基金会,由双方共同管理运作,为高校的教师和学者交流、学生交流、合作培养人才以及重大的教育文化课题研究等提供资金方面的支持。

浙江省各高校还应加强学校自身的建设,加强学校的特色和内涵建设,提升学校的层次,力求在交流合作中充分发挥自身的优势。高校要积极完善相关制度,增强服务意识,在学分、课程选修、学生日常管理、后勤保障等方面做出相关规定,促进学生交流的顺利开展;要设立专门经费或配套经费,增加台生各类奖学金等。①

---

① 李红,林华东.闽台高等教育交流合作的现状、问题与策略.龙岩学院学报,2011(1).

（三）建立浙台大学生交流合作机构和资源网络

浙江省应当顺势而为，放宽相关的政策规定，简化一些行政程序，为浙台高等大学生合作交流打造一个便捷的绿色通道，为两岸交流与合作的可持续发展提供政策保障。同时双方充分利用互联网的优势，搭建一个浙台高等教育资源共享的网络平台，实施两岸之间跨校教育资源的互补和援助。

为了使浙江与台湾大学生交流合作能够扎实、稳健、深入地开展下去，需要一个长期、稳定和制度化的平台。建立两地官方领衔、各高校参与的大学生交流合作组织。在中长期过程中商讨两地交流互动中的相关事宜，推进浙台高校间的学分互换、学历互认，推动高校与政府、企业间的沟通，处理浙台高教交流合作的相关服务、推广、权益保护事务等，是一个必要和可行的方案。

（四）创建一个浙台高等教育交流合作的论坛

随着浙台高等教育交流合作的日益频繁，未来将会不断遇到新问题、新情况。对此，浙台应当发挥高校与学者优势，定期举办论坛，研讨解决高等教育交流合作过程中出现的新问题、新情况。浙台高等教育交流，其内涵不外学术的交流、教师的交流、学生的交流、课程学分的交流等。这种交流应当形式多样化，并且能长期有效地实施下去，经由浙台双方官方行政制定适当的政策、措施，通过行政系统的运作而形成一种长效机制。

（五）拓展教育合作多层次交流平台，重视与独立学院的交流合作

独立学院是在我国高等教育进入大众化阶段的背景下，以全新的模式和机制开展的新型办学实体，是我国教育的一项重要制度创新。浙江省内共有22所独立学院，其培养目标和台湾高校学生培养目标有很好的匹配衔接条件。同时，浙江省独立学院80％面向本省招生，所以，独立学院的学生较其他高等院校的学生来说，家庭经济条件普遍比较好，对外交流的意愿强烈，经济上能承担得起对外交流的费用。同时，到台湾交流不需有托福、GRE、GMAT的成绩要求，这对相对于外语能力薄弱的独立学院的学生来说是一个很好的条件。台湾如果能以浙江省的独立学院作为试点，高度重视并加大宣传力度和推进深度，单独为其多提供一些以游学、交换生、论坛等形式多样的交流机会和平台，让浙江省独立学院的学生充分了解认知对台交流，这将大大拓展双方的高等教育合作途径和渠道。

五、结　语

从大的层面来讲，浙台大学生交流有助于推动两地教育交流合作，推动两岸人民特别是青年一代的交流交往，服务祖国统一大业；从学校层面来讲，引进台湾先进的教育理念，优质的教育资源，带动了学校工作，促进了学校的改革与发展推动两地教育交流合作；从学生层面来讲，享受更好甚至是学校最好的教育资源，可以提高综合素质，增强就业竞争力。

面对两岸关系和平发展的新机遇，站在新的历史起点上，扩大和深化两岸教育交流具有重要的意义。教育是中华优秀文化传承的重要载体和创新源泉。中华文化教育是其中最重要的组成之一。在此我们有理由相信，两岸的高等教育携手共进，迈向卓越，将创造中华民族的美好未来。

英语写作课程模式的探索及思考

王　琰

摘要：英语写作作为英语学习中最综合的技能，能全面反映语言学习者的语言能力，但写作一直是困扰学生和教师的难题。很多教师仍然停留在传统的结果教学方法，忽略学生需求和面临的问题，使学生渐渐对英语写作失去兴趣和信心，有的甚至逃避写作。本文以语言输出理论和合作学习理念为依据，试探性探索新型英语写作教学模式，强调英语写作教学以增加学生语言输出，建立合作学习小组，实施师生互动的探索性合作学习。

关键词：语言输入输出　英语写作　合作　评价

一、前　言

英语写作是中国学生在听、说、读、写、译五种能力中最为薄弱的一个环节。有学者认为"写作测试是一种综合性测试。它不仅测试学生的词汇、用法、语法等语言要素，而且测试学生的组织能力、分析能力、表达能力、逻辑推理能力、对各种语体的掌握等。只有写作水平才能真正反映一个人的语言修养"。（刘润清，1991）学生英语写作水平特点在一定程度上能够反映教学及其他方面的因素，通过对其分析可以凸显教学及其他环节存在的问题，从而有助于解决问题，提高写作教学的质量。而在现实英语写作教学中，教师和学生都存在不少问题，影响写作教学效果，不利于学生英语写作水平提高。因此，提出新型英语写作课程教学模式对于增强学生自主学习英语的积极性有重要意义。

二、英语写作主流教学法回顾

（一）结果教学法

结果教学法是长期以来占主导地位的传统英语写作教学法，这种教学法以 Bloomfield 的行为主义理论为基础，把教学过程看成是一个教师给予刺激，学生做出反应，再进行反馈的单边过程。（李婷，2013）教师以学生写出一篇完美的文章为教学目的。当学生们苦思冥想、无从下笔时，他们只能劝导学生们先写出提纲，认为通过提纲就能轻松地写出有逻辑有条理的文章。其基本步骤为教师在课堂上占主动地位，以讲授英语词法、句法和结构为主，然后通过没有背景资料的练习让学生熟悉语法、词法和句法。整个教学过程以教师为中心，学生只能机械地被动地接受对语法知识和写作技巧的灌输，影响甚至扼杀了学生对写作的积极性和创造力，课堂气氛沉闷，很多学生提笔无话可写，对英语写作丧失兴趣。在反馈方面，学生对教师的批改往往不加重视，通常只关注分数，有的学生会感到从教师的评语中得不到实质性的帮助,从而减弱其英语写作的积极性。

(二)过程教学法

过程写作法是由美国西方语言学家于 20 世纪 70 年代末提出的。过程写作法为我国英语写作教学带来了启示,也为解决当前国内写作教学中存在的问题提供了新的思路。将过程写作法运用于英语写作教学中发现:通过老师的启发、同学的指正和范文的引导,学生拓展了思路,将写作的重点放在了文章的篇章结构和思想内容上,提高了写作积极性。(吴彩霞,2012)

目前,很多教师都已经意识到结果教学法的弊端,正在从结果教学法向过程教学法转变,过程教学法创始人美国西北大学教授华莱士·道格拉曾指出:"写作是一个过程,写作课应该教授的是构成写作过程的一步步的操作方法。"(陈立平、李志雪,1999)它主要包括写前准备(prewriting)、初稿(drafting)、修改(revising)和编辑(editing)四个阶段。(吴彩霞,2012)据此得知,英语写作关注的重点不仅仅是语法、修辞这些微观层面的东西,而是在写作过程中所涉及的每一个环节都应该得到重视。在写前准备阶段,学生通过"头脑风暴"(brainstorming)和讨论活动对话题进行讨论,各抒己见,开拓写作思路。在写初稿阶段,学生将上一阶段所得到的信息整理出提纲,写出初稿。教师此时认真观察学生的写作过程,必要时给予指导。修改阶段即学生根据老师的意见和"同学互评"(peer-evaluation)的课堂活动,与小组成员一起修改初稿并提出反馈意见,集体讨论为每一个学生提供了丰富的反馈信息。在整理稿件的编辑阶段,学生通读全文,进行自我评估和校对。这种教学法最大的优点在于整个过程中学生的主体性、实践性和交际性得以充分体现,其思考能力和写作能力在轻松融洽的课堂氛围中悄然提高。(李婷,2013)

三、当前英语写作教学模式的主要问题

在实际英语写作教学中,写作教学多年来一直停留在传统的结果教学法上。教师强调的是语言的准确性,重视学生的写作结果,忽略了写作过程。(俞蓓,2009)这样,很容易把写作课上成了精读课或语法课。英语写作成了令教师和学生都感头痛的事。因此,如何改进英语写作教学才能有效地提高学生的书面表达能力成为独立学院英语教师必须面对的课题。当前英语写作教学模式存在着以下一些问题:

(一)以教师为中心,忽视学生的要求

长期以来,写作教学沿用的是以"教师为中心"的教学原则,(张琳琳,2008)教师十分重视自己的讲课内容,而忽视学生的感受及要求。大部分学校把教师认真备课、讲课内容丰富、有条理作为教学的一个重要环节。因此,就英语教学而言,教师对写作技巧和范文的讲解主导了课堂,主导了学生的思考。这使大部分学生养成了被动模仿的习惯。结果往往是学生既不能正确无误地遵循规则,也无法实现有效的写作交流。(俞蓓,2009)写作本是个十分性格化的行为,但在各种考试压力下,大部分学生的作文结构相似、语汇贫乏、内容大同小异,更无思想可言。

(二)教师注重语言因素,轻视作文内容

传统写作的另一个重要特点是:教师非常注重学生习作的技巧与技术细节,其中包括格式、拼写和语法等方面。而对学生自己在写作内容方面的苍白以及现实中所面临的问题,却没有深入思考,更难以觉察。从评分看,一般只要拼写、语法差错较多,得分便会很低,而作文内容却很容易被教师轻视,这样导致学生缺乏独立思考能力,写作时逻辑性较差,只是一味地堆砌词组,文章内容空

洞。通过对教学模式的改变，教师应慢慢引导学生改变对写作的认识，让他们明白一篇好的文章不仅要语言无误，更重要的是内容充实，文体恰当，拓展有序。

（三）对学生英语作文没有给予及时有效的反馈

传统反馈方法是教师用红笔批改学生作文中的错误，然后给出分数。写作课的练习作业比较多，然而由于现在班级人数众多，教师精力有限，无法做到每位同学每次作业都批改，这样使很多学生投机取巧，不写或少写作业，而完成作业的同学没有得到老师的及时反馈，也会丧失积极性，不利于学生英语写作水平的提高。在传统教学模式和考试压力下，很多学生只关注作文最后分数，不太重视自己的语法结构等方面的错误，这也在一定程度上影响英语写作课程的效果。

除此之外，学生在英语写作上的问题也同样值得关注。在当前仍有不少教师没有以学生需求为中心，采取结果教学法，让学生背模板记模板句，很多学生对英语写作都有焦虑症，不知写什么，通常也没有认真写只是应付差事。毫无疑问，在进行英语写作时，学生还是存在着诸多问题：

1. 学生在英语写作学习中存在的主要问题是语言输入不足，他们脑中所储备的语言信息极为有限，常用词汇、句型及固定表达积累太少，很少接触到高质量地道的英语表达。英语词汇量少；不知道不同体裁的文章在结构、内容以及语言表达上有什么要求，因此不知道该如何下笔或写什么；不能用英语思维，更多的是借助于汉语进行翻译写作。因此，当学生在没有足够的语言输入情况下进行书面交际，必然会产生大量不规范的语言输出，从而影响输出的质量。

2. 很多学生在英语写作中的常见问题之一，就是在写作中很少使用语篇衔接手段，使文章跳跃性很大，逻辑思维能力不强，语篇整体布局能力弱，使整个英语文章结构混乱，缺乏连贯性和逻辑性；论证缺乏说服力和连贯性。传统英语写作教学中，教师较多重视主题句的扩展和一些语法衔接和词汇衔接的手段的输入，但这些还不能足以保证语篇的连贯性，极少注重对学生分析思维能力的培养，所以很多学生依然会出现表达零乱松散，衔接不紧，层次不清等情况。另外，一部分学生能做到层次清晰，结构基本合理，语法错误较少，但是句子段落之间的衔接连贯不够自如，全文句式缺乏多样性，对所讨论的话题难以深入透彻分析。（陈洁明，2013）

3. 英语写作不仅是跨语言跨文化的交际行为，还是思维模式与文化模式的转换行为，体现着思维的输入和输出的心理过程。写作中学生在词汇、句法、语篇构建这三个方面容易受到汉语的干扰。这个问题若不注意克服，不但使得学生英语写作水平很难提高，还会影响学生进行跨语言跨文化交往的效果。这种干扰正是母语负迁移影响学生英语写作造成的。（陈洁明，2013）学生在写作中普遍存在汉语负迁移的问题，平时写英语作文时往往受汉语思维的影响，写出的文章普遍表现为句式单调、词汇使用不当、简单句堆砌、遣词造句错误百出，中式英语痕迹明显。由于受中西方语言的差异及文化背景、思维模式不同的影响，学生"在写作中经常出现了许多'中式英语（chinglish）'，读起来不自然、也不地道，甚至错误百出"。（乌永志，2000）一篇作文中有些词汇表达及句式重复率高，英语表达单调。这便是母语在学生英语写作中产生的负迁移，它严重地妨碍了学生英语写作能力的提高，难以达到学习英语写作以促进沟通交流的目的。如何帮助学生克服英语写作中的负迁移，是本课题研究的内容之一。

所以，英语写作的教学过程往往只靠单纯的讲解、模仿和练习，是无法真正引发学生的兴趣的。其次，学生英语总体基础薄弱，在词汇、语法和篇章方面知识欠缺明显，语感较差。再次，学生学习主动性和自觉性较差，自我约束能力较弱。（陈洁明，2013）本文针对英语写作教学中和学生写作中出现的问题，试图从输入输出假设理论的角度探讨新型英语写作教学方式，对排除母语干扰、克服英语写作中的负迁移，强调语言的高质量输入和有效输出在写作教学中的重要意义。

四、输入输出理论与合作学习相结合的写作教学模式

英语写作最能体现语言综合能力,但却又是英语教学环节中最薄弱的一环,所以,探讨写作课堂教学对英语教学改革具有实际的意义。针对以上论述的教学模式上的缺陷和学生自身存在的语言输出质量不高,在写作中有句式表达单调、中式英语、层次逻辑方面的问题,笔者试图探索新型写作课程模式,根据输入输出理论和合作学习的理念,使两者相结合,让教师在语言输入形式上能多元化,强化学生的语言输入,使其更有效熟练地使用目的语进行写作。

首先是合作学习的理念。合作学习是 20 世纪 70 年代初在美国兴起的教学理念,它指的是在学习活动中学生以小组活动进行集体学习,相互帮助,相互促进学习,最后以小组集体成绩进行评价的学习策略。合作学习理论家认为,人类社会要求人们在社会生活中要进行合作,任何一项工作的成功通常都靠大家共同合作。(俞蓓,2009)我们可以把合作学习的理论运用到英语写作课程上。合作学习就是把班级分成若干个小组进行教学活动。教师可以自行布置一些作业或者任务给各个小组,全组人员要有团队精神,共同合作完成任务,互相帮助。合作学习会使所有小组成员的成绩达到最佳化。(陈玉玲,2003)

除了合作学习理念外,Krashen 的输入假设理论英语写作教学也有启示作用,根据输入输出理论,语言习得的根本途径就是输入,只有输入才有输出。最佳语言输入包括四个必要条件:(1)可理解的,(2)密切相关的,(3)不以语法为纲的,(4)大量的。大量的可理解性的输入是外语习得的重要条件,也就是说语言习得是通过大量语言输入来完成,因此,提高学生写作水平应该为学生输入大量的地道语言,促进语言习得。(陈洁明,2013)当语言输入大大超出学习者现有的水平、缺乏趣味性或相关性时,学习者就难以理解所输入的材料,此输入在习得中就没有价值。所以在课堂上教师应大量向学生进行可理解输入。而语言学家 Swain 针对 Krashen 提出的可理解输入假设(comprehensible input hypothesis)提出可理解的语言输出假设(comprehensible output hypothesis),她认为学习者达到较高的外语水平仅有可理解的输入是不够的,必须促使学习者充分利用现有的语言资源对将要输出的语言进行思考,使输出的语言更加恰当、准确、容易理解(Swain,1985)。事实上,任何孤立地讨论输入和输出的重要性都割裂了两者内在的相互依存和相互作用的辩证关系。语言的输入和输出涉及不同的认知过程,输入的重点在于对意义的理解,而输出要求学习者在理解意义的基础上要斟字酌句,更加注意语言的形式。(倪杭英,2008)也就是说,在语言习得过程中,语言输出是必要的也是重要的。语言输入是语言习得的关键,但不是唯一原因。Swain 认为,除了必要的可理解性输入外,学习者必须有机会使用所学语言,这样才有可能达到流利、类似母语者的水平。也就是说,学习者需运用他们已获得的语言资源,练习发出"可理解性输出",才能使习得的内容得到巩固和内化。根据输入输出假设理论和合作学习理念,笔者试图探讨新型写作教学模式,具体改革措施如下:

第一,写作过程是一个非常复杂的心理认知过程和创造过程。所以在写作课堂上,除了传统讲授语法外,教师可以创造性地丰富语言输出形式。比如,教师可以通过让学生阅读材料,对不同话题或热点问题进行分类,对学生输入相关地道的英语表达,让学生背诵高质量的文章或通过视频、网络来进行语言输入,学生在获得相关信息的同时,也获得了充分的语言形式的输入。这种多元化的语言输入模式可以扩展学生的隐性语言知识,激发和保持学生学习的兴趣和积极性,增强学生的语感,弥补学生脱离目标语语境的不足,排除母语干扰,克服英语写作中的负迁移,从而使学生熟练地运用目标语,真正提高写作能力。

第二,在写作课堂上除了丰富语言输入模式,还应重视语言输出。教师可以通过学习小组让学生自主合作学习,让他们自己讨论、准备相关话题的表达和一些热点问题的分析思路,总结作文佳

句,让学生真正成为课堂的中心,关注他们的语言输出。考虑到学生的不同水平,小组合作学习并不是任意自由组合,而是教师根据其基础的不同组合而成,这样合作学习才会更有效率。教师可以丰富小组合作活动形式,比如可以让小组学生分工收集佳句,热点话题英语表达方法等。教师还可以定期开展英语写作沙龙,让不同小组甚至不同班级同学交流写作经验,提出自己遇到的问题,相互帮助,共同提高写作水平。合作写作任务分担、经验共享,避免某些学生对写作产生回避和退缩心理,用解决问题的途径和策略推动个体语言知识的建构,建立新型师生关系,创造了和谐的学习气氛。

第三,同时,在课上讲解话题时,可以多让学生参与,多聆听他们对写作话题的分析思路,注重学生想法和需求,教师应及时给予评价。同时,对于学生的写作作业,教师的及时反馈与评价对学生语言输出的提高也十分重要,可借助电脑评阅、同学互评和教师评阅的多元化反馈体系,让合作学习小组成员互相批改,分析语言逻辑错误,可以建立高频错误语料库,避免类似错误重复发生。通过合作学习小组成员之间互相批改作文,让学生在写作时不自觉地把同学也当成读者对象,学生在互改作文时,教师扮演的角色是助手、故障排除员和顾问。让学生真正了解自己在语言输出方面的问题和不足,促进其语言输出质量。

五、结束语

英语写作课堂并不是仅仅是教授学生语法,更多的是让学生积极参与到教学过程中来,培养其自主学习和合作学习的意识。本文根据输入输出理论和合作学习理念,探索建立新型教学模式,即将两者相结合,丰富学生语言输出形式,同时注重语言输入,有效减少母语对英语学习的负迁移。通过多种形式大量的语言输入,如阅读、背诵高质量英语材料,通过对不同话题的相关英语表达进行总结来提高学生英语输出质量,使学生能够在今后的学习、工作和社会交往中更有效地使用英语交际、沟通。同时,让学生合作学习,建立学习小组,分享资料、经验,学生不再是被动地接受知识,而是主动地去建构知识,培养其分析思考能力,发挥学生学习写作的积极性,成为课堂教学的参与者。教师在这种新型英语写作教学方式的影响下,能够更好地了解学生的需求,以学生为中心,激发学生学习英语写作的积极性和自主性,摆脱传统教学中教师的课堂中心角色,不再不断灌输知识,而是引导学生进行有效地语言输入,增加教师与学生间互动,创新教学方式,使教师更深入地了解英语写作教学特点,促进教师教学能力的提高。

参考文献:

[1] SWAIN,M. *Communicative competence:some roles of comprehensible input and comprehensible output in its development*. GASS,S. M. &C. G. MADDEN,ROELEY. *Input in second language acquisition*. MA:Newbury House,1985.

[2] 陈立平,李志雪. 英语写作教学:理论与实践. 解放军外国语学院学报,1999(1).

[3] 陈玉玲. 合作学习理论在大学英语写作教学中的具体运用. 陕西师范大学学报(哲学社会科学版),2003(10).

[4] 刘润清. 语言测试和它的方法. 北京:外语教学与研究出版社,1991.

[5] 李婷. 独立学院英语专业写作教学模式探索与实践. 贵州师范大学学报,2013(6).

[6] 倪杭英. 语言输出理论与英语写作教学. 浙江工商大学学报,2008(4).

[7] 吴彩霞,以写导学以写促学——过程写作法在独立学院大学英语写作教学中的应用. 牡丹江教育学院学报,2012(2).

[8] 乌永志. 英语写作常见问题分析与训练. 外语教学,2000(3).

[9] 俞蓓. 合作学习法在独立学院英语写作教学中的实证研究. 语文学刊,2009(9).

[10] 张琳琳. 独立学院大学英语教学面临的问题及对策. 佳木斯大学社会科学学报,2008(6).

独立学院辅导员队伍现状及建设对策

王晓玲　齐　璐　王　普

摘要：高校辅导员队伍是大学生思想政治教育工作的骨干力量,是大学生健康成长的指导者、引路人和知心朋友,加强辅导员队伍建设,是坚持育人为本、德育为先的必然要求。建设好这支队伍,对提高独立学院办学竞争力和教育教学质量,维护学校安全稳定,推进学校和谐发展具有十分重要的意义。本文着重对独立学院辅导员队伍建设中存在的问题进行分析,并就加强独立学院辅导员队伍建设,提出了相应对策。

关键词：独立学院　辅导员队伍　现状　对策

教育部《关于加强高等学校辅导员、班主任队伍建设的意见》强调,辅导员是高等学校教师队伍的重要组成部分,是高等学校从事德育工作,开展大学生思想政治教育的骨干力量,是大学生健康成长的指导者和引路人。因此,建设一支政治坚定、结构优化、高素质的专职辅导员队伍,对于全面贯彻党的教育方针,把大学生思想政治教育工作落到实处,具有十分重要的意义,也是统筹高校改革、建设和谐校园的必然要求。

为适应高等教育从精英化到大众化的转变,促进人才培养规格的多样化,我国创新了高等教育办学机制与模式,独立学院异军突起,在高等教育投资体制和办学机制等方面形成了一定特色。但因独立学院办学时间短,经验不足,相应的规章制度和管理机制尚未健全,在辅导员队伍建设中出现了一定的问题。

一、独立学院辅导员队伍存在的问题及原因

(一)独立学院内部性的超负荷管理容易让辅导员产生职业倦怠

独立学院从创办之初就带有效益的烙印,这个效益一方面与传统高校一样,需提升全民素质,满足广大民众对高等教育的需求,实现高等教育大众化,追求社会效益;另一方面,独立学院因是和社会合作办学,同时讲求办学的经济效益,也就是独立学院将双重效益始终交织在一起。独立学院自筹资金、自负盈亏办学,为节约办学成本,都会精简机构,压缩人员编制,在普通公办高等院校,辅导员和学生的师生比是1：200左右,但在独立学院,达1：400,甚至更高。辅导员的岗位职责不清晰,往往临时性和突发性工作较多,辅导员每天忙于日常事务,像个救火队员,身心疲惫。尤其独立学院现在基本搬离了主城区,办学地点相对偏僻,专业老师离家远,一旦课堂教学结束,行政管理人员和任课教师都赶班车回家了,校园里就剩下辅导员和学生。辅导员有值班制度,不能随意离开校园,可以说是24小时待岗,学生的安全责任及事故处理基本在辅导员身上。事务繁杂、学生不确定

事故就犹如随时会爆炸的地雷，让辅导员深感职业安全经常面临威胁，从而经常处于紧张惶恐的状态之中，职业预期压力增大，久而久之就产生了职业倦怠。

（二）独立学院辅导员职业前景不明确，个人发展压力大

社会上包括母体院校一些教职员工对独立学院有一些偏见，觉得独立学院办学层次低，工作前景不明确，社会地位不高，不能完全体现人生价值。年轻的独立学院辅导员的心理会受到一定的影响和暗示，所以他们归属感比较差，没有安全感。辅导员们正面临事业发展的关键期，同时又面临恋爱结婚、买房生子的人生转折期，经济压力大，社会的浮躁、急功近利思想时时刻刻影响着辅导员。客观上，独立学院新进工作人员人事编制和身份问题没有彻底解决，新进辅导员都是人事代理和人事派遣制，辅导员职业化管理机制也尚未形成，绩效评价体系不完善，评价的激励作用没有显现，有些辅导员认为干好干坏一个样，缺乏足够的动力。更有些辅导员认为自己职业发展空间狭小，职业寿命较短，把目前的职业当做是跳板和蓄水池，并没有全身心投入，工作以不出事为目标，工作不讲创新，更没有长远的职业规划。一旦有更好的机会，准备随时走人，人员流动大，人才流失较严重。

（三）外部性的社会期待及学生特点加重了辅导员的心理压力

独立学院学生社会化程度较高，所以经济全球化、政治民主化、社会法制化、科技信息化、文化多样化、价值多元化的时代背景，给独立学院的辅导员在开展思想政治教育工作中，带来了更多新问题、新挑战。独立学院多数学生自律性差，缺乏良好的学习和生活习惯、偏科现象相对严重；学生思想意识多样化，主体意识和维权意识强；家庭经济状况差别大、有心理问题的学生较多；学生价值取向现实，虽然思想活跃，多才多艺，但兴趣多变、心态浮躁。面对这种十分多样化的学生群体，独立学院辅导员需要比公办高校的辅导员付出更多的努力才能融入他们，要化更多时间和学生进行单独的深度沟通。同时独立学院的学生家长因为学费昂贵，希望投入和产出能成正比，对独立学院及辅导员寄予了更大期望，希望孩子在校生活得更舒心，对孩子毕业后的就业、收入、职业前景寄予很高的期望。总之，独立学院的家长期待和学生特点造成辅导员工作的复杂性，加重了辅导员的心理压力。

（四）岗位素质要求与现实差距让辅导员失去成就感

独立学院最初招聘的辅导员，基本上多是应届大学本科毕业生或研究生，客观上形成了年龄小、职称低、工作经验少的局面。虽然年轻人富有朝气，工作有热情、有激情、有亲和力，与学生有较多共同语言，但毕竟从象牙塔到象牙塔，人生体验和工作经验不够，缺乏大学生思想政治教育的专业素质和能力，完全是边学边干或以自己的学生经验去做事。而事实上，辅导员岗位对从业者的个人综合素质要求很高，除了对学生工作的热爱，还需具备良好的思想政治素质、渊博的知识、专业的技能、健康的身体以及优秀的心理品质等。在繁重的工作压力下，许多辅导员常常觉得力不从心，对于学生的困惑无法做出正确的解答和引导。独立学院在日常工作中，对辅导员也存在重使用轻培养的现象，现有的培训工作缺乏系统的长远规划和专业目标。如果辅导员自身缺乏较强的时间管理能力，根本没有时间和精力进一步提升自己的素质，造成每天疲于低头拉车，根本没有时间抬头看路。"十年树木，百年育人"，学生工作是潜移默化的，需要经验的积累、时间的积淀，这往往容易给血气方刚、急于求成的年轻辅导员造成挫折感，也削减了他们的工作热情。

二、独立学院辅导员队伍建设对策

独立学院要在激烈的竞争中立于不败之地,就应着眼于长远,克服急功近利的思想。为此,独立学院必须加强培养一支稳定的辅导员队伍,让他们熟悉独立学院的办学目标、运行模式、人才培养方式以及学生特点,从而为人才培养和学院的发展做出贡献。可以从以下几个方面着手努力。

(一)完善辅导员准入机制,加强辅导员入职后培训工作

首先在辅导员资格审查中,要把具有思想政治教育、心理学、教育学等方面专业背景的人作为辅导员的重要人选。其次,对辅导员兴趣、能力、价值观进行职业测试,可增加笔试环节和心理测试环节,通过全方位的测试,全面了解应聘者是否符合辅导员岗位,如应聘者是否有较强的抗压能力和突发事件处理的应变能力。最后,在面试环节中,可扩大学生的参与权,在招聘人员试讲等环节,可邀请学生对招聘者的沟通能力、处理问题能力进行打分。同时注重辅导员队伍的梯队建设,除大部分录用应届毕业生外,可以吸纳社会上热爱学生工作又具备相应工作经验和能力的人士来充实辅导员队伍。在平常工作中,辅导员的培训应作为师资培训的重要方面,提供与任课教师同等的培训机会并纳入学院在职教师培训的轨道。辅导员入职后,应加强职后教育,在培训内容上主要结合学生对教育的诉求及提高辅导员业务能力为着力点,有重点、分层次、分方向构建培训体系,逐步建立多层次、多渠道、重实效的培养机制,从而培养高素质的专业化辅导员,促进辅导员成为学生教育的某一专题的专家。这样,不仅提高了辅导员的专业化水平,也为辅导员的职业发展方向奠定坚实的基础。

(二)建立科学绩效考核体系,打造职业化辅导员队伍

独立学院辅导员的工作内容繁杂、琐碎,质量难以衡量,如果没有科学的评价和激励,辅导员工作容易失去动力。因此,学院应形成科学的评价机制,使辅导员工作有"成就感"。评价机制应从注重考核的结果转向注重考核工作过程,科学设计辅导员工作的定性指标和定量指标考核的权重,并合理运用物质和精神的奖励机制,调动辅导员的工作积极性、荣誉感、责任感。同时,积极推进辅导员队伍支撑学科的顶层设计,逐渐构建与辅导员工作相匹配的学科研究体系。独立学院同时应制订辅导员教师政策,推动辅导员队伍向专业化、职业化方向发展。辅导员的工作性质,决定了他们自身专业的转变,即向思想政治教育转变。独立学院可以让辅导员共同担任两课教学,利用辅导员广泛接触学生的优势,让两课理论知识与大学生学习生活融合起来,不但加强了两课教学的生动性与实践性,同时提高了辅导员的福利待遇,满足了辅导员担任课程教师的愿望,解决了辅导员教师职业发展的瓶颈问题,帮助辅导员找到职业发展的方向。

(三)创新工作机制,减轻辅导员工作压力,回归工作重心

在工作中,独立学院应该遵循辅导员思想政治教育为本,德育教育为先的工作原则,让辅导员工作有侧重点,不应让辅导员变成胡子眉毛一把抓,什么事都干,最后什么事都没干好的局面。

首先独立学院应重视辅导员队伍制度建设中存在的部门化、碎片化的问题,顶层部门应注意沟通协调,兼顾多重问题,应对职能部门和辅导的工作职责加以明确界定,积极推进扁平化的工作模式,使各职能部门直接面对学生开展业务工作,将辅导员从繁忙的"非本职"事务工作中解放出来,摆脱"保姆式"的发展模式,探索"人生导师型"的成长路径。

其次可以通过选拔"辅导员辅助队伍"来进一步加强和完善辅导员队伍建设。如在班级班风建

设上面,可以聘请有工作经验、学生喜欢的专业老师担任班主任,使他们成为学生的师长和兄长;在专业学习或学困生指导方面,可以加强年轻专业教师和综合导师的力量,专业教师更深入地了解学生的思想动态,第一时间知道学生需要学什么想要学什么,指导学生更有针对性。

通过借助专业老师的力量,实行辅导员队伍专兼结合的管理模式,加强全员育人,全方位育人、全过程育人,形成合力,开创思想政治工作的新局面。同时,还应发挥学生干部和学生党员的能动性和积极性,加强学生自我教育、自我管理、自我服务的能力,让学生干部和学生党员成为辅导员的左膀右臂。甚至也可聘请校外兼职辅导员,如聘请刚毕业的优秀毕业生担任校外辅导员,优秀的学长学姐是学弟学妹学习的榜样,他们会有更多共同的话题,朋辈教育的作用不可小觑;在就业创业指导中,可以聘请成功的校友或企事业单位里热心教育事业的成功人士担任社会导师。通过这些措施的借力,可以适当减少独立学院辅导员的工作量和压力,可让辅导员腾出一定的时间进行思考和学习,也只有这样,辅导员才会在工作岗位成长得更快。

(四)注重人文关怀,构建良性互动的心理契约

独立学院应落实"以人为本"的管理理念,从政治上、工作上、生活上充分尊重和关心辅导员的成长,倾听他们的心声,解决他们的实际问题,营造充满信任与亲密感的文化氛围,塑造有价值的"远景",在学校与辅导员之间构建良性互动的心理契约。学校应积极推动辅导员的社会化建设,组织辅导员到政府、企业、社区等交流学习,增强社会化认知;在学校岗位聘任中,为辅导员创造教学行政双阶梯职业发展机会,建立推荐选拔任用、转岗换岗、能进能出的人才合理流动机制,消除他们的后顾之忧,使他们放下包袱、安心工作,让他们真正感觉到"工作有条件、干事有平台、发展有空间"。充分尊重辅导员在辅导员队伍建设中的主体地位,最大限度地调动辅导员的积极性和创造性,做到以感情温暖人,以机制培养人,以事业凝聚人才,吸引更多的优秀人才加入到辅导员队伍中来,让更多优秀辅导员在这个岗位上有所作为。

独立学院辅导员队伍建设不可能一朝一夕完成,必须经过不断积累、不断进步的过程。在建设中,只要坚持"科学化管理、专业化培训、多样化发展"的方针,通过多方共同努力,独立学院的辅导员队伍一定能成为一支政治强、业务精、纪律严、作风正的高水平的辅导员队伍。

参考文献:

[1]佐玛.独立学院辅导员主观幸福感的调查研究.科技信息,2011(8).

[2]杜明.加强独立学院辅导员队伍建设对策研究.吉林省教育学院学报(学科版),2011(11).

[3]陶荣兄.论专业化趋势下独立学院辅导员队伍建设.发展,2012(5).

[4]朱俊.加强独立学院辅导员队伍建设的对策研究.产业与科技论坛,2010(10).

[5]陆喜培.独立学院辅导员队伍建设新探.广西民族大学学报(哲学社会科学版),2009(9).

[6]陈为旭,游晓丽.科学发展观视野下的独立学院辅导员队伍建设.思想教育研究,2009(3).

[7]陈瑶.浅谈独立学院辅导员队伍建设.思想教育研究,2008(6).

当代学校武术教育的困境与出路

刘帅兵　李　鸿

摘要：本文通过文献资料和专家访谈等研究方法，以文化学和教育学为立场，针对学校武术教育在当代所面临的困境，以教育理念、教育内容、教育模式、教育主导等方面进行追问，从坚守文化教育理念、优化课堂教学内容、拓展武术传承场域、实现学院民间对接、推广武术段位工作等为当代武术教育探索出路和发展方向。

关键词：武术教育　教育理念　教育内容　教育模式　教育主导

一、引　言

西方文化诉诸媒体、网络、信息等技术，实现了强势的"西学东进"。西方体育也在西方文化的强势夹裹下，开始在中国与中国武术"抢滩"，由此，西方体育改进了当代社会的主流人群对文化选取的内在逻辑。外在的显性入侵与内在的隐性卑服，促使中国武术传承有序的文化形态，发生了急剧裂变，中国武术的文化内在结构的整体性也开始面临着支离破碎的危机。沿着中西文化的交融轨迹寻觅，"文化霸权、文化异化、文化流失"等这些问题自始至终困扰着我们以农耕文明为主的民族，就连我们有"自知之明"的教育领域也对民族传统体育缺乏重视和价值认知，教育与传统文化保护、传承脱节。

纵观当代学校武术教育，就其传承性进行梳理，笔者认为学校武术教育呈现弱势的景象有两个方面。其一，"青少年对大众文化的消费与传承之间的分解，使得承载着传统文化内涵的传统武术失去了自身的文化功能"。其二，教育的整体主导性，使得学校武术偏重于竞技武术，竞技武术过分强调动作的"高难美新"而忽视传统武术所注重技击性的简练与淳朴，促其自身在学校领域被搁浅。

在 2013 年 9 月以上海体育学院为首的 26 所高校组织的"全国学校体育武术项目联盟"为契机，把学校武术教育提升为"不仅事关青少年身体健康，而且事关我国文化软实力建设，青少年文化自信的形成"。青少年是继承和发展中国武术的中坚力量，通过武术的习练，除了增强体质外，更有深层的文化认同、文化传承、文化创造等文化价值。学校武术教育不仅是文化传递的过程，也是文化生产的过程，她所蕴含的现实意义已超越了习练武术本身，上升到了民族对民族文化的识同、传承、创造的高度。基于此，本文着重分析学校武术在当代所面临的问题与困境，为其提供出路与希望献绵薄之力。

二、当代学校武术教育的问题与困境

(一)教育理念问题:知识教育让位文化教育

受到当代实证主义和功利主义科学观的影响,学校教育理念存在一定的偏颇。不管从实证主义的追求知识就是目的,还是从功利主义的追求知识只是手段来印证,它们相辅相成为当代知识教育提供了一种强有力的合法性。然而,把知识教育和文化教育进行对比,不难看出,"从根本上说,知识教育是一种以知识为本的教育,其理论基础是狭隘的知识论的教育观和科学观"。

1. 将武术知识作为学校武术教育的内容

武术知识存在着很大的局限性,它仅仅关注武术知识的片段,而非包括知识在内的整个文化。换而言之,用知识的角度来理解整个武术文化,将赋予人文、社会、艺术的学科当做一种知识来传授。当然武术知识包括武术理论和武术技术还包括掌握和运用武术知识的方法、技巧等等。学生获得武术知识的方法和手段主要以教科书为媒介,随着学科的发展,武术教材也在很大程度上浓缩了武术知识的精华,还持续地为从小学到大学各阶段武术教材衔接的逻辑化和系统化而努力。这样确实有利于最大限度地将武术知识成系统地传授给学生,但从某种意义上讲,以知识为中心的教育逃脱不了以教科书为中心的教育。

2. 靠课堂和考试维系着教师的教与学生的学

教师的职责最大限度地将武术知识和技能传授给学生,而学生的任务是最大限度地掌握老师所传授的技能和知识。两者之间进行有效的互动,最好的方式莫过于课堂和考试。课堂教育充当着知识教育最好的方式,由老师和学生组成的学习共同体,考试成为知识教育的效度,甚至决定学生的前途和命运。从某种意义上讲,这种教育是以课堂和考试为中心的教育。

知识教育的存在无可厚非,它也永远是整个文化教育不可或缺的部分。如果单纯来谈知识教育,切断武术知识和武术文化的联系,使武术知识脱离了活态的武术文化母体,消解了动态的武术教化功能,失去了深邃的人文意蕴。目前整个教育体系出现"应试教育"的症结便在此,用知识教育来取代文化教育,用知识的积累来堆垒人文素养,应试教育便显得突出。因此学校武术教育在"应试教育"的模式培养下,特别是在武术专业院校,培养的学生"专业性强、灵活性差、知识面窄,文化基础薄弱",这种模式不利于素质教育和创新教育的开辟与发展。

(二)教育内容问题:域外武技抢占本土国技

梳理中国武术走进学校教育的历程,从最初尚武强国的精神武术,到用于竞技健身的体育武术,再到后来立足与文化强国建设目标相适应的文化武术等等。武术与教育的联姻加大了相互之间的内在关联度,也成就了学校是武术文化传播的主流场域。但是,现今在多元文化可供选的学校教育中,中国武术的发展真可谓"举步维艰"。

1. 时尚文化成为社会的主流文化,占据着学校教育的制高点

域外的民族体育经过市场的开拓,迅速成了一种"时尚的、潮流的、时髦的、娱乐的"的"快捷文化"。引以为自豪的中国武术从"防身健身论"到"武术救国论"再到"武侠论"等等,这些自豪已经比不上时尚。反而"学习跆拳道成为一种时尚,国粹武术的身影显得尤为落寞"。中国武术和跆拳道、空手道等外域武学相比,在性质上同样具备文化精神内涵,具有高度的艺术性和技击性相统一的特点。但是,如今被一股强大的域外文化所挤压,中国武术处在了社会的亚文化圈,在学校教育领域逐渐式微也是不争的事实。

2. 体育化的竞技武术，占据着学校武术教育的主流

由于竞技武术的难度大，很多学生"喜欢武术却不喜欢练武术"，甚至还把跆拳道和拳击归属武术，比如有一则广告就打出"练跆拳道，体验中国武术精神"。在学校武术教育中，基本上采用"基本功——基本动作——套路"等三步教法。对于这种模式，专业院校和普通院校没有两样，只是在动作规格及其难度上有所取舍，但是均把中国武术所蕴含的深邃文化搁浅。竞技武术的学习已经严重干扰了武术文化的内在教育功能，文化的缺失，使中国武术丧失了文化立场，也消解了文化力量。不同民族文化力量的强弱，已经影响了学生的文化鉴别能力，文化亵渎和文化误解已经形成，这也是中国武术在学生群体中失宠的缘由之一。

除以上两点之外，在学校武术教育中，无论是武术教学内容陈旧、教学形式缺少时代性、还是技击性的弱化等等，都在一定程度上制约着学校武术的发展。从整体的学校体育来说，西方运动项目和民族传统体育项目相比，出现了"外强中弱"的局势。如果不认清这种趋势，很可能把武术以及民族传统体育挤出学校教育领域，走向消亡。倘若如此，中国武术进奥运以及传承民族文化、弘扬民族精神更无从谈起。

（三）教育模式问题：课堂教学和师生传承

近百年来武术从农村走进城市，从市井走进学校，在实现武术现代化的进程中，其传习内容、传习手段、传习方式发生了根本性变化。现今，在多元化的传习方式中，可把武术传习归为两大类，一是政府主导的学校教育，二是民间自发的师徒传承，但这两种模式都存在本身的问题

1. 课堂教学受到时间限制

武术的课堂教学相比师徒传承的单个秘密传授以及择徒拜师繁琐等程序，显得更集体公开和不拘形式。加上课堂教学的定点、定时、定人以及规定课时教学和固定学期等等，更显得规范性和可操作性。但是，课堂教学受到学习时间的限制，大部分学校在一学年中安排武术 72 学时，武术专业安排在 144 学时。博大精深的中国武术在这 72～144 学时当中，难免只学到了武术技术的皮毛，而深邃的文化更无从谈起。而在师徒传承中，徒弟的学制年限没有被固定，始终遵循着"三年小成，十年大成"的"戒律"。如此师父传授徒弟技艺便不拘小节，没有固定时间随时随地即可。在此，笔者并非提倡这种"随时随地"的传授模式，而是提倡徒弟长期追随师父身边，靠潜移默化的"熏"。的确，中国传统文化缺少"熏"的过程，难免不够醇厚。

2. 师生传承缺乏效率和普遍性

意在体悟的中国武术不仅靠"冬练三九、夏练三伏"的持续性，更要靠师父的"耳提面命"的言传身教。中国武术传承之所以重要就是因为它是言传身授、口传心授。这种传承不是靠现代技术教育的手段所能及的，而是老拳师把毕生所学的经验、体会与学生共享，使学生能"茅塞顿开"，避免走歧途。这种言传身授，是手把手地教和手把手的学，如此才能把武术传承下去，这也是师徒传承中师徒之间最温情的一面。师徒传承由于历史局限性，在对武术技术传承和观念习俗以及传承仪式上与当今时代不尽相宜，武术本真传承也陷入瓶颈。但是如果重新解读师徒传承，树立发现意识去芜存菁，师徒传承在当今可续写战绩。据美国一项调查，在 1972 年之前获诺贝尔医学奖的得主有一半以上经历了师父带徒弟的培养模式。近些年，欧美对师徒制引进蔚然成风。反观国内，"目前戏曲、相声和中医界依然保留着中国传统的拜师递贴仪式，效果良好"，但作为本科生阶段的武术教育如果仅靠师生传授，显然是不够的。

（四）教育主导问题：学院派和民间派缺乏融合

目前，全国近 40 多所高等院校设有武术专业人才培养基地。从高等院校走出的武术教师接受

过现代教育理念,也基本上能把握现代武术的教学规律。他们运用运动生理学、运动解剖学、运动训练学、运动医学、运动心理学等来定性地研究中国武术的运动规律和训练规律以及比赛规律。而与之相对应的民间拳师,由于小农意识的局限性,他们的眼界以及思路没有像学校武术教师那样开阔和前沿。加上传统武术拳师地位被弱化,经济也趋于贫乏,生活时常困顿,难免被武术教师所轻视。而民间拳师虽整体地位弱化,但在自己的"文化族群"内,依然被徒弟所信奉。民间拳师则认为学校武术教师"只会讲,耍嘴皮子,没有真功夫"。所以,目前在社会上流传两个"武术门派",即"学院派"和"民间派"。而大多人们认为"学院派"偏重理论,"民间派"偏重实战。在社会的舆论下,武术教师和民间拳师其误解很难消解。

从近些年武术发展来看,的确民间拳师对武术的传承要比学校教师更带有东方文化的感性和责任;而学校教师对武术的传播要比民间拳师更带有现代教育的理性和职责。两者"齐头并进"才能突破当前武术发展的瓶颈。

三、当代学校武术教育的出路与希望

(一)坚守文化教育理念

当前,"武术发展面临的最突出问题可能还是'形散而神不聚',用群众的话讲就是缺少了那么一点'精气神',当然更缺少可以称之为'魂'的东西"。称为武术之魂的东西,不言自明那便是中国传统文化。只不过在发展的过程中,我们没有站在文化的立场来考量中国武术发展。

在学校武术教育中,强调坚守文化教育理念,并非把知识教育排斥在外。相反,在文化教育中,知识教育已不是那种机械、教条、刻板地切断文化命脉的教育,而是在知识教育中渗透了富于文化内涵、浓厚文化气息、深邃文化精神的新型知识教育。坚守文化教育理念,从根本上打破了学校武术教育所面临的瓶颈。首先,坚守文化教育理念使学校武术教育走进了一个大的发展空间,而不是停留在狭隘的知识论当中。由此学校武术教育不仅使学生学习了形而下的技术层面,而且掌握了形而上的文化层面。其次,坚守文化教育理念促进武术教师的不断进取。武术教师的职责不仅"传道、授业、解惑",更是育人。武术教师不仅把技术传授给学生,而且更重要的是把武术技术背后的文化传承给学生,这些都需要武术教师用自身的技术能力和人文素养以及人格魅力感染学生,真正做到言传身教。最后,坚守文化教育理念使学校武术教育类似于"泡菜坛",这是摆脱学校武术教育的工具理性。学生在文化教育理念下,不仅获得知识技能,更是以武术为载体来"熏"出他们的精神境界和道德情操,使他们树立世界观、人生观、价值观,真正懂得传统文化中的"真善美"。

坚守文化教育理念,这不是一蹴而就的事,而是一个漫长的过程,忽视了这种过程性的熏陶,蜻蜓点水式的知识灌输无济于事。不管是武术的传播还是传承,其文化主体性以及文化个性都是武术在发展过程中的核心因素。这种核心因素出现一定的断裂,也和百年屈辱有一定的关联,目前的回归和重新审视以及坚守,从某种意义上讲我们正在走出伤痛,以传统文化来彰显学校武术教育的自信。

(二)优化课堂教学内容

优化武术课堂教学内容,笔者从武术基本功、武术套路、拳种三者展开论述。

首先,武术基本功。基本功紧扣武术技术精要,去选择一些共性与个性的武术基本功,这些基本功要符合学生的身心特点和兴趣。民间拳言"太极如摸鱼、形意如捉虾、八卦如推磨"等,这些带有特色的基本功和动作结构,都可以为武术课堂提供素材。其一,选择武术基本功应强化武术的内功(以意领气、以气运身、以身发力)。如太极筑基功、八卦旋转功、形意三桩五拳功等,其目的使学生体验武术"意、气、劲、形"四者合一。其二,武术的柔功。这些柔功应遵循整体性原则,肩部、腕部、胸背部、腰部、腿部、足部等要全面涉及,这部分可放在武术课堂的准备部分完成。

其次,基本套路。"强化套路、突出技击",这是体现传统武术"打练结合"历练过程。在实践操作中,把比较长的套路分成若干短套路或动作组合。在传授这些短套路和动作组合的同时,强化其实用性,通过"体用双修"来感悟武术所蕴含的传统文化内质。

最后,武术拳种。拳种,有独特的武术叙事、武术理念、武术谚语以及武术门规等等。在武术内容选取上,应体现地域文化的特色,撷取地域的优秀拳种。在实践操作上,把所选择的拳种进行改编,创编出初级套路、中级套路以及高级套路,使学生在不同时期学习不同的武术套路。如此,既体验了共性的武术文化又不失感悟个性的拳种文化。

(三)拓展武术传承场域

"历史在流动,如何看承传"。对于学校武术教育来讲,不管是从"传承民族文化",或者是"弘扬民族精神"的层面来定位,武术教学都不能仅注重其技术层面,而是通过肢体的运动来感悟技术背后的文化。中国武术所蕴含的传统文化内质,只有靠长期的潜移默化才能"外化于行,内化于心"。因此,拓展课外武术传承场域,才能充分发挥武术的文化资源。

首先,成立校园武术社团。武术社团为武术课堂教学以外提供经常性的活动空间。在武术社团的带动下,逐渐在学校营造浓厚习练武术的文化氛围。有条件的学校权力下放,让武术社团来开展武术文化节、武术文化周等活动形式来普及武术文化,通过举办这些活动来加强学生对武术文化的认同。

其次,建立武术网络信息库。利用新媒体技术,通过"不夸大、不虚构的现实手段,加大对武术的宣传力度,正确引导高校学生理解、认识武术的内涵,了解武术的社会功能和价值"。建立武术网络信息库,不仅将武术教师和网络教育相结合,而且将会在现代新媒体技术支持下衍生出新型的武术网络教育、武术网络课程等全新形态。建立武术网络信息库,也要积极与图书馆、民间拳师、地方拳种相结合,实现"一体同载"的多种教育形式。

(四)实现学院民间对接

不管是当代的学校武术教育还是民间的师徒传承,虽然两者所发挥的侧重点不同,但对于武术的发展均不可或缺。近些年随着义务教育的普及和高校的扩招,武术师资力量出现不足。而民间的武术拳师,因社会转型和时代发展,他们很多因后继乏人而另谋出路。这同样是一种文化流失,正所谓"人息技亡"便是如此。

面对两者的割裂,如何使其重新对接,笔者认为有条件的地区可以大胆地尝试。其一,内部培养。武术师资匮乏的学校,可以派一些比较热爱武术的体育老师,让他到民间学习传统武术,学成归来以弥补学校武术师资不足的现状。其二,外部引进。"在教师的选择上,可采取'请进来'的办法,请一些民间传统武术家、走进校园,进行有针对性的搭配高校教师进行教学"。其三,重点突破。这针对专业武术的学生,一年级和二年级的学生在校完成大学所规定的学分之后,大三可以到民间跟着老拳师感受民间武术的独特魅力,大四再进行教学实习。或者,在有条件的学校可以挂牌传授某种拳种。比如现已比较成功的案例有河南大学以少林拳为主,河南理工大学以太极拳为主,他们定期或不定期地请一些民间武术"明师"进入学校授拳或者讲座等。

实现学校与民间的对接,使两者相互借鉴与融合,从而形成具有传统和现代气息的武术教育新模式。

(五)推广武术段位工作

"中国武术段位制是中国武术协会制定并实施的一项全面评价习武者水平等级的制度。它是在继承历史传统,吸取国外经验的基础之上而出台的武术等级制度,是武术现代化发展的制度保障之一"。中国武术在当代要实现大发展大繁荣,需要一个强有力的机构有胆识、有作为地引导和推动。为此,推动武术走进学校,通过制定武术各段位级别的技术内容和考核标准、遵循学生的生长发育规律、循序渐进地推行武术段位,是学校武术教育的新路径。

在推广武术段位工作的过程中,笔者总结一下几点建议:首先,凸显学校武术教育的文化个性,武术段位考核的内容应"去竞技化"。因为在学校武术教育中采用竞技化教学模式容易使学校武术的文化个性被泯灭,甚至弱化学校武术的教化功能。其次,武术段位制在学校的推行要得到教育主管部门的支持和参与。在一些高校,学生考取驾照、组织社团、参加社会实践活动、获得体育裁判等证书均可获得第二课堂的学分。如果学生考取武术段位,那么这些学生也要得到学校的认可,获得第二课堂的学分,甚至第一课堂的学分。其三,明确武术段位制经费的收取和使用标准,杜绝学校以推广武术段位制为名义而从中获利。"武术段位费收费标准应该明确规定无段位者申报符合段位条件的段位时,是否需要补齐每次升段的费用,以进一步规范了武术段位申报、收费等工作程序。"其四,区别对待。所谓区别对待,它与英语专业和非英语专业的学生考英语等级类似,体育专业和非体育专业由于身体素质差别较大,制定等级的难度应不同。比如,男生和女生、民间拳种和国家规定套路等,这些因素在推广武术段位的过程中要充分考虑。最后,强化监督,学校武术段位的推广是一个漫长而艰巨的事业,在不同时期会遇到不同问题,中国武术协会要和教育部门联合起来定时或不定时的展开检查,进一步完善内部管理制度,规范业务操作行为,等等。

当代,在学校武术教育中推广武术段位工作,是学校武术教育冲出困境,跨越瓶颈发展的急切之举,这不仅对学校武术教育体系的重构起到助推的作用,而且将是学校武术教育现代化发展的新切入点。

四、结　语

在现代奥林匹克运动和竞技职业赛事的冲击下,中国武术逐渐被社会边缘化。在持续边缘化的进程中,中国武术的文化立场和文化身份逐渐模糊。在民间流派之争依然激烈,国家标准化武术与拳种保护始终难以兼收并蓄,"技术偏左,文化偏右"的武术发展更是捉襟见肘。凡此种种,当代"'为武术进校园叫好'这样带有战略色彩的举措被推上了前台"。在中国武术的发展路径上,学校武术教育所肩负的三重使命(文化使命、教育使命、科学使命)等使其已经开始向哲学领域挺进,因此学校武术教育的责任担当已经超越了他自身的体育属性,而是向着传承民族文化弘扬民族精神的方向定位。

参考文献:
[1] 吉灿忠,韩东.当代高校武术教育的突围与跨越.首都体育学院学报,2014,26(2):127-136.
[2] 赵光圣,戴国斌.我国学校武术教育现实困境与改革路径选择——写在"全国学校体育武术项目"成立之际.上海体育学院学报,2014,38(1):84-88.
[3] 孟建伟.从知识教育到文化教育——论教育观的转变.教育研究,2007,324(1):14-19.
[4] 王岗,刘帅兵.学校武术教育的责任担当与实施路径研究.体育成人教育学刊,2013,29(3):3-7.
[5] 王岗,李世宏.学校武术教育发展的现状、问题与思考.成都体育学院学报 2011,37(5):84-87.

［6］王国志,邱丕相.中国武术"越武越寂寞"的症结及其发展策略.武汉体育学院学报,2010,44(4):91－96.

［7］邱丕相.武术文化传承与教育研究.北京:高等教育出版社,2011:81.

［8］周伟良.中国武术史.北京:高等教育出版社,2009:106.

［9］吉灿忠,韩东.当代高校武术教育的突围与跨越.首都体育学院学报,2014,26(2):127－136.

［10］钟文.武术之魂何处寻.人民日报,2014-03-24(15).

［11］郑培凯.口传心授与文化传承.桂林:广西师范大学出版社,2006:75.

［12］林小美.杭州市高校武术发展现状及其对策研究.浙江体育科学,2007,29(3):33－36.

［13］李龙.论中国传统武术的当代发展路径.体育与科学,2012,33(1):35－39.

［14］洪浩.段位制:学校武术教育现代化的新发展.搏击(武术科学).2013(10):扉页.

［15］赵发田.中国武术段位制标准化管理存在问题的分析与对策研究.天津体育学院学报,2011,26(25):396
　　　－399.

［16］范佳元.为武术进校园叫好.人民日报,2013-12-27(16).

足球选项课"运动教育模式"的构建与实施*

赵亚斌

摘要：运动教育模式是一种具备较完善理论体系的体育教学模式，在澳大利亚和中国台湾地区已经得到了成功应用。其在培养学生运动知识、运动技能、社会适应以及终身体育意识有良好作用。本文通过对该模式的借鉴，重新构建我院足球选项课。

关键词：运动教育模式　足球　教学

一、前　言

传统体育教学以传授技术动作为核心，其教学重点集中在传授和掌握基本知识、基本技术及技能。虽然这种教学模式有利于发挥教师主导作用，有利于培养学生的纪律性和强化动作技能，但是容易忽视学生的主体作用，往往造成学生仅仅是被动模仿，为应付考试而练习，从而降低了学生学习兴趣和积极性。这种模式下培养的学生对于某项运动项目，仅仅停留在会对付考试的水平，谈不上喜欢和终身参与。这与《全国普通高等学校体育课程教学指导纲要》（以下简称《纲要》）所提出的"让学生在运动中体验成功和乐趣"、"培养学生具有一定的体育文化欣赏能力"、"教会学生正确处理竞争与合作的关系"进而达到终身体育的目标相距甚远。

运动教育模式是一种较为完善的课程与教学模式，目前已广泛应用于新西兰和澳大利亚，中国台湾与香港地区也较早引进运动教育模式的理念指导课程和教学，在我国的本土化研究中也被证实效果良好，并表现出操作步骤具体、教学过程模式化的特征。[①]本文通过借鉴该模式，对我院足球选项课重新构建，以期更好在教学中落实《纲要》的目标。

二、运动教育模式概述

（一）基本概念

运动教育模式是由美国学者达里尔·西登托普（Daryl Siedentop）基于游戏理论（play theory）提出的一种课程与教学模式[②]。它力图在最接近真实的情境中教育学生，通过以比赛为主线的教育过程，充分运用教师的直接指导、合作学习与伙伴学习为学习方法、以团队协作和角色扮演为组

---

* 基金项目：浙江财经大学东方学院 2014 年教学研究一般课题（2014JK23）部分成果。

① 高航，高嵘.运动教育模式实施策略研究.体育文化导刊,2010(2):60—63.

② Mohr D J 等.竞技运动教育模式的教学赛季计划.西南师范大学学报（自然科学版）,2010(6):247.

织形式,帮助学生成为具有一定运动技能、运动热情和文化素养的人。这是一种以学生为中心的教学模式,打破以往以教师为中心的传统教育模式。

(二)主要目标

一是有运动能力:学生应该具备一定的运动技术,拥有足够参与比赛的技巧,能够领会运动战书,并能针对复杂的运动情境拟定解决问题的策略,参与者应具备丰富的运动知识。

二是有运动热情:学生能够从价值观上理解并积极参与所学的项目。这是人们参与某项运动项目的先决条件,是人们树立终身体育意识的关键点。

三是有运动素养:学生能够理解和尊重运动规则、运动礼仪、运动的传统习俗,能够区分运动行为的好坏,有欣赏运动的能力。

通过运动教育,学生应达到以下具体目标:发展专项运动技能与体能;具有评价和运用战术的能力;有能力参与适合自身发展水平的运动;有和其他同学一起共同制定运动策略和管理运动学习的能力;担任领导角色时具有责任感;学习中具有团队精神;具有欣赏所学习运动项目仪式和习俗的能力;发现和解决运动中的问题的能力;具备一定的裁判知识;形成自觉参与运动的习惯。

(三)主要内容

1. 运动季 包括季前期、竞赛期、季后赛。通过季前期的练习以及与队友的互动来学习运动的技巧和知识;通过竞赛期丰富比赛经验;最后进入季后赛体验比赛的残酷与刺激,这样学生对于运动项目的学习能够更深入完整。

2. 团队小组 将所有的学生分成若干小组,维持到整个课程结束。不但使学生获得归属感,培养团队意识。小组成员在整个运动季也可根据分工机制担任不同角色,如教练、队长、记录员、裁判员等,通过不同参与"角色"的扮演充分了解自我能力。

3. 竞赛期 进行正式比赛,这种正式的比赛穿插于各部分练习中。教师指导学生制作赛程规划,未比赛的小组担任裁判、场地组、记录组等工作。通过观察比赛,制定出相应的攻防战术。竞赛期后,所有学生以团队为单位进行最终名次确定。

4. 记录保存 有别于传统体育课中的记录用于记录考勤和单项技术测验,比赛中记录可以提供给团队或个人,帮助他们改善技术和战术。同时可以记录整个学习过程,将其制作成学生学习档案,作为评价学生的依据。

5. 庆祝活动 教师与学生一起努力,创造一系列的庆祝活动,用以提高学生学习兴趣和参与热情。

三、运动教育模式的运用意义及优势分析

(一)运用意义

运动教育模式所倡导的"全面参与"与"人人成功"的原则,保证了每个学生都能参与到体育活动中去,在活动中每个人都有自己的角色定位,各尽其责。这样学生都能积极主动地参与其中,把比赛以游戏的形式贯穿于整个教学过程,更加注重学生间的互助互动,以赛促练,更利于达到提高运动技术的目的。由于在整个过程中学生需要体验不同角色身份,保证了学生个性充分施展,保证了学生在合作中学习进步,有利于培养学生的归属感和团队意识,更利于提高学生社会适应能力。综上分析,"运动教育模式"与《纲要》对体育课程提出的运动参与、身体健康、心理健康、运动技能、

社会适应五大目标高度契合。这为我院足球选项课的改革提供了充分理论依据。

(二)优势分析

足球运动是当今世界"第一运动",普及率极高,但是我国足球水平之低又是不争的事实。我院近些年足球选项班学生呈现以下几个特点:看球的多,懂球的少,会踢球的更少;长期观看最高水平足球比赛,但自身技战术水平低下;加之我院女生比例高于男生,几乎每个时段选项班都存在男女混合的情况。足球运动又有参与人数多,场上位置多样,角色任务各不相同;技术动作复杂;战术多变,组合丰富等特点。

因此,足球的学习,不应是机械的学习若干标准化技术动作,而应考虑其真实的运动情境。运动教育模式提供了最接近真实足球比赛的环境,能激发学生在以集体参与的形式,在足球比赛中完善自身技战术、感知足球运动的特点,加强对足球规律的认知,对足球规则的适应,进而更好地通过足球选项课推动实现"素质教育"和"终身体育"。

四、我院足球选项课"运动教育模式"的构建与实施

(一)确立教学目标

以《纲要》为依据,结合运动教育模式、足球运动特点和我院学生实际学情,将足球选项课目标确立如下:

1. 运动参与目标　以足球比赛为主线,吸引学生喜爱足球运动,养成以足球运动锻炼身体的习惯;强化足球比赛的能力;能够欣赏足球比赛,对足球规律和文化有一定理解;具有参与足球运动的能力,这种能力除了运动员比赛能力外还应有裁判能力、组织足球比赛能力等。

2. 运动技能目标　掌握基本的足球踢、停、运技术,可以将有球、无球技术熟练结合完成各种形式足球比赛的能力;具有参与足球比赛的意识;具有能根据比赛实际需要拟定比赛策略的能力。

3. 身体健康目标　通过足球运动发展学生综合身体素质;掌握预防运动损伤和处理常见损伤的方法;养成良好的足球运动习惯,形成健康生活方式。

4. 心理健康与社会适应目标　通过多元化目标的设立,帮助学生建立集体观、胜负观并培养不畏挫折、积极乐观的态度;通过比赛帮助学生体验足球运动的乐趣,养成良好体育道德;以小组合作形式进行学习、比赛,培养学生人际交往能力和责任心。

(二)确定教学框架——"足球运动季"

1. 足球运动季的阶段划分及课时分配

高航等[①]的研究表明运动教育模式至少需要 15~20 以上的学时,否则难以达到良好的教学效果。结合我院实际教学需要,笔者将一学年的足球选项课视为一个完整"足球运动季"来重新设计规划。一学年计划学时为 34 次,考虑到由于要有身体素质测试、节假日影响等因素,计划按 30 个学时来进行。"足球运动季"划分为"季前准备期"、"季前期"、"竞赛期"、"季后赛"。各阶段划分与各阶段任务见图 1 所示,各阶段学时分配与主要内容见表 1。

---

① 高航,章荣江等.当代运动教育模式研究.体育科学,2005(6):83.

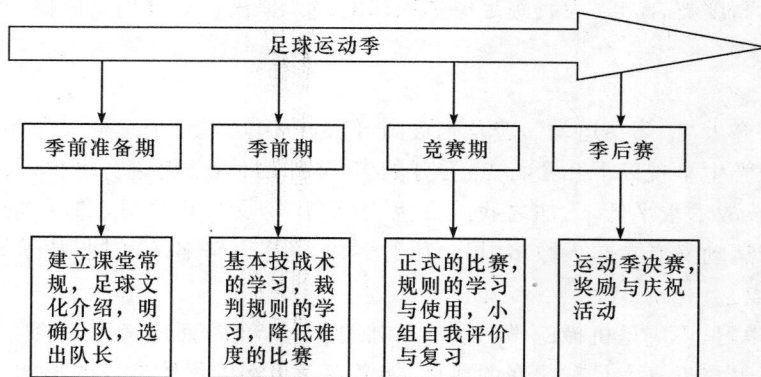

图 1　足球运动季基本阶段划分及各阶段任务图

表 1　足球运动季学时分配表

单元划分	学时(30 次)	主要内容
季前准备期	1	介绍运动教育模式、建立课堂常规、建立团队
季前期	12	足球技术、战术学习,简化条件的比赛
竞赛期	15	足球规则、竞赛法学习,正式足球比赛及相关记录
季后赛	2	最终比赛,各奖项颁布,庆祝活动

2. 各个阶段的具体工作

在开始运动季之前,教师要对整个运动季进行精心的准备。在课程开始前建立完整的足球运动季,并对各阶段教学任务进行规划,需要对一些影响因素做出预案(如阴雨天,可进行战术分析或团队建设,或者裁判方法的学习,阶段总结等)。

在季前准备期,教师要详细将运动教育模式的目的、特征介绍给学生,并将整个足球运动季的规划呈现出来。与传统模式下的课堂常规不同,还需要明确每次课每小组都有一个负责人,负责每次课的活动内容安排以及比赛成绩的记录等工作。这个可以由团队负责人来完成,也可以由负责人分配团队队员轮流值日的形式完成。建立团队,可以按照技能水平平均分队,也可以按照学院或系为单位(基本原则要考虑男女比例、技能水平等因素)。根据前几年在足球选项班进行的班内联赛试验的经验,分组后要跟学生充分沟通,保留在进行过程中教师调整的权力,以保证进入竞赛期后各个团队都具有同样的竞争力。为了让组员形成运动文化,要求他们对自己的团队进行命名、选出队长、设计口号队徽。

进入季前期主要的任务是教会学生各项基本足球技战术,让学生逐渐适应运动教育模式的课堂常规,发展学生自我组织练习和比赛的能力。此阶段,仍以教师讲授与组织练习为主,但要有计划地培养各小组进行自我安排练习的能力。可以通过一些多元的“技能竞赛”或降低难度的足球比赛的形式来培养团队意识并促进各组员加强基本技战术练习。如可以通过组内的技术比赛遴选出技术水平较突出的成员,在以后的练习中能主动承担起“学生教练员”的职责;可以通过组间的团队技能比赛来加强团队意识,并增强技术练习的积极性;通过简化了的足球比赛游戏来加强学生对足球运动的兴趣,培养他们对足球基本规律的认知。

在竞赛期以团队间比赛为主,比赛占据了课程的绝大多数比重。此阶段并不意味着教师完全放手让学生自由进行。教师在刚进入竞赛期时,仍要组织进行足球技术的练习,并增加战术配合的内容,但此时教师可以帮助各团队设计适合自身的练习形式。在竞赛期的中后段,教师需要帮助各个团队分析和总结比赛中的得失以及对手的强弱,帮助他们制定出适合自身的比赛策略。总之,在整个竞赛期,教师需要适时切入比赛,以帮助学生提高比赛能力,各角色(裁判、组织者、记录者)的执行能力,以及竞争意识和团队意识。

最终比赛是整个运动季的结束也是高潮阶段,在此学生的运动参与能力、竞赛组织能力、各角色担任能力均需要有完整的体现。经过较长时间的竞赛期,积分最多的两支队伍将进入最后的季后赛进行最终名次的争夺,其余的团队将以竞赛组织方的身份参与其中。在最终决赛结束后,根据完整运动季的各项成绩记录,选出各项最佳队员,并进行颁奖。可以通过投票的方式选出最佳组织奖。力求通过最终的庆祝活动能感染每个参与者,为他们留下最美好的印象。

(三)教学评价

根据《纲要》"强化激励、发展功能"的要求和教学目标,评价方式应采取诊断性评价、形成性评价与终结性评价相结合。评价的设计应该考虑到整个运动季学生的多角色的综合表现,而不应仅仅以期末最终某次考试成绩为准。所以在评价中应充分运用好在运动季中各种记录表格,如各种技能比赛的成绩,比赛中的技术统计,担任裁判的数据等。平时成绩除了应用到课率外,可以参考担任比赛组织者时所做的各种记录表格,身体素质测试的进步幅度等。总之应良好运用技战术评价、赛事评价、管理和行为评价、认知评价等。具体评价体系见表2。

表 2　足球运动季评价参照表

评价方面	对应我院评价体系	百分比(%)	评价内容
运动能力	专项技术	50	运动季中以个人形式参加各种技能比赛成绩,团队比赛的成绩,个人技术统计
运动参与	平时成绩	20	运动季中学习情况的记录,组织比赛的记录,担任组织者、裁判等的综合表现
身体素质	身体素质	20	身体素质测试的记录
社会发展	理论素质	10	足球运动文化的掌握,对规则的理解及场上表现

五、小　结

将运动教育模式引入足球专项课能够给学生提供真实的足球运动情境,提升学生学习兴趣,培养他们的团队合作意识、沟通能力和组织管理能力,在笔者近几年的教学实践中,选用该教学模式教学班的学生,学习积极性明显好于传统教学班,从效果来看,学生表示该教学模式能有效地激发学生的主观能动性,并对他们培养终身运动习惯起到较关键的积极作用。总体而言,我院足球选项课已经具备导入运动教育模式的各项条件,通过对该教学模式的广泛运用,必将提升我院足球选项课的课程满意度,实现《纲要》的最终教育目标。

东方学院经管类跨专业综合实训的研究与探索

金伟林　王　侦

摘要：东方学院跨专业综合实训课题组针对经管类专业学生由于缺少理工科类专业知识，成为校内专业综合环境的短板。学院经过不断地探索、研究，制定了完整的教学方法体系和学生考评体系，形成了一整套具有创新性的"综合专业实训"课程教学方案，为实现培养高潜质、有全局观的高级应用型人才教学目标奠定了坚实基础，也为兄弟院校跨专业综合实训课程的建设和开展起到了较好的示范作用，取得了较好的社会反响。

关键词：经管类　跨专业　综合实训　研究　实践

一、引　言

2012年6月，教育部颁布《国家教育发展第十二个五年规划》（教发〔2012〕9号），指出高校要强化实践育人机制，加强应用型、复合型、技能型人才培养。同年，教育部联合宣传部、财政部等部委颁布了《关于进一步加强高校实践育人工作的若干意见》（教思政〔2012〕1号），其中明确提出要深化实践教学方法改革，重点推行基于问题、基于项目、基于案例的教学方法和学习方法，加强综合性实践科目设计和应用。针对现代企业对人才复合性、创新性和专业性的要求，根据教学定位和人才培养目标，以知识、能力、素质培养为主线，建立多模块、分层次且相互衔接的人才培养教学体系，并在动态的、复杂的、仿真的环境中进行能力和素质的训练，已成为当前高校实践教学改革的必然方向。

二、东方学院实训教学的现状和存在的问题

近几年，实训教学的重要性被越来越多的财经类院校所认知，众多院校着手实验、实训中心的建设工作，思考开设相关实训课程。但是，纵观整个财经类院校的实训教学，还不尽如人意，比如：静态性实训多，动态性实训少；单项性实训多，综合性实训少；基本技能和专业技能训练多，综合技能训练少；重职业技能训练，轻职业素质训练；等等，令人担忧。结合东方学院的实际情况来说，存在的主要问题有：

（一）实践教学环节重视实验实习，忽视实训仿真

实践教学，是深度认识理论知识、巩固理论知识的有效途径，是培养具有创新意识的高素质工程技术人员的重要环节，是培养学生理论联系实际、掌握科学方法以及提高学生动手能力的重要平

台。校内的实践教学环节,具体来说,包括实验、实习、实训、社会实践、课程设计、毕业设计(论文)、学年论文等,也包括军训、创业活动以及纳入教学计划的社会调查、科技制作、学科竞赛活动等。如果上述内容形成科学合理的培养体系,对实现人才的培养目标将有重要的作用。为此,东方学院提出了"两课堂、七平台、实践持续、专业复合"的人才培养模式,但在实际运作中,忽视了实训仿真教学的重要性。

实验、实习、实训三种实践教学方法各有优劣,从东方学院的实际情况来说,具体情况如下:实验,侧重于课程知识点的验证;而实习,受限于学院的地理位置和专业特性,严重缺乏校外实习基地,即使有校外实习机会,也极难实现专业对口,学生的工作内容大多停留在倒水、接电话等打杂事务,难以接触企业真正的核心业务,使得学生几乎接触不到真正的专业实践;相对来说,实训,即"实习"加"培训",结合了实验和实习二者的优势,通过人为创造的仿真环境和过程,可以对学生进行职业技术应用能力的综合训练。由此可见,实训教学,作为职业化培养的重要环节,拥有巨大的优势,被越来越多的财经类院校所认可,目前已在高职院校中得到了广泛的运用。

作为独立学院,根据学院的人才培养目标,在培养有创新、创业精神和实践能力的高级应用型专门人才的要求下,提高学生实践动手能力已势在必行,而通过校内搭建仿真环境,加强实训教学,已成为学院日益迫切的教学改革目标。

(二)实训课程单项性静态性实训多,综合性动态性实训少

事实上,东方学院与很多院校一样,原有实训课程主要以单项性实训为主,缺少多个专业的参与和对实训模块所涉及的上下游岗位的串联,以至于学生的学习无法实现全方位、系统性、立体化,也将知识应用和能力训练局限于现有的单向性实训。

实训手段单一,实训内容静态化,缺少应变能力的训练,综合性、设计性内容不足。目前,专业实训主要依赖单一的知识点项目、单一的应用软件或者进行手工实训,实训手段单一。实训的内容、方式都是事先给定的,结果是唯一的,实验步骤也是固定的,学生在实验过程中按部就班就可以得到最终结果,学生自己可发挥的空间很小。常见结果是,实训学生只知其然而不知其所以然,当外部条件发生改变时,学生就不能随机应变提出解决方案。而且实训内容很少将相关行业或者领域各岗位上下游之间的业务有机的串联起来,综合性和设计性内容不足。而且这类实训的主要目的在于巩固知识及专业操作技能,忽略了道德、人格、综合素质和能力等方面的积淀和训练。实训的定位也限制在了实训课程的内容设计和知识的综合上,沟通能力、团队意识、职业道德等方面的实训不足。

总的来说,对经管类专业为主体的东方学院而言,打破学科和专业限制,破除相关实践环节分散、孤立的现状,实现各专业之间的融会贯通,将多专业或跨专业实训体系化、规范化,并配合进行实用系统的开发,为各类企业提供拥有系统实践经验的专业实用人才,已成为当前教学改革的难点和重点。

三、跨专业综合实训的建设目标

综合实训课程是指根据专业人才培养方案提出的培养目标,在人才培养规格的框架下,对专业核心知识、技能和职业关键能力进行综合性实务训练的独立设置课程。跨专业综合实训课程的开发目标是促使学生拥有熟练的专业基本技能,较强的综合技术应用能力,并真正可以实现业务熟、上手快、职业素养高等,使受训学生形成较好的业务操作能力与管理能力,最终实现与企业真实业务工作的零距离对接。此外,综合性实训课程应具有本学科专业的鲜明特点:模拟职业性强、关联

集成度高、系统综合性强、程序规范性好、仿真性与实用性强、动态性与完整性好、自主学习性高、现代教育技术手段突出以及开展综合业务实训的总体思路等等。具体来说,跨专业综合实训的建设目标主要分为以下三个部分:

(一)搭建多专业综合实训平台

实现跨专业综合实训平台的建设,营造一个虚拟的商业社会环境,让受训者在虚拟的市场环境、政务环境、商务环境和公共服务环境中,以现实工作的业务内容、业务单据、管理流程为基础,结合课程教学所设定的业务规则,进行仿真的经营和业务运作,实现经营模拟与现实工作的接轨,并可进行宏观微观管理、多人协同模拟经营和多组织对抗。

1. 实现仿真环境下的综合体验

在信息技术为支撑的基础上,在仿真现代制造业与现代服务业的环境中,模拟十几家中介服务机构,二十几个岗位,在受训学生开展企业运营决策的过程中,不断地与该环境中的中介服务机构进行交互作用,使受训学生产生"沉浸"于真实环境的感受和体验之中。

2. 实现任务驱动下的单项技能训练

以对企业运营的全方位模拟为主要背景,明晰且主动与被动相结合的任务驱动,要求受训学生必须在一定的时间内高质量地完成岗位业务,而这些工作结果都将对企业的经营结果和团队成绩起到非常重要的作用,并可以提高训练饱和度、增强学生学习的主动性。

3. 实现动态数据下的企业运营训练

在以动态数据为支撑的立体式企业经营环境下,受训学生组成不同的企业,以此为单位,在不断变化的竞争环境中,开展经营模式多样的企业经营决策对抗。此外,动态数据的教学环境下还实现了企业运营难度可变、服务环境参数可调、企业间对抗的复杂程度可设等。

4. 实现职场环境下的职业素质训练

以当前社会企业对人才的真实需求为导向,从企业实际经营前商业计划书的撰写,就职前演讲,应聘面试,组建团队,到企业经营过程中的抢占市场份额,投标述标,中介服务机构进行业务处理,全方位、多角度的锻炼学习者的沟通能力、求职能力、业务能力等基础素质,缩短毕业学生与企业实际需求人才的距离。

5. 实现资源环境下的运营协同训练

在丰富信息资源的环境中,在不同的经营阶段,受训学生对不同类信息资源价值的不同认知,将直接影响了企业价值、企业的经营模式以及企业间的合作模式。这就形成了部门间流程协同,企业间供应链协同以及服务业社会协同。

(二)层层递进,建设独具特色的实验教学体系

以跨专业综合实训平台建设为契机,建设分类分层,层层递进,具有特色的实验教学体系:第一层为专业基本技术强化训练,主要针对课程实验;第二层为专业综合技能的合成演练,主要针对跨课程、跨专业的实验;第三层为跨专业综合实训,主要是打破学科、专业界限,既提高学生综合运用专业知识的能力,又培养他们的职业素养,便于迅速适应就业岗位的需要;第四层为创业教育与创业实践,创业教育主要通过创业案例研习、企业管理模拟,让学生体会创业。创业实践则是创业模拟的升华,学生可通过学生创业基地直接注册公司运营,参与市场竞争,实现创业梦想。

其中,第一层主要在学院经济与管理实验中心完成,第二层和第三层在跨专业综合实训中心相关实验室内完成,第四层通过课堂教学和创业办实业来完成,同时,借助各种竞赛活动实现,如"挑战杯"大学生创业计划竞赛、ERP 沙盘模拟经营大赛和创业策划大赛等。四个层次,层层深入,实

现了从理论、实验、实训到实践的创业型人才培养的实验教学体系的建设。

(三)深化实验手段和方法改革,实现实训教学多样化

一是实现实训教学手段多样化,形成一套传统手段与现代手段相结合、模拟手段与实际操作手段相并存、手工手段与电子手段相匹配的相对完善的实验教学手段体系;二是实现实训教学工具多样化,构成一套由计算机、网络、多媒体、数据库、实验教学软件等组成的相对完善的实验教学工具体系;三是实现实验教学方法多样化,构成一套由灵活运用情景式教学、探究式教学、互动式教学、角色扮演式教学、博弈式教学等方法体系;四是实现实验教学组织形式多样化,打破传统的自然班界限,将来自不同自然班的学生混合编组,形成了扮演不同角色的学习型团队和组织。

四、跨专业综合实训的建设内容

跨专业综合实训的基本目标是培养懂业务、能应用、会管理的高潜质、有全局观的实务型基层管理人员,实现经管类专业学生校内的跨专业实训,其主要的建设内容有以下六个方面:

(一)实训平台的建设

由于综合实训内容的复杂性和丰富性,建设经管类跨专业综合实训平台必然面对系统性和复杂性的问题。东方学院实训平台的建设,主要包括实训环境建设和软件平台搭建两部分。其主要目标是通过构建仿真商务环境、政务环境和公共服务环境,为学生模拟企业经营搭建最真实化的工作环境。

1. 实训环境

实验心理学认为,创设的实验情境,与实验教学效果具有密切的相关性,其本质在于视觉形象与特定意义的结合,从而有效地引起学生的思维激活、视觉追求、记忆强化。跨专业实训教学也一样。此外,实训环境建设方案的开发,要充分建立在对相关课程理论与课程方案的理解的基础上;要依据特定的课程方案来确定实训环境的功能与装备标准。因此,完备的跨专业综合实训实验室,应最大限度地为受训学生提供真实的企业工作环境,它所包含的市场环境、仿真社会经济环境,应具有科学、严密并贴近实际的特征。

我们要做的是,建立以生产制造公司为核心的实训环境,营造一个仿真或全真的职业环境模拟工厂企业和生产现场的工作场景,努力营造现代生产、管理、服务等第一线真实的职业环境,实现仿真环境的具体化、秩序化。东方学院跨专业综合实训中心所仿真的社会经济环境,包含生产制造公司9家、原材料设备供应商2家、客户公司2家,以及商业银行、税务部门、工商行政管理部门、租赁公司、人才交流中心、广告中心、会计师事务所等行政管理机构或中介机构若干家。

2. 软件平台

软件平台的建设,是实训平台建设的主体,出于教学需要的考虑,该平台包括综合实训平台和辅助教学子平台两部分。综合实训平台的建设思路是每个学生以企业实际业务流程为牵引,针对一个特定系统的业务,模拟企业不同部门、不同的工作岗位,由学生独立完成业务处理,目的是熟悉系统的功能,明晰不同类型业务的处理流程。辅助教学子平台,则主要是教师和管理员,用于后台信息的导入、教学进度的控制、相关教学任务的发布、相关数据的调整、学生成绩考核等等。

根据东方学院的实际情况,该软件平台建设主要是针对现代制造业的综合实训。学生的实训过程包括筹建公司、企业经营、供应链竞合、服务业协同四个方面。平台是一个在仿真经济环境下时刻处于经营动态的训练系统,不针对特定专业,而是关注行业、企业、岗位、任务的工作过程。

该平台通过对企业以及众多各类服务机构的业务模拟,使受训学生体验服务业分工、企业的生态环境以及社会层面的资源配置,实现了"在环境中体验、在对抗中思考、在行动中认知、在组织中协同"的教学目标,同时也为教师团队的完善起到巨大作用。

(二)实训课程建设的原则和内容

面向经管类学生的跨专业综合业务实训课程,是依据岗位所需要的职业能力要求,以工作项目为核心,以工作过程为主线,将职业技能和能力培养所涉及的理论知识、工作过程知识、应用知识、操作技能有机结合的集中实训课程。

1. 实训课程的建设原则

一是集成性与综合性原则,集专业基础理论与专业知识、基本技能与专业技能以及职业素养于一体,以岗位群之间相互关联的业务过程为主线,体现出综合、全面、系统

二是仿真性与实用性原则,尽可能地贴近实际情况,设置真实的岗位、流程,设计严格执行真实的制度、条例、规范的方法,准备各类真实性的图章、票据、数据、资料以及软件等等。

三是辅助指导性与自主积极性原则,采用"以学生为主,教师为辅"的教学模式。教师设置一定的场景、明确一定的要求,由学生自主地去完成各自的工作任务。

四是动态性与完整性原则,开发训练内容的设计上就必须是一个完整的业务流程或一个完整的业务周期,实现整个实训的动态连续。同时,为了训练学生的应变能力,训练情景的设计也必须有较大的灵活性。

2. 实训课程的内容

在遵循以上原则的基础上,实训课程的建设的主要内容是:第一,建立以生产制造公司为核心的仿真市场,实现仿真环境的具体化、秩序化,从而完成组织架构的搭建。学生根据各企业或者机构的职能以及岗位设置要求,以角色扮演的方式组建企业以及其他的市场机构。第二,制定详细的业务规则,整理企业的主要业务,指导学生学习,并按企业运作的流程和规律进行经营,引导他们认识企业,理解企业在整个商业社会中所处的地位,明晰其与社会其他部门之间的经济关系。第三,设计合理完善的企业经营背景和大量的企业经营数据,以阐明仿真企业所处的经济环境和当前的经营状况,为学生分析当前的市场环境和制定科学的经营决策提供丰富的参考资料。

(三)教学方案的设计

该实训平台拟由若干家制造企业和外围服务单位(银行、税务、社保等)构成的商业社会,模拟从团队组建、公司注册到企业运营决策的全过程,让学生在虚拟的商业社会中,依据真实社会岗位的工作内容、业务单据和管理流程,再结合适应教学目标的业务规则,最终实现与现实工作近乎完全吻合的业务运作和仿真经营。

整个实训模拟经营,全面呈现企业在每年、每季度、每月的决策经营活动和业务活动。

1. 通过对企业以及众多各类服务机构的业务模拟,使受训学生体验社会层面上服务业分工、企业的生态环境以及社会的资源配置。

2. 通过与同类型企业竞争、与上下游企业和服务业的协同外包,使受训学生体验行业层面上服务业与制造业融合的经营模式以及整个供应链的运营。

3. 通过以团队模拟企业在有限资源和公平社会环境下的运作,使受训学生体验企业层面上的内部管理、决策运营、市场竞争和风险防范。

4. 通过大量且连续的具体业务处理,使受训学生体验岗位层面上手工作业和电子作业不同的岗位技能要求。

通过上述环节,让学生体验各个岗位的感受,理解公司每个部门的行为对公司全局的影响,学会处理对内、对外的各种复杂关系,认识各种决策和投资策略的市场效果,全面提高学生的日常事务处理能力、进行企业经营决策能力和分析问题、解决问题的能力,培养学生统观全局的能力,同时,学习如何控制成本、理解沟通与写作、培养团队精神,提高自我的管理能力。

(四)教学案例的设计

教学案例的设计,主要在于思考哪一种类型的企业能很好地兼顾实现"把企业搬进校园"与课程竞争,使得既能满足实训对企业生产活动的真实模拟,又贴近学生生活并能激发学生的兴趣。其次,还要思考抽取该类型企业中的主要业务和数据因素投入教学是否取得较好的教学效果。

现代制造型企业的教学案例,企业外部具有明确的上下游企业,企业内部具有清晰的物料流动,易于学生理解一个企业实际运行中的投入和产出,是符合教学需要的。这也是平台建设之初就确定的。而我们在制造型企业中选取的童车制造型企业,贴近学生生活,易于理解,满足了学生了解企业采购、生产、销售的实物运转流程的需要。

此外,实训案例的业务是从现实中的多个不同行业、不同性质的企业中选取而来的,并不是来源于一个企业,以是否具有代表性为选取依据,从而使学生在课程的学习中,能够得到充分的训练,提高学生的综合运用能力。基于此项特性,我们的企业业务包括制造型企业的日常业务与需要其他组织配合的协同业务。

目前,作为教学案例主体的童车制造企业,是拥有 7 部门 18 个岗位的中小型童车制造企业,主打产品为经济型童车、舒适型童车、豪华型童车。从教学效果来看,本企业案例组织结构框架清晰、各部门任务明确、产品生产工艺明晰、配套销售等规则合理,既满足了学生了解企业采购、生产、销售的实物运转流程和其他企业日常业务的需求,又满足了该课程集竞争性与趣味性于一体的要求,并对经管类跨专业综合实训培养快速融入企业的实务型人才的课程目标具有一定的促进作用。

(五)师资队伍的建设

为了满足跨专业综合实训的教学要求,涉及企业运营的各个领域,学院组建了一支由专职教师、专业教师、特聘教师和助教组成的,分工明确、有效合作的跨专业实训教师团队,并成立了跨专业综合实训教研室,参考实训项目工作室的组织形式,以项目管理的形式开展教学活动。该组织形式要求在教学过程中至少需要三名以上的教师。其中,一名教师负责技术服务,为平台的运行提供支持;一名老师负责组织教学活动;其余教师负责实训指导。

依据跨专业综合实训的课程特性,其师资队伍建设的要点主要有:

1. 通过校企互聘等有效形式,培养学院的教师团队。一方面,通过向企业推荐等方式,让中高职称教师到企业担任兼职经理或研究人员等;另一方面,由学校聘请校外实训基地的经营业务骨干,引进实践教学的指导教师,形成一支实践型与专业化相结合的教师队伍。

2. 设法引进一些高职称、高学历且实践经验丰富的教师,对于那些拥有丰富的实践经验、扎实的专业理论基础的管理人才也在兼职教师的考虑范围。

3. 从各位教师的专业背景出发,对每一位专业教师进行专业方向定位,明确各自承担的教学模块,以及课堂实践指导的任务。

4. 让教师,尤其是可迅速接收新知识的青年教师,在实验实训教学中,通过实训课程的实践,深入理解实验教学目的,制定实验教学计划,编制实验教学大纲,编写实验教学教材,完善实训教学所需的各类资料、文档,以此来提高教师的实践教学能力。

(六)考核机制的制定

　　结合学院跨专业实训教学自身的特点,涵盖内容广泛以及每一轮次上课学生数量庞大等等,我们最终制定了"以团队考评为主、个人考评为辅"的成绩考评体系。该教学考评体系先制定不同岗位的考评内容,团队竞争,再加上每月的企业之星评选,分别获得团队的分数和个人的分数。

　　具体来说,团队考评,就是针对不同的岗位工作分别制定各部门的考评内容,团队间竞争,各企业相关人员负责评定给分,以手工填写单据为主的纸质资料评定、办公环境布置与企业文化制度建设为主的讲解评定、部门人员日常工作汇报总结为主的展示评定为主要形式。而团队评定中又穿插着学生的个人考评,组内成员评价各个成员的表现,推选出每月的企业之星,在团队评分的基础上,以此作为课程个人成绩的主要依据。

　　对受训学生来说,这一考核机制,促使他们积极主动地思考如何发挥自身的作用、如何在众多团队之间脱颖而出为自己的组拿到高分,对激发学生无限的积极性、强烈的竞争意识和潜在的集体荣誉感有较好的促进作用。经教学实践验证,该考核机制是适合跨专业综合实训教学的。

五、结　语

　　与理工科实验教学相比较,经管类实验教学的发展处于起步探索阶段。由于综合实训内容的复杂性和丰富性,经管类跨专业综合实训课程的建设必然面对系统性、复杂性等问题。从无到有地进行经管类跨专业综合实训平台的建设需要全面的资源支持,而且在平台建成后复杂系统的应用也是一大难题。

　　东方学院对经管类跨专业综合实训的探索,历时三年,目前受训学生已达到 2500 人,我们形成了分工明确、团结协作的教学团队,摸索出了"以学生为主,教师为辅"的教学形式,也探索出了仿真教学、案例教学等相融合的教学新模式,并相应地制定了完整的教学方法体系和成绩考评体系,推动了学院教学改革的深入发展,实现了现阶段教学内容、教学方式、教学手段的创新,也为兄弟院校跨专业综合实训课程的建设和开展起到了较好的示范性,近三年来,已有 120 所院校来学院参观考察,取得了较大的社会反响。

参考文献:

[1] 张丹.经济管理类"专业综合实训"课程的开发与实践.西安文理学院学报,2008(11).

[2] 叶剑明.财经管理类多专业综合实训基地的建设.中国乡镇企业会计,2012(3).

[3] 李高伟,叶剑明.财经类高职院校"多专业综合实训"的探索与创新.中国职业技术教育,2012(5).

[4] 周科.关于高职院校经济管理专业实践和实训教学的思考.常州工程职业技术学院学同,2007(10).

[5] 殷普春.高职高专旅游类专业实训课程的开发原则与实施效果分析.科学咨询(决策管理),2008(7).

[6] 汪治.高职经管类学生核心能力培养的方式与创新.黑龙江高教研究,2006(6).

[7] 汪治.经管专业综合业务实训课程开发与实践.职业技术教育,2004(12).

[8] 骆东奇,赵伟,石永明等.面向经管类专业的"3S 与区域经济综合分析"实训课程设计与实践.实验技术与管理,2010(8).

[9] 秦蓁.浅析高职财经类综合实训室的构建模式.职业时空,2008(9).

[10] 向晓书.高校跨专业仿真综合实习教学组织与管理探析.中国现代教育装备,2009(15).

[11] 马欣,章方炜.财经类院校实训教学研究.实验室研究与探索,2005(6).

[12] 潘光辉.对经济管理类专业实验教学体系构建的研究.实验室研究与探索,2008(3).

[13] 张淑玲,黄启.经管类跨专业综合实训平台建设探索.实验科学与技术,2013(11).

经济管理篇

基于峰终定律的企业品牌策略

陈晓阳

　　摘要：品牌体现着企业的素质、信誉和形象。创立和发展名牌，是企业发展壮大并保持旺盛市场生命力的最有效的手段。企业品牌价值取决于品牌对客户的影响力和客户对品牌的体验和记忆。本文对杭州之江公司通过研究并确定顾客在体验过程中所受影响最深的"关键时刻"，并且在这些关键点上提升顾客的满意度，最终提高品牌美誉度和忠诚度，以期为其他企业提供一些借鉴。

　　关键词：峰终定律　品牌策略　杭州之江公司

　　目前，国内的许多行业经过多年的发展，从最初的替代进口产品，到逐渐涌现出国内乃至世界知名的一线品牌，成为行业发展的风向标，依靠的就是企业日益壮大和巩固的品牌影响力，通过让客户对企业的产品和服务有美好的体验，进而影响客户，让客户形成对品牌的依赖和黏性。因此，众多企业开始尝试将"峰终定律"运用到品牌战略中，通过寻找提升关键点时刻的顾客满意度来达到提升品牌整体影响力的方法，更为成功地塑造品牌。

　　作为一家专门从事化工新材料研发和生产的企业，杭州之江有机硅化工有限公司自创业之初开始便坚定地走"铸之江品牌，建百年基业"的品牌发展道路。公司之所以能在短短的十几年中成为行业领域中的领先者，就是通过持续地在与顾客接触的那些关键点上影响顾客，让顾客体验到之江的真诚和力求完美的追求。本文从峰终定律的角度，分析之江公司通过研究并确定顾客在体验过程中所受影响最深的"关键时刻 MOT"，并且在这些关键点上提升顾客的满意度，最终提高品牌美誉度和忠诚度，以期为其他企业提供一些借鉴。

一、峰终定律的作用机理及应用价值

　　当今世界，随着大多数市场从原本的卖方市场向买方市场转变，产品与技术日趋的同质化，企业要想吸引更多的顾客，增大市场占有率，维持老客户，除了为顾客提供个性高质的产品与服务外，更要提升客户在消费体验过程中的整体满意度，从而树立顾客对自身品牌的忠诚度，达到高效低成本的品牌塑造目的。

（一）峰终定律的作用机理分析

　　2002 年诺贝尔经济学奖获奖者，心理学家丹尼尔·卡纳曼（Daniel Kahneman）经过深入研究发现对体验的记忆由两个因素决定：高峰（无论是正向的还是负向的）时与结束时的感觉，这就是峰终定律（Peak End Rule）。对一项事物的体验之后，所能记住的就只是在峰与终时的体验，而在过程中好与不好体验的比重、好与不好体验的时间长短,对记忆差不多没有影响。也就是说,如果在一段体验的高峰和结尾,一个人的体验是愉悦的,那么对整个体验的感受就是愉悦的,即使这次体验中总的来看更多的是痛苦的感受!这里的"峰"与"终"其实这就是所谓的"关键时刻 MOT",MOT(Moment of Truth)是服务界最具震撼力与影响力的管理概念与行为模式。

当顾客与一个企业的产品或服务进行接触了解开始,便是客户体验的开端。顾客在体验的过程中,将出现数个接触点,也许是让顾客感觉满意的,也许会是让顾客感到不满的。这个时候企业可以针对分析顾客在接受产品与服务的体验过程中所遇到的峰点与终点的感知点,提升顾客在该感知点上的愉悦程度与满意度,进而达到顾客对产品与服务满意度提升的目的。

企业在与客户的接触过程中,一般会出现十几个甚至几十个接触点,如果企业试图从头至尾全程关注这所有的接触点,在每一个接触点上都努力做到让客户满意,既不现实也无法取得相应的回报,而只有当体验变成一段有效体验,才能获取客户忠诚度,才能使顾客出现二次购买行为。分析众多接触点可以发现,有许多接触点上的体验是顾客并不太在意的,在该类接触点上的情感值即使偏高或偏低,也不会对客户的总体满意度产生根本影响。只有那些关键时刻的客户体验情感曲线上的峰值以及客户的终点体验值将大大影响到整个体验的满意度数值。

(二)峰终定律的实际应用价值

峰终定律揭示了在客户与企业接触过程中的诸多环节中,只要抓住了影响顾客体验过程中的关键时刻和关键体验,就能影响顾客对产品或服务的整体满意程度,从而提高顾客对企业、对品牌的满意度和忠诚度,从而提升品牌的影响力和领导力。因此,企业可以通过对顾客体验过程的诸多环节进行研究,找到那些关键环节和关键点,从而提高塑造品牌的效率。宜家购物是一个成功运用峰终定律的成功典型。

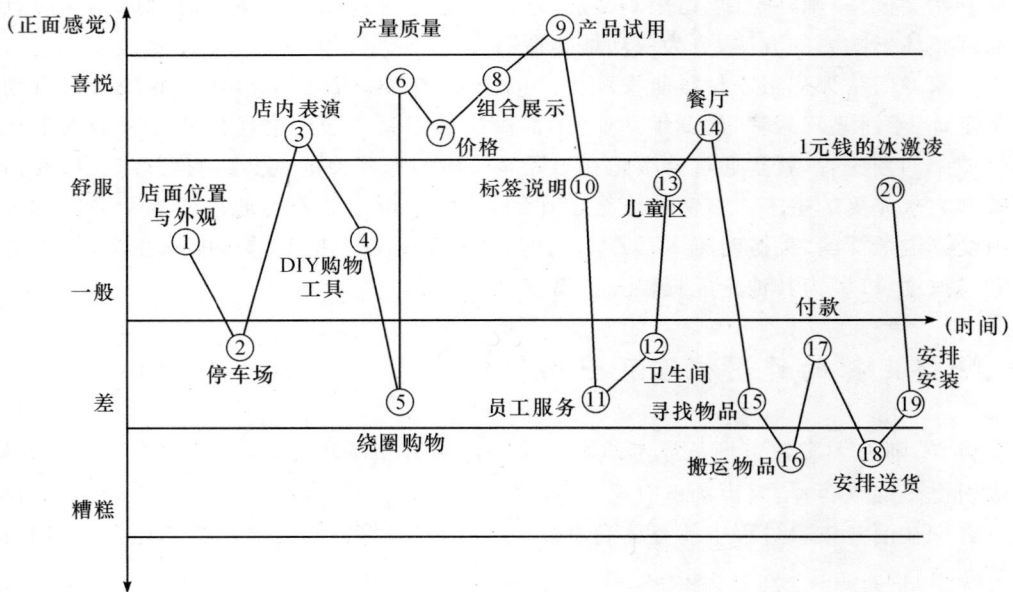

图1　宜家购物接触点图表

在宜家购物有很多不愉快的体验,比如只买一件家具也需要走完整个商场,比如店员很少,比如要自己在货架上找货物并且搬下来等等。但顾客对宜家的"峰终体验"是好的。从进入宜家开始,顾客就对店面位置与外观产生了第一个接触点,店面位置是否醒目,外观是否整洁干净,都将影响顾客的选择。其次是停车场,假若停车不便也将影响顾客的选择。宜家分析了顾客的 20 个接触点有:店面位置与外观、停车场、店内表演、DIY 购物工具、绕圈购物、产品质量、价格、组合展示、产品试用、标签说明、员工服务、卫生间、儿童区、餐厅、寻找物品、搬运物品、付款、安排送货、安排安装,而体验高峰的终点,就是出口处那 1 元的冰淇淋!

二、杭州之江公司基于峰终定律的品牌策略构建思路

(一)之江公司的背景介绍

杭州之江有机硅化工有限公司目前是国内建筑用密封胶的领军企业。经过 18 年的发展,之江公司已经成为一家专门从事化工新材料研发和生产的股份制企业,国家级高新技术企业,其拥有博士后科研工作站,多次在行业内获得"用户首选品牌"、"市场最佳表现"等荣誉。公司目前拥有行业内最先进的生产设备,也是在亚洲引进德国斯沃德设备最多的企业,其在行业内最早获得"中国名牌"和"中国驰名商标"荣誉,致力于为建筑、工业、汽车、轨道交通、电子电器、LED、新材料等行业客户提供胶黏剂解决方案,产品远销欧洲、南美、东南亚、中东等地区。大量国内著名的建筑工程都采用了之江的产品。在 2013 年权威机构调查的全国建筑装饰工程奖获奖(幕墙类)项目中,之江在胶品牌使用供应商的评选中获得第一名。

(二)之江公司基于峰终定律的品牌策略构建思路

总结之江的品牌之路,如果说强烈的品牌意识是创建名牌的先导,质量和技术是创建名牌的基石,渠道网络和市场推广是创建名牌的助推器,那么巧妙地应用峰终定律,给予客户美好的、与众不同的体验,则是之江打造中国名牌产品,成为行业领军企业的利器。品牌的打造并不需要面面俱到,依据峰终定律的关键时刻提升顾客满意度,有利于小代价高收获的品牌塑造。之江将顾客体验过程中的数十个接触点进行归纳,认为"峰"是"质量与技术"、"市场"、"销售"与"客服",形成这些峰的接触点就是"服务技术,质量保证,产品交付,传送品牌价值,展现企业形象,沟通顾客需求,客户拜访,产品介绍,合同签订,信息收集,信息跟踪,信息反馈",最后的"终"体验就在一个接触过程的终点,给予顾客以强烈、完美的体验,比如展销会、年会中最后举办的联欢会或酒会。

1. 质量与技术

技术研发与生产的接触点主要表现在产品的质量、质量保证、产品的及时交付。名牌是高质量、高技术的代名词,名牌产品要靠高质量的产品、高质量的服务在广大用户中建立起信誉来的。产品和服务的高质量是用户选择品牌的首要因素,只有以质量为核心的品牌才可能有持久的市场生命力。只有当产品凭借高质量和高技术,其体现的价值高于或至少等于顾客预期时,才会让顾客得到满意和愉悦的体验感。

2. 市场接触点

市场的接触点主要是指企业通过传播品牌的相关信息所形成的。品牌的传播是一种操作性的实务,即通过广告、公关关系、新闻报道、人际交往、产品或服务等传播手段,最优化地提高品牌在目标消费者心目中的认知度、美誉度等。有效的品牌传播能使得企业、产品和服务与竞争者相区别,树立差异化的形象与口碑。创名牌的过程,不仅仅是让顾客熟悉其品牌名称、标记或符号,更进一步的是要使顾客理解品牌的特性。要提高品牌认知度,最重要的途径是加强与顾客的沟通,通过多种途径进行市场推广,让顾客通过各种接触方式获得公司和产品的信息。因此,企业要综合协调的运用各种形式的传播手段,来建立品牌认知,让顾客了解企业,了解企业的品牌经营理念,并由此接

受企业及其产品。

3. 销售接触

销售是创造、沟通与传送价值给顾客,及经营顾客关系以便让组织与其利益关系人受益的一种组织功能与程序,是介绍商品提供的利益,以满足客户特定需求的过程。企业在对商品进行销售的过程中需要与客户接触,才能做到使客户的需求得到满足,客户满意度得到提高,将大大有利于企业品牌形象的塑造。企业在众多销售接触点中,做好适时的顾客拜访、进行清晰的产品研究和讲解,及时地签订服务合同,是最能够引发顾客满意,让其产生美好的体验的。

4. 客户服务

广义而言,任何能够提高客户满意度的内容都属于客户服务的范围之内。因此,良好的客户服务首先是要建立和顾客之间良好的沟通平台,了解顾客的真正的需求。建立良好的沟通机制,才能相互信任,了解彼此真正的需求。其次是通过建立品牌宣传、公共推广、技术服务等体系支持经销商,帮助经销商开发市场,进行渠道和终端维护与管理,提供专业销售培训,帮助经销商提高销售技能,将企业与经销商组合成一个命运共同体,建立长期合作伙伴关系。

通过这些方面的服务工作,促使经销商加大市场开发和客户服务的力度,全面提升经销商的满意度,塑造品牌形象,以达到提升企业产品的市场占有率和覆盖率的目的。

三、基于峰终定律品牌策略的具体应用

之江公司将品牌战略的重点集中在建设具有领导力的品牌上,旨在让顾客充分感受到其品牌的高价值,在紧抓老客户市场的同时利用已经树立的品牌形象与品牌价值开拓与占据新客户市场。之江公司认为,制造业的峰点与终点相对于服务业有所不同,主要包括产品质量、品牌传播和售后服务。

(一)确保产品高质量与技术先进性,奠定品牌基石

自 2001 年以来,之江公司每年都会制定科技发展规划,专注于产品研发、设备开发、生产工艺的革新与产品质量体系的创新,并积极开展与国外公司的技术交流。之江公司目前已发展成为国内同行业中最具活力、最有竞争力的"领头羊"单位,其通过建立省级企业技术中心和市级高新技术企业研发中心,充分满足了企业研究开发新产品的需求。

之江公司一直秉承质量和技术是品牌基石的战略理念,认为产品的高质量是用户选择品牌的首要因素,只有以质量为核心的品牌才可能有持久的市场生命力。从建厂初期,之江公司就对科技研究与发展投入了巨大的人力与物力。首先,全面提高生产设备的现代科技水平。公司先后从德国引进了国际领先、国内一流的四条自动化流水线设备,为制造高质量产品提供了可靠保证。其次,不断强化产品检测的手段。公司建立起了配套齐全的原材料——中间体——成品检、试验设备,引进了海外的尖端设备,从根本上保证了产品的高质量。再次,严格实施质量标准体系。公司先后通过并实施了 ISO-9002、ISO-9001 质量体系认证,国家二级计量审核体系和 14000 国家环保体系审核,强化了对产品质量的全过程控制,实行了零缺陷管理制度。

为了更好地提高公司的研发实力,改善研发环境,之江公司在 2011 年建立了企业博士后工作站,成为公司技术创新的源头和核心,整合了科研开发队伍,进一步提高了研发工作效率,完善了技术创新体系。目前之江拥有十八条从德国、意大利引进的国内最先进的自动化生产线和一支由高素质的国内外中青年专家、教授组成的科研队伍,具有领先的产品研发与创新能力。产品不断获得国家经贸委或浙江省级技术鉴定的认定,高质量的老产品与不断适应市场需求出现的新产品大大

满足了客户的需要。在峰终体验的过程中,高质量与先进的技术使得顾客在第一个"峰点"上得到了满足,为品牌忠诚度的培养奠定了坚实的基础。

(二)进行品牌传播,提高品牌认知度

为了让更多的人了解之江,信任之江,甚至成为之江的忠实客户,之江公司通过积极参与各种推广会和博览会、定期举办客户聚会、建立厂商价值一体化的经销商支持系统,建立起了其在行业内的高端形象,制造了第二个能够使顾客(尤其是经销商客户)获得满意体验的"峰点",提升了之江的品牌认知度。

1. 积极参与产品推广会、系列博览会等活动

之江公司自创业以来一直很重视品牌的宣传与推广。一方面,根据企业市场定位和发展目标,公司与浙江电视台、杭州大地广告公司合作,对产品、商标、礼品、画册、办公用品、厂区形象等方面进行了统一的策划与设计,充分体现了之江品牌的特色与个性。另一方面,公司根据不同的市场,广泛召开行业内部的产品推广会、新闻发布会,并成功举办了"之江杯"国际名人高尔夫球邀请赛,参加上海国际汽车工业展览会、上海国际胶粘剂展览会、北京国际门窗幕墙博览会、南宁东盟十国经贸洽谈会等一系列活动,增加了公司在本行业与相关行业内的品牌影响力。此外,公司还根据市场的不同状况,在各个地区开展产品和品牌推介会,抓住每一个能够提升自身形象地位的展示机会,使顾客更好地认识之江品牌。

2. 定期举办客户聚会,加深经销商客户对公司的美好体验

之江公司除了参与一些产品展销会外,还经常组织定期的客户活动,比如公司每年都会举办一些酒会、推广会,邀请众多经销商客户参与聚会,并邀请经销商客户喜爱的明星助阵,这些细节可以瞬间拉近客户与企业的距离,提升客户对企业的好感。这类活动一来利于维系经销商客户与企业中高层管理者之间的私人关系,二来也有助于经销商客户之间的互相交流与结识,为他们提供一个关系网络平台。当然,这样的聚会更有助于情感的加深与品牌归属感的建立。与此同时,客户对品牌的好感度也会节节攀升。因此,即使客户在峰终体验的一些其他接触点上遇到不快的体验,也会因为这一关键时刻的强烈满足感而遗忘掉那些不愉快的体验。最终,顾客对企业品牌的情感在得到了"峰点"满足感的强化与肯定后,重复购买的行为就会逐渐转化成对品牌的信任,形成品牌忠诚。

3. 建立厂商价值一体化的营销渠道,强化经销商对公司的良好印象

之江对产品与品牌的推广是对经销商的营销支持,对厂商一体化营销管理体系的实施,为实现厂商双赢而做出的努力。之江的经销商管理模式以"精诚合作"理念为核心,建立起了厂商之间的建设性伙伴关系,以双方核心能力的互补性为基础,力图创造"1+1>2"的效应。首先,公司对自身产品与品牌的大力推广帮助经销商减少了营销成本,并扩大了消费者群体与市场占有率。其次,公司对自身品牌形象的塑造提升了品牌的价值,为经销商带去了潜在的额外利润。这样的合作态度使经销商能够放心地把自身利益与公司利益捆绑起来。最终,双方实现在经营理念上协调,在信息资源上共享,在营销计划上对接,成为真正意义上的利益共同体。在峰终体验的过程中,当经销商自愿与企业构成利益共同体的时候,经销商客户对于企业品牌的忠诚度必然已经成功建立。

(三)提升售后服务质量,树立优质品牌形象

对于一个企业,良好的售后服务能够扩大顾客群的宽度与深度,培养长期顾客甚至是终生顾客。之江公司通过提高售后服务人员的专业能力与素质等手段,为企业赢得了可靠的品牌形象,使客户获得了满意的"终点"体验,进而确立了公司在同行竞争中的优势地位。

1. 提高服务人员的专业性

由于其产品广泛应用于多个领域，之江公司与国内众多企业建立了广泛的合作关系，建立起了几十个地区网点，还将销售网络扩展到了北美、欧洲、东南亚、中东等地区。为此，公司聘请的售后服务人员都具备极高的专业水平与外语水平。公司要求服务人员掌握公司主要产品的专业性知识和各部门的工作流程，同时持续更新有关新产品研发、产品证书获得、企业荣誉获取的新闻，并且了解公司所有产品的功能、价格、优点、应用及开发史，以便在顾客进行咨询时能够高效地为顾客解决疑惑。

2. 通过培训提高服务人员的素质

之江公司为规范人力资源管理，专门在综合办公室下成立了人力资源科，设置了主管招聘、培训、人事和绩效薪酬的专员，主持公司人力资源工作，制定一系列人力资源管理的工作流程和制度。公司培训工作采取内外结合的方式进行，所谓"内"，就是企业内部进行培训，利用企业自身的师资，针对性地进行培训，如职业经理培训、营销人员培训、安全生产教育培训。所谓"外"，即员工参加外部培训，如管理资格培训、特殊工种人员职业技能培训、财务人员培训以及派遣中层以上人员参加EMBA 学习培训等。每年编制的公司员工培训计划，由人力资源科负责落实，每次培训都须做好记录，以便对培训效果进行评估，确保培训的有效性。技术工种都保证了持证上岗，并按期进行培训。严谨专业的人力资源管理有利于提升工作人员的专业性水平、确保专业性服务的质量，在最短的时间内通过不同的工作人员与客户的接触，迅速解决客户疑问，满足客户需求，为企业塑造专业、可靠的品牌形象。

3. 定期的售后回访

之江公司对新老客户一视同仁，进行定期回访。首先，公司会定期提供新产品的信息咨询，让顾客能够在第一时间掌握企业的最新产品研发的资料。其次，公司会了解产品的使用情况，会主动询问顾客是否有需要解答帮助之处，通过征求客户对产品与服务的意见和建议，不断改进工作。此外，之江还非常重视与老客户的关系交往，在得知客户生病或者生日的时候，公司会送上一份合适的礼物表达心意，这既提升了企业的高端形象与品位，更增加了客户对品牌与企业的归属感。

综上，本文分析了之江公司如何将峰终定律应用于品牌战略，通过改善终端客户与经销商客户的峰终体验来提升客户满意度，从而树立良好的品牌形象，加深客户对品牌的忠诚度，提高企业品牌的竞争力，这一分析为其他企业如何塑造成功的品牌提供了一些可以参考的建议与策略。

参考文献：

[1] 於军,季成.体验管理之峰终体验法.企业管理,2009(9).

[2] 刘清峰,赵钢令.服务产品质量与价格认知一致性对顾客满意度的影响.上海经济研究,2010(2).

[3] 李翊玮.从宜家购物看品牌客户体验.世界咨询师,2009-10-06.

[4] 丁桂兰.品牌管理.北京:华中科技大学出版社,2008.

人民币汇率与中美股市关系研究

——基于 VEC 模型的实证分析

李 忠

摘要：本文将人民币兑美元汇率、上证综合指数与道·琼斯指数等三个经济变量构建了向量误差修正（VEC）模型，运用 Johansen 协整检验、Granger 因果检验，向量误差修正模型分析了中美股市与人民币汇率的相互关系。实证分析发现：上证综合指数、人民币汇率与道·琼斯指数之间存在长期协整关系。我国金融市场上汇率变动对股票价格有明显的短期影响，但长期作用不显著；股票价格变动对汇率没有任何影响。美国股市的变动不仅对我国股市有明显的长期作用和短期影响，而且对人民币兑美元汇率也有显著的短期影响。

关键词：汇率 股票价格 向量误差修正（VEC）模型

一、引 言

2005 年中国资本市场和外汇市场分别进行重大改革：一是 2005 年 4 月 29 日，中国证监会发布《关于上市公司股权分置改革试点有关问题的通知》，宣布启动资本市场的股权分置改革试点工作；二是人民币汇率机制改革，中国人民银行于 2005 年 7 月 21 日宣布我国开始实行以市场供求为基础、参考一揽子货币进行调节、有管理的浮动汇率制度。此后，人民币有效汇率逐渐升值，汇率弹性也有所增加。中国股票市场却经历了又一次的大起大落。借股权分置改革之势，沪深两市一度呈现"非理性繁荣"。然而，自 2007 年 10 月攀上历史最高点后，中国股市迅速大幅下落，一年之内沪深股指均又回到 2000 年初的水平，至今难以重现"辉煌"。

汇率与股价分别是外汇市场与资本市场的价格，也是反映实体经济变化的重要指标。理论上两者之间存在内在联系。随着全球经济金融一体化进程加速，不仅各国金融市场的联动性愈来愈强，而且金融领域各子市场之间的关联更加紧密，汇市与股市的交互作用对实体经济产生的影响也更加突出。从国内金融市场来看，人民币汇率机制改革与股权分置改革以来，我国外汇市场与股票市场之间的关联程度、作用方向如何，有待我们继续探讨；从国际金融市场来看，第一大经济体美国股市的变化对人民币汇率与中国股市会产生什么样的影响，也值得我们深入研究。研究人民币汇率与中美股市关系问题，不仅有助于认识我国股票市场与外汇市场深化改革的必要性，促进金融市场协调、健康发展，也有助于理解当前全球加强国际金融合作与监管、联合防范金融风险以维护全球金融市场稳定的重要性。

二、文献回顾

国际上关于汇率和股票价格关系的研究,是1970年代初布雷顿森林国际货币体系崩溃之后才备受关注。随着国际贸易不断扩大和国际资本流动迅速增长,汇率成了决定公司利润和股票价格的重要因素之一,汇率和股价关系的研究也日益受到理论界的重视。

早期的研究主要是针对以美国为主的发达国家市场,不同学者研究的结果却存在较大差距。Aggarwal(1981)认为汇率变动会直接影响多国公司的股票价格,间接影响国内公司的股票价格;但汇率变动是导致公司股价上升还是下降依赖于该公司是出口型企业还是进口型企业。Ajayi和Mougoue(1996)使用日数据研究了八个发达国家的股票与汇率,认为它们之间存在长期的双向联系:股票价格上升对本国货币价值有正效应;本币贬值对股票市场有负面作用。然而,Bodnar和Gentry(1993)对日本、加拿大和美国市场的研究,却没有发现汇率和股票价格之间存在显著的同期关系。Chow等(1997)使用1977—1989年的月数据进行研究,也认为美国市场上股票超额回报与汇率之间不存在关系。

1997年亚洲金融危机的爆发,促使学者们重视研究新兴市场经济国家的汇率与股市关系问题。Abdalla和Murinde(1997)对印度、韩国、巴基斯坦和菲律宾等四国市场的研究结果显示汇率导致股价变化。Granger,Huang和Yang(2000)使用日数据对1997年亚洲金融危机中九个国家的汇率和股市关系研究表明,韩国市场上汇率导致股价变化,菲律宾市场则股价导致汇率变化;在中国香港与台湾、马来西亚、新加坡和泰国市场上的汇率与股价存在很强的双向作用,而在日本和印度尼西亚市场未能发现汇率与股价有明显联系。Pan等(2007)利用1988年1月至1998年10月的数据对东亚地区进行研究,发现在1997年亚洲金融危机之前,中国香港、日本、马来西亚和泰国的市场存在着从汇率到股市的因果关系,中国香港、韩国、新加坡存在从股市到汇率的因果关系。在金融危机期间,没有一个国家存在从股价到汇率的因果关系,只有马来西亚存在从汇率到股价的因果关系。

国内对汇率与股票市场关系的研究起步较晚,数量不多,这可能与我国长期实行人民币钉住美元的汇率制度有关。已有的研究中大部分是侧重理论分析,近年也出现了实证分析。张碧琼和李越(2002)运用自回归分布滞后模型(ARDL)和二重向量自回归模型(VARs),分析1993年12月27日至2001年4月17日之间的每日数据,发现人民币汇率和沪深两市A股综合指数、香港恒生指数之间分别存在长期和短期相互作用关系。陈雁云和何维达(2006)通过对人民币各种汇率与股价的逐日数据所作的ARCH效应检验,得出相应的GARCH和EGARCH模型,并证明人民币币值与股价呈反向关系。

吕江林等(2007)研究了人民币升值对中国不同种类股票收益率以及波动率的短期影响,认为人民币升值对于公司股票收益率的影响并未因公司所属行业的进、出口属性不同而呈现显著不同;在汇率制度改革及相应人民币升值后,A股和B股股票收益波动即风险减小了,然而H股的风险却增加了。邓燊等(2007)的研究认为,汇率制度改革后中国股市与汇市存在长期稳定的协整关系,人民币升值是中国股市上升的单向Granger原因。郭彦峰等(2008)也发现人民币汇率机制改革之后,存在由汇率到股市的单向长期和短期因果关系,人民币兑美元汇率是上证综合指数变化的原因之一。张兵等(2008)的实证研究也发现汇率与股价具有稳健的长期协整关系,股价受汇率的长期影响;从短期看,股市与汇市存在交互影响,汇率变化影响股指变动有时滞。

从国内现有文献看,学者们基本上都认同人民币汇率变动会影响我国股市变化,而股市波动对汇率没有影响。不过大部分研究仅针对人民币汇率和我国股票指数两个变量进行实证分析,没有考虑其他经济变量的影响。既然汇率是两国货币之间的比价,那么在研究人民币兑美元汇率与股市关系的问题上,就不仅仅要考虑汇率与我国股市的关系,也要考虑汇率与美国股市之间的关系。因此,若在研究中加入美国股市这一变量后,我国汇市与股市之间的作用关系会发生变化吗? 虽然已有研究表明人民币兑美元汇率不受我国股市的影响,但它是否也不会受到美国股市的影响呢? 更重要的是,在美国次贷危机对全球金融与经济造成重大冲击情况下,美国股市变化对我国汇市、股市造成了何种影响? 反过来,人民币汇率走势与中国股市变动会对美国股市产生影响吗? 这些问题目前尚未有学者研究。考虑到美国次贷危机后引发全球金融危机,并对我国经济造成不小冲击,笔者认为有必要结合美国股市来深入研究我国股市与汇率的相互关系。而且,准确、科学地把握这些问题将有助于我们更好地认识经济全球化背景下加强中美经济与金融合作的重要性。

三、数据描述与研究方法

(一)数据选取及说明

研究中,本文选用上证综合指数作为我国股票价格变量,人民币兑美元汇率(直接标价法)表示汇率变量,道・琼斯工业平均指数(Dow Jones Industrial Average,DJIA)代表美国股票价格变量。

考虑到中国人民银行于 2005 年 7 月 21 日宣布汇率机制改革后,人民币汇率才开始真正实现由市场调节的、有管理的浮动;另外,美国次贷危机是从 2007 年 8 月开始冲击欧盟、日本、中国等世界主要金融市场。因此,我们考察的样本区间就从 2007 年 8 月 1 日开始,直至 2010 年 11 月 27 日。同时,考虑到我国股市和美国股市休市日的差别,依次剔除了不合格的数据后,最终获得 767 组日数据。

实证分析中,我们对上证综合指数、人民币兑美元汇率和道・琼斯工业平均指数等三个变量都采取对数形式,并分别用 S、E、D 依次表示取对数后的三个变量。以上数据中,上证综合指数和人民币兑美元汇率来源于 CCER 色诺芬数据库,道・琼斯工业平均指数来自雅虎金融网。数据分析使用 EViews 5.0 计量软件。

(二)研究方法

1. 单位根检验

检验时间序列平稳性的最常用方法是单位根 ADF 检验。考虑带有常数项和时间趋势项的时间序列 $y_t = \rho y_{t-1} + a + \delta t + u_t$,对其进行一阶差分并在差分方程右边加入因变量 y_t 的滞后差分项后作如下回归:

$$\Delta y_t = \gamma y_{t-1} + a + \delta t + \sum_{i=1}^{p} \beta_i \Delta y_{t-i} + u_t \qquad (1)$$

式(1)中 u_t 是白噪声,$\gamma = \rho - 1$。假设检验 $H_0 : \gamma = 0$(备择假设 $H_1 : \gamma < 0$),检验统计量服从 ADF 分布。如果接受 H_0,意味着时间序列 y_t 含有单位根,是非平稳序列;如果拒绝 H_0,则说明 y_t 是平稳序列。

2. Johansen 协整检验

Johansen 协整检验是一种基于 VAR 模型的对回归系数的检验,是进行多变量协整检验的较好方法。下面大致介绍其基本思想(高铁梅,2000)。

对于一个 VAR(p)模型:

$$Y_t = A_1 Y_{t-1} + \cdots + A_p Y_{t-p} + BX_t + \varepsilon_t, \quad t = 1, 2, \cdots, T \qquad (2)$$

其中 $Y_t = (y_{1t}, y_{2t}, \cdots, y_{kt})'$ 为 $k \times 1$ 维内生向量，X_t 为 $d \times 1$ 维外生向量，p 是滞后阶数，T 是样本个数，$k \times k$ 阶矩阵 $A_1, A_2, \cdots, A_P$ 和 $k \times d$ 维矩阵 B 是系数矩阵。$\varepsilon_t \sim IID(0, \Omega)$ 是 $k \times 1$ 维扰动向量。

将（2）式经过差分变换以后可得下式：

$$\Delta Y_t = \Pi Y_{t-1} + \sum_{i=1}^{p-1} \Gamma_i \Delta Y_{t-i} + BX_t + \varepsilon_t \tag{3}$$

其中，矩阵 $\Pi = \sum_{i=1}^{p} A_i - I, \Gamma_i = -\sum_{j=i+1}^{p} A_j$。式（3）中只要 ΠY_{t-1} 是 $I(0)$ 的向量，即 Y_{t-1} 中的各元素 $y_{1,t-1}, y_{2,t-1}, \cdots, y_{k,t-1}$ 之间具有协整关系，就能保证 ΔY_t 是平稳过程。而变量 $y_{1,t-1}, y_{2,t-1}, \cdots, y_{k,t-1}$ 之间是否具有协整关系则依赖于矩阵 Π 的秩。设 Π 的秩为 r，在 $0 < r < k$ 的情况下，Π 可以分解成两个 $k \times r$ 阶列满秩矩阵 α 和 β 的乘积：$\Pi = \alpha\beta'$，将其代入式（3）可得：

$$\Delta Y_t = \alpha\beta' Y_{t-1} + \sum_{i=1}^{p-1} \Gamma_i \Delta Y_{t-i} + BX_t + \varepsilon_t \tag{4}$$

式（4）要求 $\beta' Y_{t-1}$ 是一个 $I(0)$ 向量，矩阵 β 决定了 $y_{1,t-1}, y_{2,t-1}, \cdots, y_{k,t-1}$ 之间协整向量的个数与形式。因此，Johansen 协整检验的基本原理就是将 Y_t 的协整检验转变成对矩阵 Π 的分析，运用极大似然法进行参数估计。设矩阵 Π 的特征根为 $\lambda_1 > \lambda_2 > \cdots > \lambda_k$，有两种方法可检验协整关系与协整向量的秩。

一是特征根迹检验（trace 检验）。原假设 $H_{r0} : \lambda_r > 0, \lambda_{r+1} = 0$，备择假设 $H_{r1} : \lambda_{r+1} > 0$。相应的检验迹统计量为：$\eta_r = -T \sum_{i=r+1}^{k} \ln(1 - \lambda_i), r = 0, 1, \cdots, k-1$。

二是最大特征值检验。假设检验分别是 $H_{r0} : \lambda_{r+1} = 0; H_{r1} : \lambda_{r+1} > 0$。相应的检验统计量为：$\xi_r = -T\ln(1 - \lambda_{r+1}), r = 0, 1, \cdots, k-1$。$\xi_r$ 称为最大特征根统计量。

3. 向量误差修正模型（VEC）

向量误差修正模型实际上是带有协整约束的 VAR 模型，它将变量的水平值与差分值结合起来建模，不仅可以反映变量之间的长期均衡关系，也能刻画变量之间的短期波动关系。变量之间存在协整关系时才可以构建误差修正模型。方程（4）就是一个含外生变量 X_t 的向量误差修正模型。对于一个不含外生变量的 VEC 模型可用下式表示：

$$\Delta Y_t = \alpha ECM_{t-1} + \sum_{i=1}^{p-1} \Gamma_i \Delta Y_{t-i} + \varepsilon_t \tag{5}$$

式（5）中 $ECM_{t-1} = \beta' Y_{t-1}$ 就是误差修正项。向量系数 β 反映了各变量之间的长期均衡关系；Γ_i 描述了变量波动时相互之间的短期关系；α 称为调整系数，反映了变量之间偏离长期均衡状态时，回到均衡状态的调整速度。

四、实证结果

（一）变量趋势与相关性分析

首先，我们对各变量作趋势分析。从图 1 可看出，序列 E 具有较明显的线性时间趋势；序列 S 则呈现出明显的二次趋势；序列 D 也具有二次趋势①。

---

① 图 1 中序列 D 的二次趋势不是很直观，在将其曲线图单独列出时可以明显看到具有二次趋势。

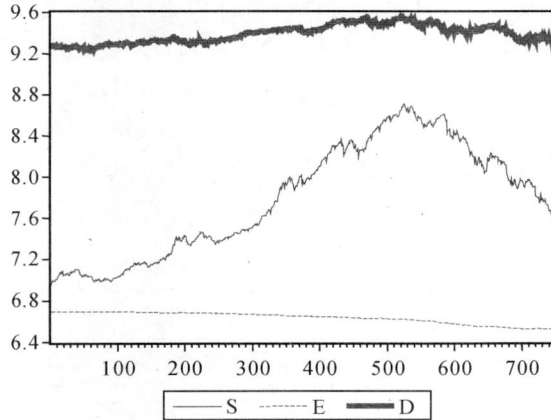

图 1 各变量的趋势图

其次,计算出变量之间的相关系数,对各个变量的两两相关性进行简单描述。表1显示,上证综指 S 与道·琼斯指数 D 高度正相关,相关系数达 0.9137,汇率 E 则分别与 S、D 负相关。至于变量之间的作用方向,下文将进一步分析。

表 1　各变量之间的相关系数

	S	E	D
S	1		
E	−0.6532	1	
D	0.9137	−0.4385	1

(二)ADF 单位根检验

由于我们分析的经济变量都是时间序列,在计量分析之前必须对其是否平稳进行单位根检验。表 2 是对各时间序列进行 ADF 单位根检验后的结果。

表 2　ADF 单位根检验结果

水平值	t 统计量(p 值)	(c,t,h)	一阶差分	(c,t,h)	t 统计量(p 值)
S	−1.187(0.6816)	$(c,0,13)$	ΔS	$(0,0,12)$	−5.098***(0.0000)
E	−1.347(0.8751)	$(c,t,0)$	ΔE	$(0,0,19)$	−2.819***(0.0048)
D	−1.435(0.5661)	$(c,0,10)$	ΔD	$(0,0,9)$	−8.474***(0.0000)

注:(c,t,h) 为检验类型,c 和 t 分别表示带有常数项和线性时间趋势项,h 表示由 AIC 准则确定的滞后值。Δ 表示原序列的一阶差分。*** 表示 1% 的显著水平。

表 2 显示,原序列上证综合指数 S、汇率 E 和道·琼斯工业平均指数 D 都存在一个单位根,是非平稳时间序列。然而,它们的一阶差分序列 ΔS、ΔE 和 ΔD 在 1% 的显著水平上都拒绝了存在单位根的原假设,属于平稳时间序列。所以原始序列 S、E 和 D 都是一阶单整过程 I(1),因此,可对它们进行协整分析。

(三)Johansen 协整检验

协整检验时,首先要确定模型的最优滞后阶数。利用 VAR 模型估计的滞后结构,根据 AIC 信息准则,选择 2 阶滞后。Johansen 协整检验过程中需要考虑的一个重要问题是确定序列和协整方程是否含有截距项与时间趋势项。从图 1 的变量趋势可知,序列 E 具有线性时间趋势,序列 S 和 D 有二次趋势,因此,我们在 EViews 软件操作中选择第 5 项趋势假设。

表 3 列出了 Johansen 协整检验的结果。从中看出,特征根迹检验和最大特征根检验的结果都显示仅有 1 个协整向量。说明上证综合指数 S、汇率 E、和道·琼斯工业平均指数 D 之间存在一种长期的稳定关系。因此,我们可以用 S、E 和 D 构建滞后二阶的 VEC(2)模型。

表 3　Johansen 协整检验的结果

原假设	特征根	迹统计量(p 值)	$\lambda-$max 统计量(p 值)
0 个协整向量	0.042584	45.95320**(0.0024)	32.37663**(0.0034)
至多 1 个协整向量	0.013702	13.57657(0.2074)	10.26487(0.3733)
至多 2 个协整向量	0.004441	3.311694(0.0688)	3.311694(0.0688)

注:** 表示在 5% 的显著水平上拒绝原假设。

(四)基于 VEC 模型的 Granger 因果检验

首先利用 VEC(2)模型分析变量之间的 Granger 因果关系,检验结果见表 4。从中可以看出,变量之间的作用方向都是单向的。

1. ΔE 是 ΔS 的 Granger 原因,反之不然。在考察的样本区间内,我国金融市场上人民币汇率变动可以导致上证指数的变化;上证指数变动对汇率没有影响。

2. ΔD 是 ΔS、ΔE 的 Granger 原因,反之不然。美国股市的变动不仅会导致我国股市的波动,也能引起人民币兑美元汇率的变动;而上证指数与人民币兑美元汇率的变动对美国股市却没有影响。

上述变量之间的 Granger 因果关系是长期作用还是短期影响还需要运用误差修正模型进一步分析。

表 4　基于 VEC 模型的 Granger 因果检验

	原假设	χ^2 统计量	自由度	p 值
ΔS 方程	ΔE 不是 ΔS 的 Granger 原因	5.3770*	2	0.0680
	ΔD 不是 ΔS 的 Granger 原因	9.1154**	2	0.0105
ΔE 方程	ΔS 不是 ΔE 的 Granger 原因	0.5459	2	0.7611
	ΔD 不是 ΔE 的 Granger 原因	39.7490***	2	0.0000
ΔD 方程	ΔS 不是 ΔD 的 Granger 原因	1.3794	2	0.5017
	ΔE 不是 ΔD 的 Granger 原因	0.1227	2	0.9405

注:* 表示 10% 的显著水平,** 表示 5% 的显著水平,*** 表示 1% 的显著水平。

(五)向量误差修正模型

表 5 列出了向量误差修正(VEC)模型的估计结果。

首先分析变量之间的长期关系,从第一行 ΔS 的方程可看出,误差修正项 ECM_{t-1} 前的调整系数在 1% 的水平上显著,说明存在从 E、D 到 S 的长期均衡关系。利用前述检验中的协整向量 $\beta'=(1,0.9631,-7.341)'$,可列出标准化后的协整方程(圆括号内数字是标准差,方括号内是 $t-$统计量）：

$$S = -0.9631E + 7.341D \qquad (6)$$
$$(3.888) \quad (1.029)$$
$$[0.2477] \quad [-7.1325]^{***}$$

式（6）表明，从长期趋势看，虽然汇率 E 与上证综合指数 S 负相关，但其系数的统计检验不显著；道·琼斯指数 D 与上证综合指数 S 存在长期的正向关系，且其系数在 1％ 的水平统计显著。说明美国股市对中国股市具有长期正方向作用，而人民币汇率对股市的长期影响并不显著。

在第二行 ΔE 方程和第三行 ΔD 方程中误差修正项 ECM_{t-1} 的调整系数都不显著，说明既不存在 S 和 D 对汇率 E 的长期作用，也不存在 S 和 E 对道·琼斯指数 D 的长期影响。

接下来分析变量之间的短期作用。首先观察表 5 中第一行 Δ 方程，ΔS_{t-1} 和 ΔE_{t-1} 的系数在 5％ 的水平显著，ΔD_{t-1} 的系数在 1％ 的水平显著，说明前一期的汇率变动与道·琼斯指数变动对当期上证指数的变动都有显著的短期影响，同时，上证指数也受自身前一期变动的影响。第二行 ΔE 方程中 ΔD_{t-1}、ΔD_{t-2} 的系数都统计显著，说明前一期和前二期的道·琼斯指数变动对汇率变动都有明显的短期影响；ΔS_{t-1} 与 ΔS_{t-2} 的系数都不显著，说明上证指数变动对汇率没有短期影响；ΔE_{t-1} 与 ΔE_{t-2} 的系数也不显著，表明汇率变动不受前期自身变动的影响。第三行 ΔD 方程中，只有 ΔD_{t-1} 的系数统计显著，其他差分变量的系数都不显著，表明道·琼斯指数变动只受前一期自身变动的影响，也不存在人民币汇率与上证指数对道·琼斯指数的短期影响。

表 5 VEC 模型的估计结果

	ECM_{t-1}	ΔS_{t-1}	ΔS_{t-2}	ΔE_{t-1}	ΔE_{t-2}	ΔD_{t-1}	ΔD_{t-2}
ΔS	-0.0171***	-0.0810**	-0.0407	1.7471**	0.7664	0.2375***	0.0845
	(0.0031)	(0.0363)	(0.0360)	(0.8206)	(0.8204)	(0.0803)	(0.0815)
	[-5.3985]	[-2.2259]	[-1.1318]	[2.1290]	[0.9342]	[2.9582]	[1.0370]
ΔE	1.75E-05	0.0010	0.0007	0.0083	-0.0471	0.0072**	-0.0202***
	(0.0001)	(0.0016)	(0.0016)	(0.0363)	(0.0363)	(0.0036)	(0.0036)
	[0.1244]	[0.6225]	[0.4355]	[0.2270]	[-1.3004]	[2.0284]	[-5.6014]
ΔD	0.0024	0.0015	0.0201	0.1255	0.0548	-0.1217***	-0.0569
	(0.0015)	(0.0173)	(0.0171)	(0.3899)	(0.3899)	(0.0382)	(0.0387)
	[1.6389]	[0.0854]	[1.1744]	[0.3218]	[0.1406]	[-3.1893]	[-1.4703]

注：** 表示 5％ 的显著水平，*** 表示 1％ 的显著水平；圆括号内数字是标准差，方括号内是 $t-$ 统计量。限于篇幅，表中未列出截距项和趋势项的估计结果，并不影响分析结论。

五、研究结论与启示

本文利用上证综合指数、人民币兑美元汇率与道·琼斯工业平均指数等三个时间序列构建了滞后二阶的向量误差修正（VEC）模型，运用 Johansen 协整检验、Granger 因果检验、误差修正模型分析了人民币汇率机制改革后中美股市与人民币汇率的相互关系。经研究发现得出以下结论：

第一，人民币兑美元汇率、上证综合指数与美国道·琼斯指数之间存在唯一协整关系，三者之间可以实现长期的均衡，但它们的作用方向却是单向的。

第二，从股市的角度看，一方面，我国金融市场上存在着从汇率到股票价格的单向 Granger 因果关系，汇率变动对股价有显著的短期影响；但从长期看，汇率对股票价格的影响不明显。另一方面，存在从美国道·琼斯指数到上证综合指数的单向 Granger 因果关系，美国股市对我国股市不仅具有长期的正向作用,而且短期的冲击影响也很明显。并且美国股市对我国股市的影响要强于汇率对股市的影响。

第三,从汇率的角度看,存在从美国道·琼斯指数对人民币汇率的单向 Granger 因果关系。美国股市变动对人民币兑美元汇率具有短期的冲击影响,但不具备长期作用。而我国股市的变动无论短期还是长期都对汇率不产生影响。

表 6　人民币兑美元汇率、中国股市与美国股市相互关系

经济变量之间的相互作用		短期冲击	长期作用
人民币汇率与中国股市	人民币汇率对中国股市的影响	正向,显著	不显著
	中国股市对人民币汇率的影响	没有	没有
人民币汇率与美国股市	人民币汇率对美国股市的影响	没有	没有
	美国股市对人民币汇率的影响	显著	不显著
中美两国股市	美国股市对中国股市的影响	正向,显著	正向,显著
	中国股市对美国股市的影响	没有	没有

注:表中人民币兑美元汇率是直接标价法。

上述结论归纳于表6。总体而言,从国内市场来看,股权分置改革与人民币汇率机制改革以后,虽然从长期看股票市场走势并不受汇率影响,但短期内汇率变动对股票市场具有明显的正向冲击作用,说明我国资本市场与外汇市场之间的关联效应有所增强。从国际市场来看,美国次贷危机爆发以后,美国股市的剧烈震荡不仅加剧了我国股市的巨幅下跌,而且对我国外汇市场的运行也造成了短期冲击。然而,美国股市却几乎不受我国汇市与股市运行变化的影响,说明与发达的美国金融市场相比,我国金融市场还处于相对弱势的地位。随着我国金融领域扩大开放,国际金融风险对我国金融市场的外部冲击日益增强,这提醒我们在金融国际化趋势不断增强的背景下,更应重视加强国际金融监管与合作,共同积极应对国际金融危机,维护金融市场稳定,促进国民经济的平稳较快发展。

参考文献:

[1] Aggarwal, R. (1981). Exchange rates and stock prices: a study of the US capital markets under floating exchange rates. Akron Business and Economic Review Fall:7-12.

[2] Ajayi, R. A., & Mougoue, M. (1996). On the dynamic relation between stock prices and exchange rates. Journal of Financial Research, 19:193-207.

[3] Bodnar, G. M., & Gentry, W. M. (1993). Exchange rate exposure and industry characteristics: Evidence from Canada, Japan, and the USA. Journal of International Money and Finance, 12:29-45.

[4] Chow, E. H. & Lee, W. Y. & Solt, M. S. (1997). The exchange rate risk exposure of asset returns. Journal of Business 70:105-123.

[5] Abdalla, I. S. A., & Murinde, V. (1997). Exchange rate and stock price interactions in emerging financial markets:evidence on India, Korea, Pakistan, and Philippines. Applied Financial Economics, 7:25-35.

[6] Granger, Clive W. J. & Huang, Bwo—Nung. & Yang, Chin-Wei. (2000). A bivariate causality between stock prices and exchange rates:Evidence from recent Asian flu. The Quarterly Review of Economics and Finance, 40:337-354.

[7] Pan, Ming-Shiun & Fok, Robert Chi-Wing & Liu, Y. Angela. (2007). Dynamic linkages between exchange rates and stock prices:Evidence from East Asian markets. International Review of Economics and Finance,16:

503-520.

[8] 张碧琼,李越.汇率对中国股票市场的影响是否存在:从自回归分布滞后模型得到的证明.金融研究,2002(7): 26—35.

[9] 陈雁云,何维达.人民币汇率与股价的 ARCH 效应检验及模型分析.集美大学学报(哲学社会科学版),2006 (1):72—75.

[10] 吕江林,李明生,石劲.人民币升值对中国股市影响的实证分析.金融研究,2007(6):23—34.

[11] 邓桑,杨朝军.汇率制度改革后中国股市与汇市关系——人民币名义汇率与上证综合指数的实证研究.金融研 究,2007(12):55—64.

[12] 郭彦峰,黄登仕,魏宇.人民币汇率形成机制改革后的股价和汇率相关性研究.管理学报,2008(1):49—53.

[13] 张兵,封思贤,李心丹,汪慧建.汇率与股价变动关系:基于汇改后数据的实证研究.经济研究,2008 (9):70—81.

[14] 高铁梅.计量经济分析方法与建模——Eviews 应用与实例.北京:清华大学出版社,2000:249.

浙江省新型农村合作医疗制度有效性探讨*

李彦俊

摘要：新型农村合作医疗制度（简称：新农合）的建立旨在为抵御农村居民医疗风险，解决看病难看病贵问题，所以制度的有效性至关重要。本文从两个方面对浙江省新农合的有效性进行分析：首先，从覆盖面、人均筹资额、补偿获益人次数、保障水平等几个方面来说明浙江省新农合的发展状况；其次，结合穆怀中（1997）、王兰芳（2006）以及林燕（2009）所利用的社会保障水平和新农合保障水平的测定模型，来分析浙江省新农合制度的保障水平的适度性。

关键词：新农合　受益面　保障水平

新农合制度以农村居民为参保对象，以政府财政补贴和农民个人缴费为基金来源，实现农村居民间大病统筹的医疗互助互济制度，其目标旨在解决农村医疗卫生服务利用低下和抵抗农民因"看病难、看病贵"致使农民致贫返贫的困境。近年来浙江省各级政府尤为注重民生，特别是社会保障建设事业，促使新农合发展迅猛，但浙江省新农合发展状况具体如何，新农合目前的保障水平究竟如何，是否与其经济发展相适应，这些尚有研究必要。

一、浙江省新农合发展情况

（一）参保率连年提高，基本实现全民覆盖

从表1可以看到，浙江省的新农合参保人数在连年减少，究其根源有两方面的原因，一是近年来浙江省的城镇化步伐比较快速，相当一部分人由原来的农业人口转成非农业人口，参保对象身份的改变使其拥有继续参保新农合或者城乡居民养老保险的选择权利，使得这一部分人群脱离新农合的覆盖范围。二是浙江省部分市县正在实现城乡医疗保险的整合，这些市县基本将原来的新农合的覆盖范围扩大到城镇中未被城镇职工医疗保险覆盖的城镇居民，使得新农合制度改制为城乡居民基本医疗保险制度。因此，从新农合的参保人数上看，参保人数在下降，但其参保率仍在持续增高。新农合从总体上讲，已经基本实现了全民覆盖。

---

*　项目来源：2013年浙江省教育厅课题"浙江省城乡基本医疗保险制度一体化研究"（项目编号：Y201328696）的阶段性成果。

表1　2008—2013年浙江省全省新农合参保人数和参保率

年　份	2008	2009	2010	2011	2012	2013
参保人数（万人）	3094.0	3035.0	2965.5	2871.2	2872.9	2855.1
参保率（%）	90.0	92.0	92.0	97.5	97.7	97.8

数据来源：2008—2013年国民经济与社会发展统计公报。

随着新农合覆盖范围逐渐向未纳入城镇职工医疗保险制度的城镇居民的扩大，无论最终整合的医疗制度被称为"城乡居民基本医疗保险制度"还是"新农合农村合作医疗"，总之，覆盖面的扩大能使筹集的医疗基金在更大范围的实现统筹互助互济，亦降低了医疗保障的资金风险，促进医疗制度的可持续发展。

（二）保障水平不断提高，受益面不断扩大

新农合制度自2003年建立至2013年已11个年头，社会保障水平在加速提高，一方面体现在筹资水平上，人均总筹资额从最初的47元到现在的557元，呈现高速度递增，从表中看出前四年的增长速度在10%左右，增幅还较慢，但从2007年开始以45%到50%的高速度增长；同时在人均筹资总额中政府的补贴所占的比重越来越大，由原来的54%到现在的71%，农民个人缴费比重也从46%下降到29%。另一方面受益面越来越宽，受益程度越来越大。在补偿受益人次上也从2004年的179万多到2011年的9451万左右，近5年来浙江省每年卫生机构的住院人数，都以10%左右的速度在增长；在报销比例上越来越高，随着新农合基金收入的增多，本着"收支平衡，略有结余"的原则，其用于对新农合的支出必然增多，住院报销比例由2004年的22%到2012年的72.1%；在住院封顶线方面，浙江省新农合的住院封顶线也是越来越高，2010年浙江省有近半县（市）的住院封顶线高于农民人均纯收入的6倍，2012年相当多的县（市）住院封顶线已经达到10万元。由于浙江省的农民人均纯收入远远高于全国平均水平，所以在农民及家庭本身拥有更强的疾病承担能力的前提下，还可以享受远高于国内平均水平的医疗补偿。2013年浙江省所有统筹地区最高支付限额全部达到全国农村居民人均年收入的8倍以上且不低于8万元。近些年，浙江省政府和卫生厅及各个相关部门也在报销手续和医疗费用控制上下工夫，浙江省实现了统筹地区"一卡通"就诊和异地就诊即时结报，种种数据都反映了目前参合农民从新农合中获得的医疗补偿和医疗受益越来越多。

表2　2003—2013年浙江省新农合筹资水平和受益面情况

年度	人均总筹资额（元）	各级政府补助（元）	所占比例（%）	农民个人缴费（元）	所占比例（%）	住院补偿率（%）	补偿受益人次（万次）
2003	47.00	25.50	54.00	21.50	46.00	21.05	41.10
2004	55.20	31.50	57.00	23.50	43.00	22.06	179.25
2005	57.90	33.60	58.00	24.30	42.00	21.69	432.00
2006	60.90	34.10	56.00	26.70	44.00	22.00	823.59
2007	90.40	58.10	64.00	32.30	36.00	24.39	2091.66
2008	135.90	—	—	—	—	31.20	3976.79
2009	179.00	—	—	—	—	31.50	5905.08
2010	246.30	—	—	—	—	41.60	7758.40
2011	379.00	268.00	70.70	111.00	29.30	63.00	9451.00
2012	482.50	342.20	70.90	140.30	29.10	72.10	11231.60
2013	557.00	392.90	70.50	164.10	29.50	—	—

数据来源：2004—2013年中国卫生统计年鉴及2003—2013年国民经济与社会发展统计公报。

二、新农合保障水平适度性分析

目前测算社会保障水平的最常用的方法是用社会保障支出的总额占国内生产总值的百分比来衡量的。同样,新农合作为社会保障体系的一个子项目,对其保障水平的测算和评估可以通过新农合支出的总额占农村国内生产总值的百分比来度量。

社会保障的适度水平模型是穆怀中(1997)依据人口结构理论和柯布-道格拉斯生产系数,总结出适度社会保障水平的测定模型,本文亦借鉴穆怀中的模型理论对浙江省新农合保障水平的适度性进行测定和评估。

(一)浙江省新农合保障水平实际值

浙江省新农合的社会保障水平可用 2012 年[①]浙江省新农合基金支出总额占 2012 年农村国内生产总值的比值来表示。2012 年浙江省新农合基金收入总额为 138.62 亿元,而当年基金使用率为101.3%,则 2012 年浙江省新农基金支出总额为 140.42 亿元,2012 年浙江农村 GDP 为 10371.4 亿元[②]。新型农村合作医疗的潜在水平:

$$M=138.62/10371.4=1.337\% \tag{1}$$

浙江省新农合的实际保障水平则为:

$$M=140.42/10371.4=1.354\% \tag{2}$$

(二)浙江省新农合保障水平适度性测算

1. 保障水平适度性数理模型简析

王兰芳(2006)综合运用穆怀中(1997)提出的适度社会保障水平测算方法评估出江苏省新农合的社会保障水平的适度性,本文亦借鉴他们的数理模型对浙江省的新农合进行测评,其模型公式为:

$$M=Ma/G=(Ma/W)\cdot(W/G)=Q\cdot H \tag{3}$$

M 表示新农合保障水平,Ma 表示新农合支出总额,G 表示农村 GDP,W 表示农民收入总额,Q表示新农合支出总额占农民收入总额的比重(新农合的负担系数),H 表示农民收入总额占农村GDP 的比重(农村的劳动生产要素分配系数)。Q 值的大小可以用来说明农民的医疗负担情况和供需情况,Q 值过低,说明用于新农合的支出较低,或者新农合支出与农民收入远远不符,医疗供求关系不平衡,供不应求。Q 值过高,说明农民医疗负担较重。H 值的大小用来表示农村中劳动生产要素在分配要素中的比重和创造价值的能力。H 值过低,劳动在生产要素中的比重较低,农民的劳动积极性就会大打折扣,不利于劳动收入的提高。H 值过高,则表明资本的比重比较低下,影响农村及乡镇企业的扩大再生产,使得农村 GDP 下降。考虑到"新农合总支出"和"农村 GDP"这两个因素比较宏观和宽泛,因此,该公式中引入一个中间变量"劳动收入",最终将式子分解成两个比较微观和狭小的变量因素 Q 和 H。该公式的具体运用步骤为:(1)先通过具体的数据确定新农合负担系数 Q 和农村劳动生产要素的系数 H 的下限值和上限值。(2)分别将各自的上限值相乘和下限值相乘,得到一个区间,这个区间值就是适度的新农合保障水平区间。(3)分析目前浙江省新农合

---

① 因为目前最新的是 2013 年的《中国卫生统计年鉴》,所以所得数据是 2012 年的数据。
② 由于在统计数据中没有找到确切的浙江省农村 GDP 的数据,本文根据收入与 GDP 呈正比,采用浙江农村人口和农民人均纯收入的乘积占浙江省 2011 年总收入的比重求得浙江农村 GDP 占总 GDP 的比重。

的保障水平是否在这个区间之内,分析比较值,若正好在这个区间之内,则说明目前的新农合水平是比较适宜的。若不在这个区间,就有两种可能性,或低于区间的下限值,说明新农合的保障水平过低,不适宜于经济发展和农民医疗需求。或高于区间的上限值,说明新农合的保障水平过高,脱离了实际的需求,农民的负担加重。

2. 浙江省医疗保障水平适度性具体数值测算

本文对农村劳动生产要素分配系数(H)和新农合负担系数(Q)上限值和下限值的取值主要是根据国内外学者有关医疗保障水平的实践经验和理论分析来确定的。穆怀中依据柯布-道格拉斯理论将国内生产总值分为两方面:一个是劳动生产要素带来的生产总值,一个是因资本投入带来的生产总值。同时,在分配的角度上来讲,医疗费用的支出本身就包含在由劳动生产要素所创造的国内生产总值中,同时,劳动生产要素的价值会以劳动收入的方式返还劳动者。国内外经济学家认为,合理的劳动要素分配系数(H)界限是明确的,取值为 0.75。在国外,由劳动生产要素带来的国内生产总值占国内生产总值的比例与这个取值比较接近;在我国,因劳动带来的劳动收入的总额占国内生产总值的比重要比这个取值小得多,学者认为,低于 75% 的部分在城镇中会以固定资产或福利的形式返还给劳动者,在农村则会以社会保障补助或者财政转移支付的方式返还农民,总的来说,柯布-道格拉斯定理在中国也是适应的,H 取值 0.75。则公式变为:

$$M = Q \cdot H = 0.75Q \tag{4}$$

(1)医疗保障水平的上限值。国内外学者认为,在老龄化持续加快的现阶段,医疗保障支出占收入总额的 10%～12% 为宜,因此,Q 的上限值取 12%。医疗保障水平的上限值就可以有公式得出:

$$M_上 = 0.75 \cdot 0.12 = 0.09 = 9\% \tag{5}$$

(2)医疗保障水平的下限值。Q 的下限值的测算方法可以使用全国社会保障水平的下限值与医疗保障支出占五个社会保障支出的比重 K 来测量。其公式为:

$$Q_下 = K \cdot (Q_a + Z + J + M) \tag{6}$$

Q_a 指代老年人口的比重,表示老龄化程度,Z 表示失业保障支出下限值,J 表示工伤和生育保障支出下限值,M 表示社会福利和社会优抚支出的下限值。2010 年的老龄化程度,本文以第六次人口普查浙江省 65 岁老年人口的比重为准,为 9.34%。根据王兰芳的研究预算,认为失业保险支出的比重为 1%～1.5%,取下限值 1%;工伤和生育保障支出比重为 0.016%～1.5%,取下限值 0.016%;社会福利和社会优抚支出比重为 1%～1.5%,取下限值 1%。代入公式(6)可得整个社会保障的下限值,再乘以医疗保障支出占整个社会保障支出的比重 K,这样就可以算出医疗保障水平的下限值。穆怀中《国民财富与社会保障收入再分配》(中国劳动社会保障出版社,2003 版 p48)中提出五种比重系数分别为:老年保险比重系数为 52.0%,医疗保险支出比重为 34.39%,失业保险支出为 4.54%,生育和工伤保险支出为 4.29%,社会福利和社会优抚支出比重为 4.29%。本文的医疗保障支出占整个社会保障支出的比重 K 的取值可以用 34.39% 来计算。这时就可以得出 M 的下限值

$$M_下 = 0.75Q_下 = 0.75 \cdot (0.0934 + 0.01 + 0.00016 + 0.01) \cdot 0.3439 = 0.02929 = 2.93\% \tag{7}$$

因为农村的经济状况低于城镇,可以根据农村 GDP 占 GDP 的比重,来修正新农合保障水平的下限值。2012 年浙江省农村的 GDP 总量占全省 GDP 的 33.4%,浙江省城镇医疗保障水平的下限值为 3.903%,新农合保障水平下限值为 1.756%。

3. 判断浙江省新农合的社会保障水平具体适度性

由前所述,将浙江省的新农合保障水平实际测算 M 值与浙江省的适度社会保障水平相比较,比较是否适度:

$$M=1.354\% \qquad M_{上}=9\% \qquad M_{下}=1.756\% \qquad (8)$$

由上可以看出,$M<M_{下}$,浙江省新农合的实际水平与其适度水平的下限值相差甚大,远远小于适度水平的中间值,因此浙江省新型农村合作医疗保障水平依然与其经济水平不相符,也说明了浙江省的新农合保障水平还有很大的改善空间。

三、结 论

综上所述,浙江省的新农合虽然从覆盖面、缴费基金、医疗补偿人次和人均医疗补偿额等方面逐年有了显著的提高,但从总体上来讲,其新农合的保障水平仍然远远落后于GDP的发展水平,保障水平仍然低下,与浙江省发达的经济水平不相符,因此,在保障水平方面,浙江省新农合的有效性提高仍有很长的一段路。但在目前比较低的保障水平下,如何最大限度地提高新农合的使用效率是目前最重要的研究课题,怎样从制度方面防止医疗基金的不合理支出和如何使有限的基金能用到真正医疗需要的参合群体中是重中之重。由于新农合中补偿模式的选择以及起付线、补偿比例和封顶线的合理区间是最直接关系参合者享受医疗补偿高低和新农合有效性的影响因素,同时,如何规避新农合中存在的医疗提供方诱惑性需求引发的"道德风险",减少医疗基金不合理流失,提高基金使用效率与我国目前实行的按服务项目付费的支付方式有着很大的关联。因此,设计合理的补偿模式和支付方式是提高浙江省新农合制度有效性的重要举措。

参考文献:

[1] 王兰芳,陈万明,崔晓宁.江苏省农村新型合作医疗保障水平的测定与分析.人口与经济,2006(4).

[2] 林燕.江西省新型农村合作医疗保障水平的测定及分析.经济与法,2009(9).

[3] 戴苊等.浙江省2003—2010年新型农村合作医疗筹资情况分析.中国农村卫生事业管理,2012(1).

票据和信用证结算制度比较研究*

杨加玡

摘要：票据和信用证结算业务是商业银行重要的中间业务，同时可以带动银行资产业务和负债业务的发展。票据和信用证是集支付、结算和信用、融资为一体的产品。作为票据和信用证典型代表的银行承兑汇票和跟单信用证在当今的国内和国际贸易中分别扮演着重要角色。随着本外币、内外贸业务一体化发展，票据和信用证作为重要的贸易融资工具，架起了国内和国际贸易的桥梁。本文通过对票据和信用证结算制度的比较，揭示它们的共通之处和差异所在。

关键词：票据 信用证 结算制度

票据和信用证都是重要的贸易金融工具，是集支付、结算和信用、融资为一体的产品，在现代经贸交往中得到广泛使用，并有力地推动了各国经济和贸易的发展以及世界经贸活动的开展。票据和信用证都具有很强的技术性和规范性，受广为遵循的国内和国际规则的制约。对票据和信用证结算制度进行比较，有助于我们更深入地理解票据和信用证这两种结算产品，更好地揭示其内在的、本质的联系，在贸易结算中更好地发挥它们的作用。

一、票据和信用证结算制度的相通性

票据和信用证作为国际结算中常用的支付工具和支付方式，在以下结算制度中表现出很大的相似性。

（一）票据无条件付款原则和信用证有条件付款原则

无条件支付一定金额是票据最核心的内容。虽然各国票据立法规定的票据必要记载事项不完全相同，但都无一例外地规定无条件支付一定的金额。无条件的付款原则促进了票据的流通转让。而信用证则是开证行做出的有条件的付款承诺，这个条件就是受益人提交相符单据。银行有条件的付款承诺保证了信用证项下交易的正常履行。

从表面上看，票据的无条件付款和信用证的有条件付款构成了一对矛盾。实则不然。所谓的无条件付款并不是指付款人在任何情况下都必须无条件地付款或承兑，而是指付款人一旦决定付款后必须按照票面记载的内容进行付款，付款时不得添加票面记载以外的其他条件。出票人指定付款人付款并不构成付款人必须付款的义务。付款人在决定付款或承兑之前完全有权根据票据基

---

* 东方学院 2012 年院级课题（2012dfy022）.

础关系的履行情况、票面记载内容是否合格有效等决定是否付款、承兑或拒付。因此本票的出票人（即付款人）在决定付款以后才签发本票,汇票的付款人在决定付款以后才承兑远期汇票或作出即期付款,支票的付款银行在审核票据各项要素以后才决定付款。如果付款人不同意付款,那么本票的出票人可以拒绝签发本票,汇票的付款人可以拒绝付款或承兑,支票的付款银行可以拒绝付款。所以汇票的付款人和支票的付款银行都不是票据上的债务人,只有在汇票的付款人做出承兑、支票的付款银行保付支票以后,他们才承担第一性的付款责任。因此票据的无条件付款原则和信用证的有条件付款原则在本质上是统一的。票据的付款人在做出是否付款的决定时是有条件的,决定付款后的付款才是无条件的,信用证的开证行在收到相符单据前决定是否付款是有条件的,在收到相符单据后的付款也是无条件的。

（二）票据抽象性原则和信用证独立性原则

票据的抽象性原则指的是票据的无因性特征。即票据持有人凭票据本身即可行使票据上记载的权利,无需了解前手当事人之间的基础交易关系,票据付款人也无需调查持有人取得票据的原因。通常情况下,票据当事人之间存在两种基本的关系:基础关系和票据关系。基础关系产生于基础交易,票据关系产生于票据的签发和流通转让过程中。基础关系是票据关系产生的前提和基础,当事人之间如果没有基础关系就不会产生票据关系。票据的基础关系包括票据的原因关系、资金关系和预约关系[1]。票据当事人之间的这种基础关系,是不在票据上记载的,是不具有票据效力的。票据一经产生就和它的基础关系相分离,基础关系和票据关系独立存在,互不影响。票据关系是一种无因关系,不受票据基础关系的影响。

信用证的独立性原则表现在三个方面:一是信用证与贸易合同是相互独立的。二是单据与货物是相互独立的。三是开证行的付款责任与开证申请人的付款能力和付款意愿是相互独立的。开证行一旦开立了信用证就承担了第一性的付款责任。信用证的独立性原则表明开证行的付款责任独立于基础交易。如果受益人在基础交易中违约,那么在基础交易下,申请人对受益人享有抗辩权,但这一抗辩不能成为开证行在信用证项下拒绝履行付款义务的抗辩。信用证的独立性原则是保证信用证持久生命力的源泉。

票据的抽象性原则和信用证的独立性原则表明票据和信用证结算都与其基础交易相互分离,这两个原则都是以交易双方的"诚信"为前提的。

（三）票据文义记载优先原则和信用证相符交单原则

票据的文义记载优先原则指的是票据的文义性特征。即票据当事人的权利义务关系以票据文字记载的内容为依据,不受票据文字记载以外其他内容的约束。即使票据上记载的内容与实际情况不符,该记载仍具有法律效力。票据的文义记载优先原则保护了票据流通转让过程中善意受让人的权益,提高了票据在基础交易中的信用。

信用证的相符交单原则是指信用证项下只要受益人提交了相符单据,开证行即承担不可撤销的付款责任。信用证项下开证行对受益人和被指定银行的付款独立于基础交易的履行或不履行。《跟单信用证统一惯例》[2]（简称 UCP 600）第 4 条 a 款指出,一家银行作出承付、议付或履行信用证项下其他义务的承诺,并不受申请人与开证行之间或与受益人之间在已有关系下产生的索偿或抗辩的制约。信用证是一项单据业务,信用证项下开证行的付款以受益人提交相符单据为前提条件,开证行的付款不受单据以外其他因素的影响。即使受益人提交的货物不符合贸易合同的规定,即使开证申请人拒绝向开证行付款赎单,开证行仍然必须付款,除非发生欺诈。信用证相符交单原则保护了受益人的权益,简化了信用证业务操作,避免了开证行卷入纷繁复杂的基础交易,有利于信用证业务的发展。

（四）票据抗辩制度和信用证拒付原则

票据抗辩是票据债务人以一定的事由对票据债权人的付款请求予以拒绝的行为。票据抗辩可以分为物的抗辩和人的抗辩。物的抗辩是票据债务人可以对任何持票人提出的抗辩，主要是基于票据本身的事由发生的抗辩。人的抗辩是票据债务人对特定持票人提出的抗辩，主要是基于持票人本身的事由发生的抗辩。在英美法系的票据法中，任何持票人在法律上均初步推定为正当持票人，对持票人的抗辩，抗辩人负有举证责任[3]。票据抗辩制度是为了维护票据债务人的权益，消除无因性、文义性等票据制度本身的缺陷给债务人带来的风险。

信用证项下的拒付是开证行对受益人提交的单据拒绝履行付款责任的行为。信用证拒付可以基于两个方面的原因。一是单据，二是受益人欺诈。如果受益人提交的单据不符合信用证条款和国际惯例的规定，开证行可以根据相符交单的原则提出拒付。这是信用证结算制度对开证行赋予的权利。在交易正常的情况下，开证行不得以单据不符之外的原因提出拒付。任何基于基础合同违约的拒付都不能免除开证行的付款责任。但是当交易中发生受益人欺诈行为时，欺诈例外原则适用。所谓"欺诈例外"是指当受益人的交单出现实质性欺诈时，法院必须审查信用证背后的基础交易，以确定受益人是否有欺诈行为。当有确凿的证据证明受益人存在欺诈，即使在相符交单的情况下，开证行也可以拒绝付款。欺诈例外原则是为了维护申请人的权益，消除独立性原则等信用证制度本身的缺陷给申请人带来的风险。

票据对物的抗辩和信用证基于单据不符的拒付有很大的相似性，它们都是基于票据或单据本身的行为。而票据对人的抗辩和信用证欺诈例外原则也有很大的相似性，它们都是以"欺诈"或"恶意"为前提的，都是在基础交易发生根本违约的情况下适用的。

（五）票据抗辩限制制度和信用证欺诈例外之例外原则

票据抗辩限制制度是对票据抗辩权利的限制，目的是防止抗辩权利的滥用，维护票据债权人的权益。票据抗辩的限制是对人抗辩的限制，只能针对正当持票人行使，目的是保护善意持票人，促进票据的流通转让，保证票据制度的有效实施。因为对物抗辩是由票据自身缺陷产生的，是票据债务人可以对任何持票人提出的抗辩，无论票据如何流转，这种抗辩都存在，所以不存在对物抗辩的限制。

欺诈例外之例外原则是指贸易欺诈救济不得对抗在不知情条件下议付票据的"善意第三方"的法律原则。因为银行有效地议付汇票、单据，从受益人那里购买后，就成为正当持票人，议付行作为正当持票人，其权益受到《票据法》保护，不受前手当事人任何权利缺陷的影响。即使出现欺诈例外的情况，议付行仍有权从开证行获得偿付，开证行得以免除对受益人的付款责任，但不能免除对议付行的偿付责任。

票据抗辩限制制度和信用证欺诈例外之例外原则都是为了保护交易结算中对欺诈不知情的第三方，它们适用的前提是"善意"。票据和信用证结算都遵循公平和诚实信用的原则。

（六）票据的保证和信用证项下的保兑

票据和信用证结算都可以由基础债务人以外的人为票据和信用证债务提供担保。票据的保证和信用证项下的保兑都具有独立性和第一性的特征，都有助于增强票据和信用证的信用，使权利人获得更多的保障。

票据保证是票据债务人以外的人为担保票据债务的履行而承担票据责任的行为。票据的保证以其他票据行为为前提,但票据保证行为具有独立性。根据我国《票据法》第 48 条的规定:保证不得附有条件;附有条件的,不影响对汇票的保证责任。德国《汇票法》第 31 条规定:主债务除形式上的瑕疵外,主债务虽无效,票据上的保证仍然有效。《日内瓦统一汇票本票法》第 32 条规定,保证人承担的责任与被保证人同。保证人的"担保",即使在被保证的债务因任何理由而无效时,仍属有效,除非"担保"的形式有缺陷。也就是说,持票人向被保证人行使权利时,也可以向保证人行使,保证人不拥有先诉抗辩权。保证人付款后有权向票据上的所有债务人追索。

信用证项下的保兑是保兑行对不可撤销信用证做出付款承诺的行为。保兑以信用证的开立为前提,但保兑行一旦对信用证项加具保兑,就对受益人承担了第一性的付款责任,并且在其保兑范围内享有开证行的权利和义务。UCP 600 第 8 条 c 款规定:自为信用证加具保兑之时起,保兑行即不可撤销地受到兑付或者议付责任的约束。保兑信用证的受益人既可以向开证行交单,也可以直接向保兑行交单。保兑行付款以后有权向开证行索偿。

(七)票据的法律体系和信用证的国际惯例规则

票据结算制度属于票据法规范和调整的范围。票据法是调整票据关系以及相关法律关系的法律规范。票据法律体系在国际商事法律中具有较高的统一性。票据结算制度虽然由各国票据法自主决定,但由于票据结算商事交易的性质,票据经常在不同国家、不同法律体系间流通,出于交易的安全性、便利性和快捷性的考虑,为了减少不同票据法之间的冲突,票据法领域出现了国际统一的趋势,使得票据结算更为有序、规范。除了大陆法系和英美法系两大票据法体系外,还形成了日内瓦统一票据法体系、联合国统一票据法体系。这些票据法体系对很多国家的票据立法产生影响。虽然大陆法系和英美法系这两大票据法体系还存在较大的差异,但票据结算制度的国际通行惯例已悄然形成,如票据的无因性、文义性、流通性和要式性在各国票据法中均有体现;票据行为中的背书必须出现在票据的背面;而票据承兑人必须在票据正面记载"承兑"字样和承兑日期并签章,如果承兑签章出现在背面,承兑行为无效。美国《统一商法典》被认为是英美法和大陆法逐渐接近、融合的重要标志。

信用证结算制度更多地受国际惯例的约束。作为一种约定俗成的规范,国际惯例具有很大的强制性约束力,而且是国际法的重要渊源之一。虽然国际惯例本身不是法律,不具有法律强制性,但如果当事人在合同中约定采用某个国际惯例,该惯例对当事人即具有法律约束力。某些国家的立法中明文规定了国际惯例的效力,将国际惯例纳入本国立法。在这种情况下信用证受国际惯例和本国法律的双重约束。美国《统一商法典》第五编为信用证法律的发展提供了一个独立的理论框架。美国《统一商法典》第 5～116 条(c)款指出:在 UCP 规则与第五编规定冲突时,适用 UCP 规则,但第五编的强制性规则除外。以《跟单信用证统一惯例》为代表的信用证领域的国际惯例是当前被世界各国司法界和银行界普遍接受的国际惯例。

虽然票据和信用证结算适用的规则不同,但无论是票据法律规范还是信用证国际惯例均是在长期的贸易结算实践和交易习惯的基础上形成的,另一方面这些法律规范和国际惯例的形成又对贸易结算实践起着规范和指导的作用,并且具有高度的国际性、广泛适用性和强大的约束力。从这一点来看,两者之间有很大的相似之处。

二、票据和信用证结算制度的差异性

(一)票据是设权证书,信用证是证权证书

票据和信用证都是记载或反映一定权利义务关系的文书或证明。但票据是设权证书,信用证

是证权证书。票据不仅记载权利,而且还代表权利,甚至能够创设权利。作为设权证书,票据和票据权利密不可分。离开了票据,票据权利就不复存在。票据权利不能离开票据而独立存在。他人取得票据,可因善意而享有完整的票据权利。

信用证权利义务关系不以信用证存在为必要,离开了信用证,权利义务关系仍然存在。信用证只能作为权利义务关系存在的证明,不能决定权利义务关系的有无。事实上,信用证权利义务关系在交易双方签订贸易合同,并且在贸易合同中约定采用信用证结算方式进行货款的结算时,就已成立。信用证的开立起到了证明这种权利义务关系的作用。信用证受益人即使丢失了正本信用证,也不会丧失其权利。他人即使取得了信用证,也不能享有受益人的权力(即备货装运、交单取款的权利)。信用证债权债务关系离开信用证能独立存在。

(二)票据只涉及金钱债权,信用证还涉及物权担保

票据和信用证结算都以支付一定的金额为目的。票据的持票人和信用证项下的受益人均有权根据票据或信用证上记载的金额向指定的付款人行使付款请求权。在任何情况下,票据付款人和信用证开证行履行的义务都是支付确定金额的款项。票据和信用证当事人之间的关系表现为一种金钱债权关系。票据的持票人和信用证项下的受益人根据票据和信用证取得的是货币资金,不是其他的财产或有价证券。

但是信用证业务还涉及银行对货运单据特别是海运提单的质押,而且必要时银行也会依据明示或默示的质押关系行使质权,变卖或转卖提单下的货物,因此也会涉及有关债的清偿的物权担保,并不绝对以金钱清偿为限。票据也可质押,但质押权人即使行使质权也只能主张金钱债权[4]。因此信用证除了具有结算功能和担保付款的功能外,还具有控货功能,而票据只有结算和担保功能,不能有效控制货权。

因此,商业汇票承兑和信用证开证,虽同属银行表外贸易融资业务,但其风险系数不同。根据2007 年银监会发布的《商业银行资本充足率管理办法》中"表外项目的信用转换系数及表外项目的定义"的规定,商业汇票承兑等同于贷款的授信业务,风险系数为 100%;与贸易相关的短期或有负债,主要指有优先索偿权的装运货物作抵押的跟单信用证,风险系数为 20%[5]。

(三)票据和信用证受基础交易影响的程度不同

如前所述,票据和信用证结算都与其基础交易相互分离。票据关系是一种无因关系,不受票据基础关系的影响。同样,信用证一旦开立就不受贸易合同的约束。但票据和信用证受基础关系影响的程度不完全相同。信用证只有在基础交易发生严重违约,即出现欺诈的情况下才可能受基础交易的影响。银行不愿意卷入贸易纠纷中去,法院不愿意干扰信用证业务的顺利开展,对签发止付令往往慎之又慎。基础交易发生纠纷不能影响信用证项下银行的付款。但是票据在一定程度上受基础关系的影响,票据债务人可以基础关系、原因关系不成立为由对票据债权人提出抗辩,即票据债务人可以对与自己有直接债权债务关系而不履行约定义务的持票人进行抗辩。但这种抗辩只在直接的当事人之间有效,不能针对善意的第三方,即正当持票人。

(四)票据和信用证流转的方式不同

首先,票据在银行体系外流转,信用证在银行体系内流转。票据签发后由出票人交给收款人,在银行体系外流转,容易造假。信用证在银行系统内部流转,开证行开出信用证后,由通知行审核信用证的表面真实性后通知受益人,不容易造假。其次,信用证只能转让一次,而且转让必须得到开证行的授权,并经开证行授权的银行才能转让,不能像票据那样通过背书方式自由流通转让。再

次,信用证可以部分转让,而票据必须是全部金额的转让。

三、结　语

通过以上的分析可见,票据和信用证结算虽然受基础交易影响的程度不同、流转的方式不同,但在付款原则、与基础交易的关系、对待诚信、欺诈和善意的处理原则等方面有很大的相似之处。票据和信用证结算都是基于票据和信用证本身做出的付款,都与其基础交易相分离,都是以公平、诚信交易为前提的。票据和信用证项下的拒付也都是基于票据和信用证本身或以欺诈、恶意为前提的。票据和信用证结算都不约而同地保护交易结算中对欺诈不知情的善意第三方。此外,票据和信用证结算都可以由基本当事人以外的第三方对票据和信用证结算提供担保,并且都受相关法律或规则的约束。票据和信用证结算制度最大限度地保护了公平交易和诚信善意,提高了交易结算的安全性,促进了贸易结算的发展。

参考文献:

[1] 杨继.票据法教程.北京:清华大学出版社,2007:73.

[2] 国际商会.跟单信用证统一惯例(UCP 600),2007.

[3] 赵威. 票据权利研究.北京:法律出版社,1997:92.

[4] 何家宝. 信用证与汇票法律关系比较研究.法学,2003(4):58—63.

[5] 林建煌. 品读信用证融资原理.北京:中国民主法制出版社,2011:204.

城镇化与失地农民社会融入问题探析

夏 磊

摘要：人类历史上最大规模的城镇化进程——中国的城镇化，在深刻地改变着中国社会的同时，伴随着城镇化发展进程失地农民的产生成为必然。城镇化进程中关系到失地农民核心利益的问题的并不是在城镇化的进程中他们失去了什么，而是在于城镇化进程中的他们获得了什么，基本生活是否可以得到稳定的保障和延续，是否具有与城市居民相同市民待遇等等。本文基于关系失地农民城市社会融入核心要件——社会保障的视角，探讨分析了城镇化过程中失地农民融入城市过程中遭遇的问题及其社会保障构建。

关键词：城镇化　失地农民　社会保障　社会融入

城镇化是人类走向现代文明的重要的标志，是人类社会经济发展到一定阶段的必然现象。城镇化的过程中劳动力从农村涌向城市、农村居住变为城市居住、农村人口转变为城市人口，这些都是城镇化过程中必然的客观规律。现阶段以城市建设、小城镇建设、经济开发区建设为主要推动力的城镇化建设进程全面展开，推动着我国进入城乡一体化建设的新的阶段。与此同时伴随着城镇化的进程大量的农业土地转化为非农土地，大批的农民被从他们赖以生存的土地中剥离出来，我国正形成一群为城镇化建设做出牺牲和让步的特殊"新市民"群体——失地农民。失地农民是否适应失地后新的生活方式，失地后的基本生活是否能够得到维持，作为"新市民"是否享有城镇化带来的新身份所给予的市民待遇等等，这些都是城镇化进程中的人们所关注的热点问题。

一、城镇化进程失地农民的现状

（一）中国城镇化进程总体情况

衡量一个国家或地区重要经济社会发展水平的重要标准就是城镇化水平，自建国初期至改革开放三十多年来我国的城镇化进程不断地加速，城镇化的水平不断的提升。城镇化水平的重要标志就是城镇人口占总人口的比重，1950—2010 年我国的城市人口数量不断增加，农村人口数量相应的逐渐减少，城镇化的水平稳步提升，如表 1 所示。

由表 1 可以看出 1950—2010 年，我国的城市人口由 0.6169 亿增加到 6.6978 亿，城镇化的水平也由原先的仅 11.18％迅速的上升到 49.95％，提高了 38.77％。农村人口占总人口的比重也相应地不断下降，由原先的高达 88.82％下降到 50.05％。当今世界的平均城镇化水平已超过 50％，据相关资料显示按照目前的态势,我国的城镇化水平有望在 2020 年达到 60％左右[1],届时将超过世界平均水平。

表1　1950—2010 年我国城乡人口变化概况　　　　　　　　　　　　(单位:万人)

年份	城镇人口		农村人口	
	人口数	比重(％)	人口数	比重(％)
1950	6169	11.18	49027	88.82
1960	13073	19.75	53134	80.25
1970	14424	17.38	68568	82.62
1980	19140	19.39	79565	80.61
1990	30195	26.41	84138	73.59
2000	45906	36.22	80837	63.78
2010	66978	49.95	67113	50.05

资料来源:2011 年《中国统计年鉴》整理

(二)失地农民数量增加

随着城镇化水平的不断提高,意味着城市的面积和数量将不断地扩大和增多,因此大量的农村土地将被征用。1990—2011 年我国建成城区面积由原先的 1.2856 万平方公里扩大到 4.3603 万平方公里,扩大了 3.0747 万平方公里[2]。在这些新增的建成城区面积中除了一部分是城市原有的后备建设用地外,其他大部分的土地都是在征用农村土地的基础上建成的,再加上公路的建设、高铁建设、大型的厂矿的开采、退耕还林、水利等大型工程建设的过程中也有大量的农村的土地被征用,因此我国近些年来城镇化的建设浪潮中农业的耕地面积也相应地不断减少,如图 1 所示。

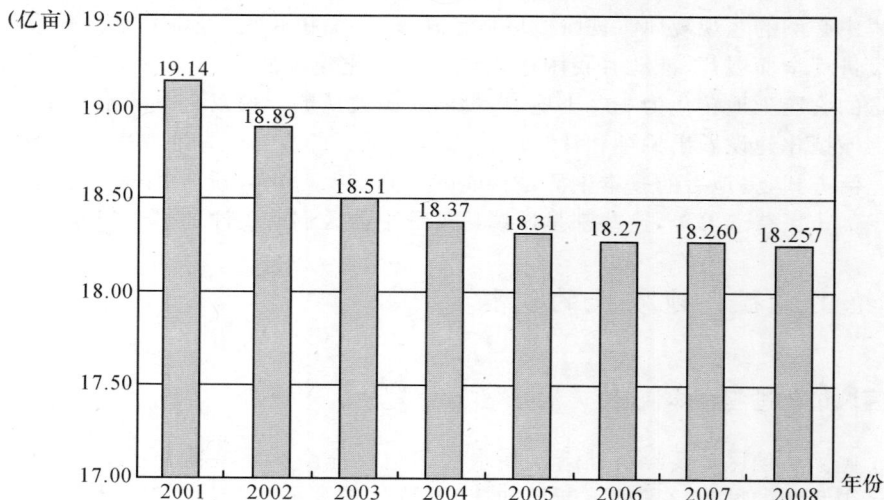

图1　2001—2008 全国耕地变化情况图

数据来源:国土资源部 2008 年国土资源公报

从图 1 可以看出 2001—2008 年伴随着我国城镇化的进程发展,我国的耕地总面积下降的趋势较为明显,由 19.14 亿亩减少到 18.257 亿亩。虽然接下来的几年我国在耕地保护方面做出较大的

---

① 中国环境与发展国际合作委员会.可持续城镇化战略课题组报告.http://www.china.com.cntechzhuanti/wyh/2008－06/24/content_15880377.htm ,2008-12-31.

② 中国统计年鉴,2012.

努力,如 2012 年,全国共验收土地整治项目 2.05 万个、整治资金 691.19 亿元,项目总规模 250.41 万公顷,新增农用地 54.45 万公顷,新增耕地 46.56 万公顷,但城镇化的过程中充足持续的土地资源的供应是不可避免的,我国的城市的扩张和建设中每年都会有大量的土地转变为建设用地,截至 2012 年底全国批准建设用地 61.52 万公顷,其中转为建设用地的农用地 42.91 万公顷,耕地 25.94 万公顷,如图 2 所示。

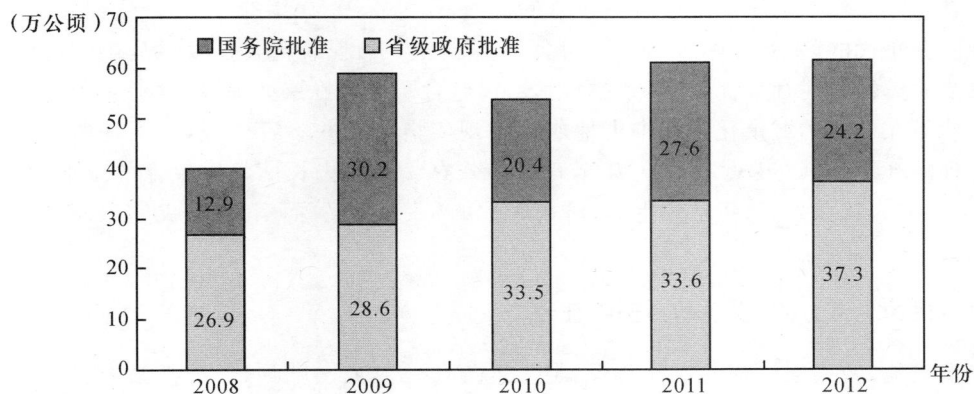

图 2　2008—2012 年我国批准建设用地情况

资料来源:2012 中国国土资源公告

　　如上所述,城镇化进程中大量的土地被征用变为建设用地,其中大部分来自农业用地,随着可预见的城镇化水平的不断提高将有越来越多的农村土地被征用,大批的农民将被从土地上剥离出来,失地农民群体的规模将不断的壮大,《全国土地利用总体规划纲要》提到,从 2000 年到 2030 年这 30 年间,我国各类型的建设用地占用农用耕地将超过 5450 万亩。根据国土资源部统计显示,每征一亩地将造成 1.4 个失地农民,这就意味着到 2030 年我国的失地农民将增至 1.1 亿人。[1] 由于失地农民与土地的天然属性,在这些失地农民中有很大一部分在失去土地以后将面临失业的状态,因此失地农民权益的保障在很大程度上关系到社会的稳定和社会主义和谐社会的建设。

(三)失地农民属性及角色定位

　　农民与土地之间的关系是决定农民自身属性特点的重要方面,土地对于农民的意义和价值体现在两个方面:一是基本生产资料;二是基本的生活保障。[2] 土地自古以来就是农民必不可少的生产资料,从封建社会的土地制度到土地革命时期的土地政策,新中国成立以后的土地改革到后来的家庭联产承包责任制,土地和农民都有着天然的血缘关系,作为农民最基本生存的手段而存在。当土地产出成为农民日常生活唯一来源,且社会保障制度还没有太多的惠及到农民群体的时候,土地便成为了农民维持基本的生活保障的唯一手段,因此土地对于农民有着重要的意义,特别是在现有的城乡二元结构的背景下。

　　城镇化致使土地等要素向工商业集中,农村人口向城镇集中,日常的经济文化生活将围绕城镇为中心展开,对于失地农民来说其最大的属性就是脱离了原有的土地、土地衍生的生活方式以及附属在土地上的权利和义务,怎样逐渐适应和参与城镇经济文化生活的过程。在这个过程中失地农民通常被定位为弱势群体的角色,因为在城镇化的过程中往往出现"重地不重人,要地不要人"的现象,政府和开发商从自身的利益出发考虑的是财政收入和公司利润,这些都是附着在土地上的利益,而作为失去土地的农民由于自身维权意识淡薄、过于注重眼前的利益以及政府的强行的行政干预等以较低廉的交换条件让出土地。所以说失地农民在社会上是属于弱势群体的角色,在生存状况和关系到生存的重要资源的分配方面处于弱势的地位。

二、失地农民融入城市社会的困难与阻力

农转非,"跳出农门"农民成为"市民",按照常理来说农民在失去土地以后,应该得到与土地价值相应的补偿以及作为城镇居民所应该享有的待遇,如日本 1959 年的《国民健康保险法》《国民年金法案》到 60 年代的《生活保障法》,美国国会 1935 通过的社会保障立法及以后的多次修订都有将失地农民或农民覆盖在社会保障的范围之内,不仅包含了经济性层面保障,也包含了生活层面的社会保障。然而在中国的城镇化过程中失地农民的现实情况却并不容乐观,并不是所有的失地农民都得到合理的补偿和其"市民"待遇。甚至有一部分农民在失去长期赖以生存的土地后,面临着生活质量下降,成为就业无岗、生活无保障、种田无地的"三无农民"而不是"市民",一度徘徊在城市的边缘地带。

(一)市民的生活方式,农民的身份特征

失去了土地,便失去了建立在土地基础上的生活方式,衣、食、住、行等都集中在城市经济文化圈以内,失地农民因城镇化改变了原有生产生活的环境和条件,从而引起了生活方式的连锁变化,其主要表现为职业、生产工作、个人消费、角色心理以及政治、文化、生活等方面的变化[3]:独门独户居住方式,使农村的邻里间的社交格局被打破;生活资料基本上来源于市场消费,相比原有农村的生活方式,城市生活的成本大大提高;接触的信息增多,文化氛围迥异;工作的不稳定性、不确定性、流动性增强等等。

但是与此同时,在城乡二元结构的背景下"新市民"却依然有着农民的身份特征,被动"市民化"却没有市民身份相符的市民待遇,徘徊在市民与农民两角色群体之间。如居住、生活方式上属于"市民",但在具体的市民待遇上却采取双重的标准,如安徽省某县在关于失地农民养老保险政策中规定三档发放标准:个人缴费 6600 元的,每人每月发给 160 元,其中基础养老金 105 元,个人账户养老金 55 元;个人缴费 3600 元的,每人每月发给 120 元,其中基础养老金 90 元,个人账户养老金 30 元;个人未缴费的,每人每月发给基础养老金 80 元。以最高档缴费,每月领取的养老金依然偏低,且规定中支出一经选定不得更改,这对于没有了土地经营收入的农民,特别是已经年满 60 的老年人来说,城市生活这样的养老金怎样养老,只能贴补日常生活支出的一部分,明显的低于同期的城镇居民最低生活保障标准。

(二)单一的"授之以鱼"的安置补偿方式

补偿安置方式单一,虽然近些年来对于失地农民的安置的方式上有了许多新的创新,如住房安置、入股安置、二三产业安置、土地置换安置等,但在实际的操作过程中政府更倾向于一次性的货币安置,原因是方法易、速度快、效果好,在施行的过程中出于对眼前的经济利益考虑易被农民接受,政府在强调财政收入的动力下也乐见其成。《中华人民共和国土地管理法》中规定:"征收耕地的补偿费用包括土地补偿费、安置补助费以及地上附着物和青苗的补偿费。征收耕地的土地补偿费,为该耕地被征收前三年平均年产值的六至十倍。"①可见货币安置是在可预见损失的基础上的一种经济补偿,这种补偿的方式显然是必要的,在我国城镇化进程快速推进中确实发挥了积极的作用,但也要清楚地认识到对于失地农民群体来说,现行的货币补偿的机制的确水平低、不全面、易波动,难

---

① 中华人民共和国土地管理法:第四十七条。

以解决失地农民城市融入中的许多问题。

有限的安置资金,不可能像土地那样为农民再支撑起一个可持续的生计保障。由于失地农民中的大多数文化、技能等方面的素质较低,很难在城市中找到工作,且从事的工作零散、稳定性差、无保障,甚至失地进入城市后收入不增反跌,如表2。安置补偿的有限的资金可能在不可预知的消费中逐渐被耗尽,如赌博、吸毒、治病、投资失败等等,再加上通货膨胀、CPI指数的不断攀升、城市生活成本的不断提高,有限的资金,无限的消费。这些使得失地"新市民"的市民生活过得并不轻松,长远的生计很难维持。

表2 部分省区失地农民人均年纯收入变化情况(2003—2004) （单位:元）

项目	广东	辽宁	河南	江西	云南	宁夏
失地前	3399	3338	1301	2549	1528	2361
失地后	3623	3515	1045	2409	1131	2156
增加比例(%)	6.59	5.3	−2.5	−5.5	−26	−6.29
减收户数(户)	39	36	—	75	80	—
所占比例(%)	39	36	—	75	64	—

资料来源:李强,王大为等.城镇化进程中的重大社会问题及其对策研究.北京:经济科学出版社,2009:234.

(三)失地农民社群隔离的边缘化现象

失地农民的社群隔离[①]主要体现在失地农民在进入城市以后由于制度、文化、生活习惯、经济收入、素质等方面的差异,与城市的经济文化生活逐渐产生一定的距离,与市民群体之间产生隔阂、疏远、离散、排斥甚至敌对的现象。

以安徽省某县城西经济开发区建设的失地农民为例,失地农民被统一安置于城西开发区的失地农民安置小区内,该小区位于县城西面的城乡结合部位置。生活环境方面,整体的人居环境呈现"脏、乱、差"的特点,小区物业责任缺失,随处可见乱扔的垃圾,小区外围垃圾成堆没有及时处理;小区绿化带被踩踏或开垦为菜地毁坏严重,车辆乱停乱放现象普遍;公共基础设施差,没有娱乐健身或商业设施,失地农民平时扎堆聊天打牌或赌博现象成风。这与一站公交车距离的众发名城商品房小区整体环境有着天壤之别。经济收入方面,庐江县是农业大县,农民的收入以农业收入为主,农民在失去土地除一部分外出打工外,大部分选择本地择业或做一些小本生意。由于受年龄、文化、技能等多方面因素的影响,就业的能力比较弱,即使就业后从事的也是一些周期短、替代性强、可持续性差的工作,工作极不稳定,随时有失业的可能。所以除了失地的货币补偿外,增加家庭收入的压力大,甚至出现收入下降的情况。社交心理方面,农村基本上是熟人社会或是半熟人社会,建立在亲缘、血缘和地缘的基础之上,在失地进入城市生活状态后这样的社交网络依然存在,形成了一个市民社交圈隔离的较为独立的社交圈。在长期二元社会结构的影响下,城市市民对"农民群体"有着一种刻板的印象,对于失地"新市民"也有着较为抵触的情绪,认为"乡里人"、"乡下人"素质低、爱打牌喝酒、乱扔垃圾等等。由于失地农民处于弱势的经济和社会地位,再加上城乡间的生活文化冲突,以及自己所谓市民身份不对称的市民待遇,这些都使得失地农民缺少市民生活中的互动,与市民普遍存在疏离排斥感。

---

① 社群隔离:社会群体之间由于政治地位、经济收入、语言、种族、文化等社会差异,而导致的社会群体间隔阂、疏远、离散、排斥甚至敌对的现象。

(四)"新市民"身份的社会保障缺失

在城市城镇化的进程中,失地农民是继"市民"、"农民"、"农民工"由制度和文化建构成的第四种身份群体。在这个建构过程中,城市政府成功地将城乡二元的社会结构移植、复制于城市内部。凭借既有的户籍制度,在现有的二元社会结构下,失地农民成为事实上的"城市里的非城市人",即制度意义上的"非市民"。[4]正是这种制度的惯性的移植、复制导致了"失地新市民"社会保障的缺失。

失地农民在进入城市后要从生活方式、价值观念、生产方式、消费方式等方面对新的生活慢慢适应,是具有镇痛的缓慢蜕变过程,这一过程需要较长时间的磨合期,必然面临着各种各样的风险,如失业、疾病、事故等。因此要使得失地农民能够顺利的融入城镇生活,就必须寻找合适的替代物来代替土地所具有的保障功能,这个时候社会保障体系的作用就显得尤为重要。但是在实际的操作过程中,失地农民的社会保障问题并不容乐观,在制度的实施过程中或多或少的由于受到城乡二元结构下的制度惯性的影响,随着"新市民"的入住将城乡之间差别对待的政策复制移植到了城市的内部。在这个过程中由于对待失地"新市民"政策中社会保障的功能缺失,阻碍了城镇化的进程,甚至出现了畸形的"逆城镇化"现象,如有部分农民由于生计问题不得不出租或卖掉市区房屋,返回农村生活,这样的城镇化的效果将大打折扣。

三、构建农民融入城市的社会保障体系

完善失地"新市民"的社会保障功能是城镇化进程稳步推进的必然要求,也是实现社会公平的重要体现。虽其有介于农民与市民之间身份特殊,但他们失去了土地,成为了城市的居民,理所应当应该享受市民身份一致的各项保障待遇。要构建和完善多层次保障体系,从而保证"新市民"的城市融入和城镇化进程的顺利推进。

(一)拓渠道,探索多元的安置方式

货币安置虽然在初期效果明显,但从各地实施的过程中来看问题也在不断的暴露,从长远来看是一种低水平的生活安排,极易滋生新的问题,如养老、医疗、失业等方面。因此在货币安置的基础上根据实际情况拓展新的安置方式显得尤为重要,对保障失地农民的生产和生活具有重要的意义。随着城镇化的不断发展,制度理念的不断地创新,在各地实践的过程中构建了各具特点的安置方式。如入股安置,将农民土地的使用权作价转化为股权,参与到征地建设的项目中去获得项目经营利润的红利分配,使之成为失地农民的稳定的收入来源;安置用地,向被征地的农民发还一定的土地,作为用发展二三产业,从中获得租金收入或者经验收入,以满足生活的开支;就业安置,在征用土地时本着"谁征地,谁负责"的原则,由征地的企业负责失地农民的生活保障和工作安排等等。

(二)保基本,保证基本的生活保障

保障失地农民的基本生活,特别是对初期进入城市生活的失地农民很有必要。由于失地农民无技术、无文化、无土地,初期城市生活经验和能力缺乏,只出不进的消费模式致使有限的补偿金不能解决长远的生计问题。因此要深化户籍制度的改革,冲破城乡二元结构在城市内部的复制,将失地农民真正地纳入到城市最低生活保障中来,在具体操作农转非人口的社保问题时不能制定一刀切的政策,要充分考虑到失地农民基本生活的维持,考虑到城市社会保障制度体系与农村社会保障制度体系的合理过度。如浙江金华市建立的旨在保障失地农民基本生活的生活保障模式,该模式

保障水平定位于基本养老保险与城市最低生活保障之间。在实际的操作中不要求整齐划一,缴费标准分为四个档次,待遇标准也随档次的提高而提高,其中保险费用由政府、村集体、个人合理的分担。

(三)增权益,增加市民身份的待遇

虽然随着城镇化的加快,越来越多的农民在这个过程中"跳出农门"拥有了城市的户口,但要使失地农民真正地融入城市生活需要另一个增权"城镇化"的过程。失地农民要真正地成为市民,不仅仅只是居住方式、生活方式、消费方式等方面的城镇化,更重要的是在这个城镇化的过程中他们得到了什么,是否获得与城市居民相同的身份待遇和社会保障待遇,如养老保障、医疗保障、失业保障等。因此在城镇化发展的政策制定过程中不应该将失地"新市民"与城市居民割裂起来考虑,形成制度性的隔离。在这个过程中更多考虑的应该是城乡政策的对接,由农民到市民权益的增加,而不是把失地"新市民"政策性的隔离于城市与乡村之间,造成安置失地农民过程中和安置之后各种矛盾重重。如安徽省庐江县在新一批的失地农民安置中总结了之前安置中的经验教训,在住宅安置时灵活地采取安置住房与商品房放在同一高层楼盘的方法,并完善了周边的公共设施,使城乡间政策的衔接也趋向人性化。

(四)重发展,拓宽就业保障的渠道

农民的主要生产方式和收入来源都与土地息息相关,失去了土地就失去了主要的收入来源,生产方式也不再具有经济价值。城镇化的过程应该是整体生活质量和水平不断提高的过程,失地农民作为城市居民应该共享城镇化带来的成果,而不是由于因城镇化失去土地后而收入水平下降或者返贫。因此在失地农民安置的过程中政府的引导作用显得尤为重要,除了在拆迁补偿上做出安排外应加强对失地农民文化、技能、心理等方面的综合的培训,提高失地农民自身的素质,提升劳动力市场上的竞争力,积极地拓宽进城失地农民的就业渠道,并鼓励非政府机构的积极参与。如考虑给以政策优惠引导失地农民自主创业,自谋职业;积极地开展招商引资的工作,充分结合企业和失地农民的双方优势;给雇佣失地农民时企业给予相关税费的减免;积极做好农民职介工作等为失地农民进城就业生活做好准备工作。

参考文献:

[1] 纪宝成,杨瑞龙.城乡统筹发展中的中国三农问题.北京:中国人民大学出版社,2005.

[2] 刘子操.城镇化进程中的社会保障问题.北京:人民出版社,2006.

[3] 阎占定,向夏莹.城镇化过程中失地农民生活方式变化特点分析.中南民族大学学报,2009(6):81—84.

[4] 刘杰,王星.从隔离走向融合:失地农民社群隔离现象的破解.甘肃行政学院学报.2010(4):34—36.

人文艺术篇

王鏊与李东阳交恶始末考

刘俊伟

摘要:王鏊与李东阳同为明代中叶著名的政治家与文学家。虽然二人在翰林院与内阁做过长期的同僚,但二人的关系并不融洽,特别是王鏊对于李东阳十分厌恶,评价极低。本文主要探究了王鏊与李东阳交恶的始末,由于二人在性格等方面的差异,导致了王鏊对李东阳的一些所作所为非常不满,最终造成了二人的决裂。

关键词:王鏊　李东阳　交恶

王鏊与李东阳同为明代中叶著名的政治家和文学家。

王鏊(1450—1524)字济之,号守溪,世称震泽先生,苏州府吴县洞庭东山人。成化十年(1474)乡试解元,成化十一年(1475)会试会元与殿试探花。从成化十一年初授翰林院编修始,至正德四年(1509)致仕回乡止,王鏊在朝为官长达三十多年,历侍宪宗、孝宗、武宗三朝,在他仕途的最后三年还曾入阁,成为三名掌握大权的大学士之一。他在文坛的地位也是十分显赫的。首先,他的制义对后世影响巨大。俞长城称之为"制义之有王守溪""更百世而莫出者"①,万斯同《明史》则称他"少年善制举义,后数典乡、会试,程文为一代冠。取士专尚经术,险诡者一切屏去,弘、正间文体一变,士习以端"②。其次,王鏊在朝和归乡期间,与吴地的文人组织了许多团体,虽然这些团体相对松散,但他对于吴中文人如文徵明、唐寅、祝枝山、蔡羽、陆粲、王守、王宠等都或多或少有过影响。再次,王鏊文章早年学习三苏,后来则学习韩愈乃至孟子、《左传》,其诗歌创作各体兼备,尤擅律诗,正体现了明代复古思潮的渐渐兴起,成就并不在前后七子之下。

李东阳(1447—1516)字宾之,号西涯,本湖广茶陵人,洪武初其先人以戎籍隶燕山左护卫,后改金吾左卫,遂为京师人。他自小便以神童称,受到景帝多次接见,并送到顺天府学学习。天顺六年(1462)十六岁即中顺天乡试,八年(1464)十八岁又中进士二甲第一,入翰林院为庶吉士。授编修,历官侍讲学士、左春坊左庶子兼侍讲学士、太常少卿兼侍讲学士、礼部右侍郎兼侍读学士。弘治八年(1495)以本官入阁,参与机务,十一年(1498)晋太子少保、礼部尚书兼文渊阁大学士,十六年(1503)晋太子太保、户部尚书兼谨身殿大学士,十八年(1505)加柱国、少傅兼太子太傅,正德元年(1506)晋少师兼太子太师、吏部尚书、华盖殿大学士,五年(1510)加左柱国,七年(1512)致仕,卒,赠太师,谥文正。③

王鏊与李东阳虽然资历不同,但二人在翰林院与内阁曾经长期为同僚,从二人文集中的往来诗

---

① (清)俞长城编.可仪堂一百二十名家制义·王守溪稿(卷首).文盛堂、怀德堂本,清乾隆三年(1738).
② (清)万斯同.明史(卷二百四十八)王鏊传.据清抄本影印.续修四库全书(第328册).上海:上海古籍出版社,2002.
③ 李东阳生平主要见杨一清《特进光禄大夫左柱国少师兼太子太师吏部尚书华盖殿大学士赠太师谥文正李公东阳墓志铭》、《明武宗实录》卷一百三十九"正德十一年七月己亥"条与张廷玉《明史·李东阳传》。

文来看,关系也算融洽。① 可是现在流传下来的王鏊的文章与笔记中却处处流露出对于李东阳的厌恶,这种厌恶甚至超过了太监刘瑾与阉党焦芳。

王鏊在《震泽纪闻》中把李东阳描绘成一个善于笼络人心为他张目、因贪恋权位而攀附奸佞之人,用语刻薄,不留情面。

> 东阳以文学负大名,性善因事弥缝将顺,又能以术牢笼士类,使出门下。士之有才艺而好名者多归之。朝有美政,则为扬于外,曰:"非西涯不能为。"有不当,则曰:"西涯争之不能得。"正德初,诸大臣叩阙欲去嬖幸八人。中官以上命日至阁,议可否。刘、谢争之强,忤旨皆去位;而东阳嗫无一言,遂独被留。刘瑾初得政,亦不满之,必欲其去,鏊等固留之,乃止。瑾独不能平,乃出其所修《纂要》示朝臣曰:"恶用是为? 当时执政欲为援引私人,假此为名耳!"又属文华殿侍直诸人,使指摘疵谬,以是大困,曰:"吾智力俱竭矣!"谋之焦芳,芳为言于张綵,綵为纳款于瑾,稍得自安。自是一意奉瑾,每四方奏疏入,将批答,必先问曰:"上面意云何?"有重大事难处者,命堂后官抱至河下问瑾,得瑾者,然后下笔,于是瑾大悦焉。……及鏊去位,东阳留自若;瑾败,亦自若。于是,始不为公论所容。……南京吏部侍郎罗玘,其所取士也,曰:"吾不复为公门下士也。"贻之书……东阳得书甚惭,然犹不退。御史张芹劾之曰:"使逆瑾事成,则传位之诏当出诸怀中矣。"有无名子投之诗云:"日暮湘江春草绿,鹧鸪啼罢子规啼。"(鹧鸪言"行不得",子规言"不如归去"。)一日内竖有求不遂,至阁中大诟曰:"汝欺人多矣! 汝每称病求退,必先乞哀于中,得旨不允。明日,上不我听也。此路人所知,将谁欺乎?"愧无所容,始求去云。②

嘉靖二年(1523)春,王鏊送女儿往镇江完婚,在杨一清府上读到了杨为李东阳所作的墓志铭,气愤难当,回家之后又作了《读李文正墓志》一文对杨志中所列举的李东阳在正德初年的所谓功绩逐条进行了驳斥。

> 右志文,大学士杨一清所撰。一清亦湖广人,少亦以神童举,二人最相得相似,而才华清俊,一清不及也,然二人同心推挽,互相标榜而善钩引笼络之术,故多士亦翕然称之,其为此志最所加意者。称誉过情,固铭志所不免,然亦必据事实,若夫以有为无,以无为有,则将谁欺乎? 凡志所称,余未入阁之先不及知,余既归之后亦不及知,惟是同事之时而驾虚凿空则不得不与之辨。……大抵李公在内阁几二十年,因事纳言,周旋粉饰不可谓无。至瑾用事,一切阿奉,又何正救之有哉? 及瑾败,乃令有司查革,何前谀之而后革之也? 其作瑾碑文,立齐化门外,自比剧秦美新,瑾败乃先首实,谓瑾传旨使为之,则又欺之甚矣。③

杨一清与王鏊关系良好,王鏊归隐之后还曾专门献诗贺寿,为了揭露李东阳的所谓恶行,王鏊连杨一清也一并进行了抨击。

此外,在王鏊的其他著作中也不时可以见到对于李东阳的不满与讽刺。如他在《震泽长语·国献》中抱怨"官由翰林者,皆得谥'文',文不以人而以官,已不免外议,定谥出于秉笔一二人,或以好恶参其间,又不闻有驳正之者","何以服天下,信后世哉"④,明显针对的就是时任内阁学士的杨一清为了报答李东阳曾经的救命之恩,力主给李东阳谥号"文正"之事。又如他在《震泽长语·官制》

---

① 李东阳《怀麓堂集》卷十三有为王鏊之父王琬寿辰所作的《林屋养高》,卷六十二有为王鏊父王琬所作的《封右谕德静乐先生八十寿诗序》,卷七十有《与王公守溪书》,卷七十四有《跋王守溪所藏古墨林卷》;王鏊《震泽先生集》卷二有《李学士释服诸公有诗趣入史馆因次》,卷三有《程、李二学士承命教庶吉士》。另外,在他人的集子中也多有二人共同参加宴集活动的诗文。

② (明)王鏊.震泽纪闻(卷下).李东阳.清道光四年陈璜据嘉庆张海鹏刻借月山房汇抄版重编补刻,国家图书馆藏清陈璜编,泽古斋重抄.

③ (明)王鏊.震泽纪闻(卷下补)读李文正墓志.

④ (明)王鏊.震泽长语(卷上).清道光四年陈璜据嘉庆张海鹏刻借月山房汇抄版重编补刻,清陈璜编,泽古斋重抄.

中云:"刘瑾虽擅权,然不甚识文义,徒利口耳。中外奏疏处分,亦未尝不送内阁,但秉笔者,自为观望。本至,先问此事当云何、彼事当云何,皆逆探瑾意为之。有事体大者,令堂后官至河下问之,然后下笔,故瑾益肆。使人人据理执正,牢不可夺,则彼亦不敢大肆其恶也。"①明显是讽刺李东阳对刘瑾的纵容导致了他日后的飞扬跋扈。其他如《震泽长语・官制》中提到"正德初,刘瑾权重,西涯欲尊之,特设一榻于凳之上"②,《谪解》中提到"且夫患得患失,老而不止者,贪夫之为也"③,张本《五湖漫闻》中引述王鏊的话,称"西涯自为翰林后,不能专精史籍,其为主试时,以策问七道示余,内中舛误处颇多"④,无不暗含讥讽。

由于王鏊在内阁曾经与李东阳共事三年多,许多事情都是他亲身经历,因此他对于李东阳的评价有些确实比较准确、真实,可以补正史之失,但是有些却颇为荒唐,完全是忿恨之下的臆想之词。如《震泽纪闻》中曾经提到李东阳与陆简、张昇由于年资浸深却淹滞不进,"于是三人合谋自内传旨各进官"⑤,李东阳得以专管诰敕,并以此作为跳板随后进入了内阁。对于此事,《明孝宗实录》中有明确记载。

> 弘治七年八月……己巳……内阁大学士徐溥等奏:"文职诰敕原系内阁掌行。……今惟太常寺少卿见翰林院侍讲学士李东阳文学优赡兼且历任年深,乞量升一职,令在内阁专管诰敕,庶委任专一,事不稽误。"得旨:"李东阳升礼部右侍郎兼翰林院侍读学士,专管诰敕;日讲官少詹事陆简升詹事府詹事兼侍读学士;程敏政太常寺卿,左庶子张昇少詹事,俱兼侍读学士,照旧办事。"⑥

由此可见,李东阳能够专掌制诰实乃徐溥所荐,并经孝宗批准,考虑到李东阳曾经担任过孝宗的老师,这样的任命并不意外。即便李东阳有巴结、甚至贿赂徐溥的行为,王鏊又何尝没有做过相同的事情?另外,虽然陆简、张昇都是急于功名之人⑦,但他们与李东阳合谋从宫内传旨升官一事也太过离谱,因此,王鏊出于嫉妒心理而捕风捉影、夸大其词的可能性很大。

又如王鏊在《读李文正墓志》一文中以当事人的身份力证杨一清所云李东阳正德初曾经上疏救人、辞宴等事为非,但内阁当中收藏的原始奏疏记录与《武宗实录》的记载却都印证了杨一清的说法。难怪王世贞在读到王鏊所作的《读李文正墓志》一文时不禁感叹:"文恪与西涯有隙,不无过于攻驳,然亦少足证谀墓之过。余既以王文恪所辨李文正墓志为董狐之笔而志之矣,考国史乃有大不然者。……按,二疏载之内阁,纪之《实录》,岂有伪理?而文恪则谓身与同事,证其必无,此最不可解。岂李公预忧身后,作此掩覆计耶?不然,王公岂耄而忘之,抑其恨李公之甚?但知行状之可驳,而以阁藁、《实录》俱秘书,人不得而见之耶?二公之不得为君子,必居一矣。"⑧

王世贞是王鏊的苏州同乡,其祖父王倬又与王鏊有所交往⑨,但是连他也不得不对王鏊的动机产生了怀疑。平心而论,就整个事件来说,李东阳与杨一清合谋伪造内阁文件的可能性极小,倒是王世贞所言王鏊恨李东阳之甚恐怕才是问题的关键所在。

---

① (明)王鏊.震泽长语(卷上).
② (明)王鏊.震泽长语(卷上).
③ (明)王鏊.震泽先生集(卷三十四).浙江大学图书馆藏,明嘉靖刻万历鹤来堂印本.
④ (清)王熙桂主修.太原家谱(卷二十八).据1911年铅印本影印,中华族谱集成.成都:巴蜀书社,1995.
⑤ (明)王鏊.震泽纪闻(卷下)李东阳.
⑥ (明)李东阳、焦芳、王鏊等总裁,毛纪、傅珪等纂修.明孝宗实录(卷九十一)"弘治七年八月己巳"条,影印原北平图书馆藏红格本校勘本,台湾"中央研究院"历史语言研究所,1962.
⑦ 明孝宗实录(卷九十六)"弘治八年正月壬辰"条云:"(陆简)少有俊才,颇不自检制,晚益矜持,自负当远到。既久滞不显,益多郁抑。"雷礼《国朝列卿纪》卷四十一《礼部尚书行实・张昇》云:"(张)昇以刘吉抑己,因天变劾奏……"
⑧ (明)王世贞.弇山堂别集(卷二十九)史乘考误十.影印《文渊阁四库全书》本(第1279—1281册),台北:"商务印书馆",1986.
⑨ 王鏊曾为王倬作《通议大夫南京兵部右侍郎王公神道碑》,见《震泽先生集》卷二十三。

　　为何王鏊对李东阳会有如此强烈的反感呢？我认为主要原因还是在于二人性格上的巨大差异。

　　王鏊性格戆直孤傲，一直严格按照儒家的道德规范行事，并以此作为评判他人的标准。儒家要求士人应当坚持真理、正道直行，"儒……可杀而不可辱"（《礼记·儒行》）、"三军可夺帅也，匹夫不可夺志也"（《论语·子罕》），不能为了荣华富贵丧失自己的气节，"富贵不能淫，威武不能屈，贫贱不能移"（《孟子·滕文公下》），而在王鏊心目中李东阳却是一个圆滑世故、随世俯仰之人，"性善因事弥缝将顺"，他因为贪恋权位，不惜对刘瑾极尽阿谀奉承之能事的行为尤为王鏊所不齿。

　　除此之外，二人在其他方面也迥然不同。李东阳素负文名，性格诙谐幽默①，平易近人，天下士子争欲出其门下，而王鏊生性"謇讷"②，为人孤傲，"不妄交人，人亦无肯与交"；李东阳年少即为"神童"，天资聪慧，博闻强识，而王鏊"其才则庸"③，完全靠的是长期的苦读和反复的记诵。这些差异带来的某种心理上的不平衡也会或多或少地增加王鏊对李东阳的厌恶。

　　而这种厌恶情绪的总爆发，可能还在于李东阳正德五年（1510）写给王鏊的一封回信。

> 　　自接迹台阁四三年来，饮醇抱清，赖以不堕，汗浊者多矣。扰乱之怀，近益加甚。亟欲乞身辞退，而横惟羁绊。……久疏候问，亦坐初心日负，无辞以相白耳。比闻尊候未调，旋已勿药，不胜忻慰。④

　　当时王鏊归隐不过一年有余，他在这一年的早些时候曾经托人致信李东阳以示问候。王鏊的原信已经不存，但从李东阳的回信中我们不难看出，当初由于形势险恶，李东阳曾经与王鏊有过约定，一同致仕归隐，但随着正德五年刘瑾的倒台，李东阳却反悔了，他在信中以"横惟羁绊"作为托辞，并对"初心日负"表示了歉意。性格刚直而"其量则隘"⑤的王鏊不会看不出李东阳的真实想法，他显然被李东阳违背初衷、贪恋权势的行为激怒了，在他之后的著作中便开始了对李东阳的持续抨击。

　　王鏊与李东阳同为正德初年的内阁大学士，二人在刘瑾与焦芳狼狈为奸、荼毒缙绅之际一同做了许多弥补挽救的工作。面对凶虐日盛的刘瑾，最终王鏊选择了归隐田园，而李东阳则选择了留下来继续虚与委蛇。对于二人的去留到底孰是孰非，历来众说纷纭。王鏊在归田之后写了《谪解》⑥一文专门对自己致仕归田的举动进行了辩解。

　　在文章的开头，王鏊通过燕客之口，对自己归隐的行为提出了诘问："盖闻士之生也，皆欲有为。……大夫致身黄阁，秩跻一品，位列三孤。……斯时也，不闻有所建明用励，相我国家。一旦括囊卷而怀之，自遁荒野，上负九重之知，下孤四海之望，意者其有遗行乎？窃为大夫不取也。"

　　这是当时大多数人对王鏊归田的看法，他们批评王鏊只顾保全个人的名节，而放弃了对于国君和百姓的责任。"方正德之初，故老相继去国，天下事未有所付，而公又以正去，于己则得矣，其如天下何？故有隐忍以就功名者，君子与之。"⑦"近世通儒之论于逆瑾之际，咸谓王文恪之勇退不若李文正之委蛇，默夺潜销，使天下阴受其福而不知也。"⑧黄景昉在《国史唯疑》中更是直言不讳地批评王

---

① （明）王鏊.震泽纪闻（卷下）善谑.

② （明）王鏊.震泽先生集（卷十三）春秋词命引.

③ （明）王鏊.震泽先生集（卷三十二）自赞.

④ （明）李东阳.怀麓堂集（卷七十）与王公守溪书.影印《文渊阁四库全书》本（第1250册）.台北："商务印书馆"，1986.

⑤ （明）王鏊.震泽先生集（卷三十二）"自赞"条.

⑥ （明）王鏊.震泽先生集（卷三十四）"杂著"条.

⑦ （明）文徵明.甫田集（卷二十八）太傅王文恪公传.影印《文渊阁四库全书》本（第1273册）.台北："商务印书馆"，1986.

⑧ （明）文震孟.姑苏名贤小纪（卷上）王文恪公鏊.据北京图书馆藏，明万历四十二年文氏竺坞刻，清顺治九年，文然重修本影印，《续修四库全书》本（第541册）.上海：上海古籍出版社，2002.

鉴"始终在逆瑾擅权中,虽寡疵类,度所匡救无几,究完保身名,知当时议论犹宽,或差贤于同流合污者"①。

对于燕客的批评,王鏊在文章中诚恳地表示接受,但是强调自己也是形势所逼,迫不得已而为之。

> 子之所睹者,时也;所昧者,势也。……且夫强弱,势也;难易,时也。为可为于可为之时,易;为可为于不可为之时,难!……於乎!上下之不交也,久矣!以明主在上,人思效忠,使得赐清宴之间,承宽和之色,发愤懑舒胸臆,图安危于掌上,列是非于阶前,上以安社稷,下以庇苍生,谁独无志乎?而动则关格,狐凭城以献妖,蛇当道而肆螫。君之求治甚急也,有障焉,莫通于下;臣之纳忠甚切也,有障焉,莫达于上。……如之何其可也!

王鏊说得相当沉痛,他在正德元年(1506)作的《时事疏》中已经预见到"上下不交"将会带来巨大的危害,建议武宗将"延下"作为最紧迫的工作之一。然而,当时他为了明哲保身并没有将奏疏呈上,结果武宗依旧我行我素,最终被刘瑾所蒙蔽,与臣下越来越疏远,而他自己也因为抱负无法施展而被迫致仕。

接下来,王鏊在文章中又借燕客之口,提出了另一种选择。

> 吾闻之,道无常体,与时委蛇,知者能因时以为势,随势以为功。因时为势则难者易,随势为功则弱者强。……小人在位,吾力能去乎,则乘倾否之势如王猛之于秦;不能去乎,姑示包荒之量,如子产之于郑。则亦何能为哉?四凶在朝,不害唐尧之治;三竖在侧,不废管仲之功。

这里指的正是李东阳的选择。在刘健、谢迁双双罢退时,在王鏊致仕归田时,他都选择留了下来,继续虚与委蛇。因为李东阳立朝长达五十多年,在内阁也有十八年,为人风流儒雅,平易温和,以"文章领袖缙绅"②,"门生半四方,凡经指授者多有时名"③,所以后人在评论他正德初年的表现时故意突出其弥补挽救之功,而避谈其贪恋权势,未决去就之过。如杨一清在为李东阳所作的墓志铭中就称赞道:"更化以来值权奸用事,随事应变,所以解纾调剂、潜消默夺,天下阴受其赐者,公不自言,而人亦或鲜知之。是时,微公,衣冠之祸,不知何极也!"④《明武宗实录》也评价说:"东阳随事弥缝,去太去甚,或疏论廷辩,无所避忌,所以解纾调剂,潜消默夺之功居多,否则衣冠之祸不知何所极也。或者乃以其依违隐忍,不即决去非之,过矣。"⑤

但是,王鏊对李东阳的行径却很不能认同。他认为"安危消长,内外轻重"都取决于人君,"顾人君所以置之,置之安则安,置之危则危,置之重则重,置之轻则轻"。在当时的形势下,武宗已经将大权交给刘瑾掌握,也就是说,朝廷上下的"安危轻重"已经不再由人君掌握了,此时留在朝中已经不可能有所作为了,而像李东阳这样仍然选择留下来,"患得患失,老而不止"的行径,就是"贪夫之为"。

其实,客观来看,李东阳与王鏊二人在正德初年的表现可谓半斤八两,不相上下。面对刘瑾的威势,李东阳虽有"保护善类"之功,但毕竟只是少数,"倘以一、二得济者为功而掩屈身之迹,彼多所

① (明)黄景昉.国史唯疑(卷五)正德.据上海图书馆藏,清康熙三十年徐釚抄本影印,《续修四库全书》本(第432册).上海:上海古籍出版社,2002.

② (明)张廷玉等.明史(卷一百八十一)李东阳传.影印《文渊阁四库全书》本(第297—302册).台北:"商务印书馆",1986.

③ (明)焦竑.焦太史编辑国朝献徵录(卷十四).杨一清.特进光禄大夫左柱国少师兼太子太师吏部尚书华盖殿大学士赠太师谥文正李公东阳墓志铭.《续修四库全书》本(第525—531册).上海:上海古籍出版社,2002.

④ (明)焦竑.焦太史编辑国朝献徵录(卷十四).杨一清.特进光禄大夫左柱国少师兼太子太师吏部尚书华盖殿大学士赠太师谥文正李公东阳墓志铭.

⑤ (明)费宏、石珤等总裁,徐缙、翟銮等纂修.明武宗实录(卷一百三十九)"正德十一年七月己亥"条.影印原北平图书馆藏,红格本校勘本,台湾"中央研究院"历史语言研究所,1962.

不得济者又何以塞天下之望"?① 况且李东阳只是一味地被动应付,未能主动地想办法加以改变,"共事奸凶,周旋其间者五历年,身安其官,义不形色,朝常日紊,国祚几危"②。如果不是后来太监张永与刘瑾有隙,与杨一清定计除之,李东阳怕不知还要虚与委蛇到何时? 更有甚者,李东阳为了保全自己的地位,不惜突破士大夫坚守的道德底线,公然为刘瑾树碑立传加以赞美③。王鏊虽然全身而退,但他致仕之时,已与刘瑾共事三年有余,其委曲求全之态与李东阳并无二样,所谓士大夫的名节也早已丧失殆尽,又岂能以五十步笑百步呢?

　　虽然王鏊对于李东阳极尽批评、讽刺之能事,但反观李东阳的文集中却丝毫寻觅不到他对王鏊的评价,涉及王鏊的只不过是一些应酬文字。也许对于李东阳来说,王鏊只不过是众多同僚中脾气比较古怪的那个罢了。

参考文献:

[1] (明)王鏊.震泽纪闻.(清)道光四年,陈璜据嘉庆张海鹏刻借月山房汇抄版重编补刻,国家图书馆藏,(清)陈璜编.泽古斋重抄.

[2] (明)王鏊.震泽长语.(清)道光四年,陈璜据嘉庆张海鹏刻借月山房汇抄版重编补刻,国家图书馆藏,(清)陈璜编.泽古斋重抄.

[3] (清)王熙桂主修.太原家谱.据1911年铅印本影印,中华族谱集成.成都:巴蜀书社,1995.

[4] (明)李东阳、焦芳、王鏊等总裁,毛纪、傅珪等纂修.明孝宗实录.影印原北平图书馆藏,红格本校勘本.台北"中央研究院"历史语言研究所,1962.

---

① (明)徐三重.采芹录(卷四).影印《文渊阁四库全书》本(第867册).台北:"商务印书馆",1986.

② (明)徐三重.采芹录(卷四).

③ 王鏊.震泽纪闻(卷下)读李文正墓志.夏鍭.明夏赤城先生文集(卷十)大学士李东阳谥文正驳议.

曹植集编撰过程考述

蔡敏敏

摘要：曹植作品的编撰成集，是一个长期而复杂的过程。从曹植生前到死后，其作品的编撰与流传一直在持续。本文以历代目录文献中所记载的曹植集版本为基础，探讨各版本曹植集的编撰、流传以及散佚的过程，试图在厘清曹植作品集编撰过程的基础上，对现存曹植集各版本的价值有更清晰的认识。

关键词：曹植集　编撰　目录

曹植的作品，早在其生前就曾结撰成集。曹植自云："余少而好赋，其所尚也，雅好慷慨，所著繁多，虽触类而作，然芜秽者众，故删定，别撰为《前录》七十八篇。"[①]可见曹植生前曾经有手定赋集，共七十八篇[②]。既云"前录"，则或尚有其他文体的结集。《晋书·曹志传》曾记载曹植次子曹志事云："武尝阅《六代论》，问志曰：'是卿先王所作邪？'志对曰：'先王有手所作目录，请归寻按。'还奏曰：'按录无此。'"[③]朴现圭认为《六代论》既然并非赋作，那么曹志所检视的"目录"，应当就不是专门收录赋作的《前录》，而是载有其他文体的另一本目录，而且也是"手所作"。这就说明曹植在编纂《前录》的同时，很可能尚有其他作品集的结撰。

至魏明帝景初年间（237—239），又出现了第二部曹植作品集。《三国志·魏书·陈思王植传》载其时魏明帝曾下《追录陈思王遗文诏》云：

> 陈思王昔虽有过失，既克己慎行，以补前阙。且自少至终，篇籍不离于手，诚难能也。其收黄初中诸奏植罪状，公卿已下议尚书、秘书、中书三府、大鸿胪者，皆削除之。撰录植前后所著赋、颂、诗、铭、杂论，凡百余篇，副藏内外。[④]

可见，在曹植手定赋集之后，魏明帝景初年间出现了曹植作品全集。集中除赋之外，还收录了颂、诗、铭、杂论等文体，数量也增加到了百余篇。

至《隋书·经籍志》，曹植集又出现了第三种版本，即三十卷本《陈思王曹植集》。这是曹植集的名称第一次被正式记载于目录文献中。而从卷数"三十卷"推测，该集所收录的曹植作品数量，应该远远超过景初年间的"百余篇"。除此之外，《隋书·经籍志》还记载曹植撰有《画赞》五卷、《列女传颂》一卷。

---

① 艺文类聚(卷五十五)唐代四大类书(缩印).北京：中华书局，1955 年影南宋绍兴刊本.
② (清)姚振宗《隋书经籍志考证》根据曹植《与杨德祖书》、杨修《答临淄侯笺》推断《前录》撰于汉献帝建安二十一年(216)，人多疑之。今姑存之俟考.
③ (唐)房玄龄等.晋书(卷五十).北京：中华书局，1974：1390.
④ (晋)陈寿.三国志·魏书·陈思王植传.北京：中华书局，1964：576.

　　至《旧唐书·经籍志》与《新唐书·艺文志》,除三十卷本外,又出现了二十卷本。对这一现象,
《四库全书总目提要》曾简要分析云:

　　　　《魏志·植本传》:景初中,撰录植所著赋颂、诗铭、杂论凡百余篇,副藏内外。《隋书·经籍
　　志》载《陈思王集》三十卷。《唐书·艺文志》作二十卷,然复曰又三十卷。盖三十卷者,隋时旧
　　本;二十卷者,为后来合并重编。实无两集。郑樵作《通志略》,亦并载二本。焦竑作《国史经籍
　　志》,遂合二本卷数为一,称植集为五十卷,谬之甚矣。

　　据《四库全书总目提要》分析,所谓"三十卷本"与"二十卷本"实为同一集子,只不过"二十卷本"
是后来合并重编的。对此,余嘉锡《四库提要辨证》持不同意见:

　　　　《旧唐书·经籍志》有《魏陈思王集》二十卷、《魏陈思王集》三十卷,《新志》即本于此。考
　　《旧志》著录之例,凡一人而有数集者,必其本非一书……陈思两集,文字篇目,必有详略多寡之
　　不同,不仅编次小异而已,《提要》以二十卷本为后来合并重编者,非也。①

　　显然,余嘉锡认为"三十卷本"与"二十卷本"并非同一个本子,它们在文字篇目上有着详略多寡
的差别。同时,余嘉锡还怀疑所谓"二十卷者,即植自定之前录",所谓"三十卷本,即景初之全集
耳"。可惜无论是"三十卷本"还是"二十卷本",最后都没有流传下来,而且即便在目录文献中有所
记载,也是寥寥数语。南宋陈振孙《直斋书录解题》曾著录"《陈思王集》二十卷",并作解题云:"卷数
与前志合。其间亦有采取《御览》、《书钞》、《类聚》诸书中所有者,意皆后人附益,然则亦非当时全书
矣。"可见在此"二十卷本"中,确实有采辑自各总集、类书中的曹植作品增入。且从陈振孙"意皆后
人附益,然则亦非当时全书矣"之语推测,到南宋时期,曹植作品已经亡佚了不少,因此时人开始做
一些辑佚和重新整理的工作。值得一提的是,从《旧唐书》、《新唐书》并列著录"三十卷本"、"二十卷
本"这一点来看,至迟到北宋,这两种版本都还是同时并存的。而到南宋陈振孙的著录中,就已不见
"三十卷本"。最后到明代焦竑撰《国史经籍志》时,上述两种本子可能都已经看不到了。因此焦竑
才会误将此二本卷数合而为一,成所谓"五十卷本"。今检焦竑《国史经籍志》,确有"《陈思王二集》
五十卷"。唯此"五十卷本"未见他书著录,应该确实如《四库全书总目提要》所云,"误以二本为一"。
　　在南宋时期,除上述"三十卷本"、"二十卷本"外,又出现了"十卷本"。这一版本首见于晁公武
《郡斋读书志》中。其"《曹植集》十卷"解题云:

　　　　《隋志》植集三十卷,《唐志》植集二十卷。今集十卷,比隋、唐本有亡逸者,而诗文二百篇,
　　返溢于本传所载,不晓其故。

　　据解题,此十卷本曹植集收录曹植诗文"二百篇",而且是"有亡逸"后的面貌。这一作品数量,
已经基本接近目前传世的《曹植集》作品数量。而且从晁公武《郡斋读书志》开始,其后各公私书目,
包括《宋史·艺文志》、《天禄琳琅书目》、《四库全书总目提要》等,所著录的均为"十卷本"。由此看
来,曹植集的面貌在南宋基本定型,并最终以"十卷本"的版本形态流传下来。这应该与是集在宋代
被刊刻行世有关。
　　目前关于曹植集刻本的最早记载,见于清初钱曾《述古堂书目》中,即所谓"《曹子建集》十卷,二
本,宋刻本",然记载颇略,未详其具体情况。其后各公私书目中,共涉及宋代刻本四种。
　　一是北宋开宝七年(974)刊《曹子建集》十卷。原书已佚,现有明覆刻本,藏于北京大学图书馆。
关于此本,李盛铎《木樨轩藏书题记及书录》曾载:"《曹子建集》十卷,魏曹植撰。明刊本。半叶九
行,行十七字。缺序跋。收藏有'不夜于氏藏书印'白文长方印,'客园书印'白文方印,'客园清秘'

────────────
①　余嘉锡.四库提要辨证.北京:中华书局,1980:1239.

朱文方印，'嘉客'朱文联珠印。"①在其他史志、官修及私家目录中，均未再发现有此"开宝七年"本曹植集的记载，而这一所谓的"明覆刻本"也仅见于李氏《木樨轩藏书题记及书录》。而后笔者考察了诸种可见的曹植集版本，才发现此本实由明嘉靖二十一年郭云鹏（1542）刻《曹子建集》伪造而成。笔者在将其与郭云鹏本细致比对后发现，此本与郭云鹏本无论版式、内容乃至书中各处断口都完全相同，目录以及所附的曹集疑字音释也照搬不误，唯一不同之处在于全书末叶上有"开宝七年秋七月二十四日刊"刊记。王欣夫先生在《蛾术轩箧存善本书录》中对郭云鹏本曾作细致描述，指出："或乃以其字迹端凝，疑出覆宋者，非也。此本用黄纸刷印，阔文而坚致，骤视之，俨然宋本。"②这一精辟论断暗示了书贾造假的可能性，而这一可能恰为所谓明覆宋"开宝七年"刊本所证实。

二是北宋元丰五年（1082）万玉堂刊《曹子建集》十卷。原书已佚，《天禄琳琅书目》著录。据解题，该本目录后有"元丰五年万玉堂刊本"的牌记，故断为宋本。然此本可疑处有三。第一，解题中称牌记在目录后，而又云："惟目录末叶、卷一首叶纸色不同，字体亦异，当是先有宋本，缺此二叶，因为翻刻，并以原书所缺重写补刊。"可见，镌有牌记的纸叶，很有可能就是补刊的二叶之一。第二，在《天禄琳琅书目》中，尚载有"宋本"《太玄经》一种，亦为此"万玉堂"所刻。然据郭立暄先生考证，此实为明嘉靖年间的翻宋刻本③。显然，此书被误认的可能性也相当大。第三，此本前后俱无序跋，此亦颇可疑。然而即便此本确为翻宋刻本，亦必有所据，此"元丰五年"云云，或非空穴来风。惜原书已无从得见，故只能存疑俟考。

三是南宋宁宗年间（1195—1224）刊《曹子建文集》十卷。此书今存，藏于上海图书馆，是目前唯一一部流传至今的宋刻本曹植集。朴现圭在《曹植集编纂过程与四种宋版之分析》④中考订其为南宋孝宗年间（1163—1189）刊本，而据笔者考订，此说或有待商榷。首先，此本第十卷《髑髅说》中的"廓"字缺笔，此当为避宋宁宗之讳。其次，书中所标刻工姓名，有王明、王彦明、于宗、徐仲、叶林、李安、刘之先、刘祖、刘世宁、陈朝郡等十人，其中刻工王明在孝宗年间以及宁宗年间都有刻书活动。如宋淳熙七年池阳郡斋刊《山海经传》、宋淳熙七年池阳郡斋刊尤本《文选》、宋庆元绍兴府刊八行注疏本《春秋左传正义》、宋开禧秋浦郡斋刊《晋书》等中，均出现了王明的名字⑤。淳熙为南宋孝宗年号，而庆元、开禧皆为宁宗时年号。据此推断，则此集应为南宋宁宗时刻本。

此本最早见载于清代瞿镛《铁琴铜剑楼藏书目录》之中，题作南宋刊本《曹子建集》十卷，并有较详细的解题云：

> 魏陈思王曹植撰。此即十卷本也，为南宋时刊本，每半叶八行，行十五字，板刻精妙，字大悦目。凡赋四十三篇，诗六十三篇，杂文九十篇，与明嘉靖时郭万程本篇数次第不合，卷四无《述行赋》，卷五无《七步诗》，卷七《班婕妤赞》在《禹妻赞》前，《汉高帝赞》在《巢父赞》前，卷八《谢赐柰表》在《求自试表》前。案《四库提要》称宋宁宗嘉定六年本凡赋四十四篇，诗七十四篇，杂文九十二篇，与此本不合。书中"慎"字省笔而"敦"、"廓"字不省，知此刻犹在嘉定以前也。旧为毗陵周氏藏书。

瞿氏所录该本版式特征，均与上海图书馆藏本一致。此外，上图藏本尚有"虞山瞿绍基藏书"之印，瞿绍基为瞿镛之父，可知二者确系同一本子。此外，近人王文进《文禄堂访书记》中亦著录有"《曹子建文集》十卷"一种，称系"宋江西刻大字本"，所著录的版式、钤印，均与瞿镛之本一致，可知

---

① 李盛铎. 木樨轩藏书题记及书录（卷四）. 北京：北京大学出版社，1985：252.
② 王欣夫. 蛾术轩箧存善本书录. 上海：上海古籍出版社，2002：1006.
③ 郭立暄. 中国古籍原刻翻刻与先印后印研究. 复旦大学古典文献学博士学位论文，2008.
④ 朴现圭. 曹植集编纂过程与四种宋版之分析. 文学遗产，1994（4）.
⑤ 王肇文. 古籍宋元刊工姓名索引. 上海：上海古籍出版社，1990：41.

亦即上海图书馆所藏之南宋宁宗刻本。

　　四是南宋嘉定六年(1213)刊《曹子建集》十卷。此本已佚,清乾隆年间编纂《四库全书》时,系以此本的翻刻本为底本抄写。据《四库全书总目提要》,原书题有"嘉定癸酉字,犹从宁宗时本翻雕,盖即《通考》所载也。凡赋四十四篇,诗七十四篇,杂文九十二篇,合计之得二百十篇"。按嘉定为南宋宁宗年号,故若存在所谓"嘉定刻本",当与现存之宁宗刻本刻于相近时间。而经核查,据"嘉定本"翻刻本所抄写的四库本,与现存之宁宗刻本,无论是在诗文数量、篇目次序,还是具体文字上,都有较大差异。

　　除宋刻本外,近人傅增湘《藏园群书经眼录》中尚著录有元刻本《曹子建文集》一种,亦为十卷本。傅氏解题中所及该本版式,与前南宋宁宗刻本一致,亦云有华亭朱氏、毗陵周氏、九松迂叟之印。笔者以为傅氏此处或属误鉴。

　　至明清时期,曹植集曾屡次重刊,且多流传至今。据笔者了解,主要的单刻本有明初铜活字本《曹子建集》十卷、明正德五年(1510)舒贞刊《陈思王集》十卷、明嘉靖二十年(1541)胡缵宗刊《陈思王集》十卷、明嘉靖二十一年(1542)郭云鹏刊《曹子建集》十卷(附疑字音释)、明万历十一年(1583)汪士贤辑《曹子建集》十卷(附疑字音释)、明万历三十一年(1603)郑士豪刊《陈思王集》十卷、明天启元年(1621)凌性德刊朱墨套印本《曹子建集》十卷(附音义)、清朱绪增《曹集考异》十二卷、清丁晏《曹集铨评》十卷。此外,尚有收入总集中的刻本数种,包括《六朝诗集》本《陈思王集》四卷、《七十二家集》本《陈思王集》十卷、《汉魏六朝百三名家集》本《陈思王集》二卷等。

基于语料库的《苏东坡传》汉语译文翻译共性研究*

施建刚

摘要：本文通过对《苏东坡传》汉语译文语料库与汉语母语语料库进行对比分析，从词汇丰富度、词汇密度、形合度等方面观察汉语译文的语言特征。研究结果印证了翻译共性假设的某些观点，但由于译文的语言特征易受源语渗透效应与回译现象的影响，汉语译文体现出不同于其他汉语译文的个性特征。

关键词：语料库语言学　翻译共性　《苏东坡传》汉译　回译

一、引　言

语料库翻译研究以大型语料库真实语料为对象，以概率与统计为手段，对翻译现象进行历时或共时的研究①。Mona Baker 的"语料库语言学与翻译研究：启示和应用"②一文，将语料库研究方法引入翻译研究，标志着语料库翻译研究的开端。此后，国外学者进行了多样化的实证研究和理论阐述，使语料库翻译研究迅速发展，在翻译共性、翻译文体、翻译过程、应用研究等诸多方面取得了研究成果。随着语料库技术与语料库语言学的发展，广泛的描写翻译研究得以展开，基于语料库的语言对比与翻译研究已成为一种主流。

国外目前语料库翻译研究中翻译共性假设的研究结论多来源于从相近的欧洲语言翻译成的英语译文。由于所涉及源语语言较为类似，学者们难以断言这些翻译共性是否具有普遍意义。而要得出有关译本普遍性特征的结论，在不同语系的语言翻译（如英汉语之间的翻译）中对译本进行定量实证研究必不可少③。本研究通过对林语堂《苏东坡传》宋碧云译文语料库（以下简称 Song）展开研究，比较汉语译文与参照语料库兰卡斯特现代汉语语料库传记和散文子库［以下简称 LCMC（G）］中原创汉语之间语言特征的差异，旨在为翻译共性研究提供新的佐证或反证，从而丰富语料库翻译学的研究。

---

* 项金项目：浙江财经大学东方学院院级一般课题（编号：2013dfy021）.

① 王克非. 语料库翻译学探索. 上海：上海交通大学出版社，2012.

② Baker M. Corpus linguistics and translation studies: implications and applications. In M. Baker, G. Francis & E. Tognini-Bonelli (Eds.). *Text and Technology: In Honour of John Sinclair*. Amsterdam: John Benjamins Publishing Company, 1993: 233-250.

③ 肖忠华. 英汉翻译中的汉语译文语料库研究. 上海：上海交通大学出版社，2012.

二、以往研究回顾

翻译共性(translation universals)是"在译文而非原文中展现的典型特征,并且这种特征并非是特定语言系统相互作用的结果"[①]。也就是说,译文所反映出的典型特征是由翻译活动的特殊性导致的,并非由于两种语言的差异所致。Laviosa 在比较翻译英语与非翻译英语显著性特征的基础上,发现翻译语言在词汇使用方面有四大特征:一是实义词与功能词之比较低;二是相对于低频词来说,高频词出现比例偏高;三是常用词的重复率偏高;四是常用词变化较少。[②] 这一研究证明了翻译共性中的简化假设。Olohan 和 Baker 的研究结果表明,翻译英语中的句法结构趋向于明晰化,印证了翻译过程中译者潜意识的显化行为。[③]

国内语料库翻译研究成果最为丰硕的领域是关于翻译共性的研究。王克非和黄立波阐释了翻译共性的若干术语并提出消歧化、净化等概念[④]。廖七一阐释了翻译共性的积极意义以及存在的局限性[⑤]。在翻译共性研究中,国内学者最为关注显化共性。柯飞对英汉转换中"把"字句的分布特点进行分析,验证了翻译文本中的显化现象[⑥]。胡显耀和曾佳对翻译小说语法标记显化进行了研究[⑦]。王克非和胡显耀通过对比发现人称代词的显化和变异是汉语翻译文学的一个主要特征[⑧]。然而,王克非和秦洪武的研究结果表明显化是相对的,共性假说受到一定质疑[⑨]。也有学者认为由于受到英汉语言差异和源语渗透效应的影响,译文呈现出源语的部分特点[⑩],带有所谓的"翻译腔"[⑪]。

现有的不同语种中关于翻译共性的实证研究结果不尽一致,既有对现有假设的证明,也有质疑。而对各类翻译文本中表现出的语言共性的探究有助于进一步认识翻译的本质。翻译共性研究的最终目标是探究各类翻译活动的一般规律,具体语对(language pairs)中的普遍性研究都是一般普遍性研究的组成部分。因此,本研究的个案会提供特定语对和文本类型中关于普遍性的局部信息,这些对认识总体普遍性都是必要的。

三、基于可比语料库的《苏东坡传》汉译本翻译共性假设验证

《苏东坡传》是国学大师林语堂先生最得意的作品,也是中国现代长篇传记开标立范之作。此书汉语版有宋碧云、张振玉两个译本,风格不同,读者也是各有所好。国内对其汉语译本的研究仅

① Baker M. Corpus linguistics and translation studies: implications and applications. In M. Baker, G. Francis & E. Tognini-Bonelli (Eds.). *Text and Technology: In Honour of John Sinclair*. Amsterdam: John Benjamins Publishing Company, 1993: 233-250.

② Laviosa S. Core Patterns of Lexical Use in a Comparable Corpus of English Narrative Prose. *Meta*, 1998(4): 557-570.

③ Olohan M. & Baker M. Reporting that in Translated English: Evidence for Subliminal Processes of Explicitation?. *Across Languages and Cultures*, 2000(2): 141-158.

④ 王克非,黄立波. 语料库翻译学十五年. 中国外语,2008(6): 9-14.

⑤ 廖七一. 语料库与翻译研究. 外语教学与研究,2000(5): 380-384.

⑥ 柯飞. 汉语"把"字句特点、分布及英译. 外语与外语教学,2003(12): 1-5.

⑦ 胡显耀,曾佳. 对翻译小说语法标记显化的语料库研究. 外语研究,2009(5): 72-79.

⑧ 王克非,胡显耀. 汉语文学翻译中人称代词的显化和变异. 中国外语,2010(4): 16-21.

⑨ 王克非,秦洪武. 英译汉语言特征探讨——基于对应语料库的宏观分析. 外语学刊,2009(1): 3-8.

⑩ 缪佳,邵斌. 基于语料库的英语译文语言特征与翻译共性研究——以余华小说《兄弟》英译本为个案. 天津外国语大学学报,2014(1): 43-49.

⑪ 缪佳,邵斌. 基于语料库的汉英翻译中的"显化"研究——以余华小说《兄弟》英译本为个案. 外国语言文学,2014(1): 36-42.

从语义对等、翻译策略等角度展开,从语料库翻译研究角度的论述尚属空白。本研究以 LCMC(G) 作为参照库进行语言对比。LCMC 是第一个免费开放的现代汉语书面语语料库,语料平衡,较为客观地反映了现代汉语书面语的特征。传记和散文子库(代码:G)的文本与《苏东坡传》文体一致,共包含 77 个 2000 词左右的样本。本研究使用的语料均用 ICTCLAS 中文分词软件进行分词与词性标注。通过对比分析两个赋码语料库的语料,从词汇丰富度、词汇密度和形合度等方面对汉语译文的语言特征进行实证研究,对汉语译文是否符合翻译共性假设进行验证。

(一)词汇丰富度

测量词汇丰富度的方法是语料库语言学中常用的类符/形符比(TTR)。形符(token)是一个语言单位,类似于日常所说的"词",而类符(type)是指不重复计算的形符数。也就是说,文本中重复出现的形符只能记为一个类符。对于容量大小差别不大的文本,TTR 的值在某种程度上即能反映文本的词汇丰富程度。TTR 值越高,说明语料库词汇的使用更趋向于丰富性与多样性。表 1 是使用 WordSmith 6.0 检索的两个赋码语料库的类符/形符比。

表 1　Song 与 LCMC(G)中的类符/形符比

文本	Song	LCMC(G)
形符(tokens)	114207	134594
类符(types)	13239	17450
类符/形符比(TTR)	11.59	12.96

表 1 的数据显示,Song 的 TTR 值为 11.59,低于 LCMC(G)的 TTR 值 12.96,卡方检验结果显示,Song 与 LCMC(G)之间($x^2 = 107.6782, p = 0.000$)的类符/形符比之差具有显著差异。这表明了汉语译文的词语变化程度低于汉语原创文本,这与翻译共性假设中的简化假设一致,即与原创文本相比,译文文本在词汇、语法、句法等方面都更为简化。这种词语变化程度降低的特征说明本研究支持 Laviosa 等人[1]提出的简化共性假设。

(二)词汇密度

词汇密度是指语料库中实义词数量与总词数之比[2],可用以衡量文本的信息密度。文本中的实义词越多则密度越大,传递的信息越多,难度也相应增加。实义词具有稳定的意义,但对于汉语实义词与功能词的分类标准,学界还存在争议。本文采用肖忠华的实义词划分方法[3],即与英语类似的分类标准,将名词、动词、形容词与副词归类为实义词,研究译本的信息含量与译文的难度。

从图 1 看出,Song 的词汇密度为 64.97%,高于 LCMC(G)的词汇密度 62.35%,与以往众多研究结论不一致,也不符合翻译共性假设中的简化假设。例如 Laviosa 的研究发现英语译文文本中实义词与功能词的比值较英语母语文本相对偏低,即词汇密度较低[4]。国内众多研究也有关于汉语译文类似现象的研究结果。胡显耀通过对比汉语翻译小说语料库和非翻译小说语料库的词汇密度后

---

① Laviosa S. *Corpus−based Translation Studies*: *Theory, Findings, and Applications*[M]. Amsterdam: Rodopi, 2002.

② Stubbs M. Lexical Density: A Computational Technique and Some Findings [A]. In M. Coultard (ed.) *Talking about Text*. Birmingham: English Language Research, University of Birmingham, 1986:27-42.

③ 肖忠华. 英汉翻译中的汉语译文语料库研究. 上海:上海交通大学出版社,2012.

④ Laviosa S. Core Patterns of Lexical Use in a Comparable Corpus of English Narrative Prose. *Meta*, 1998(4):557-570.

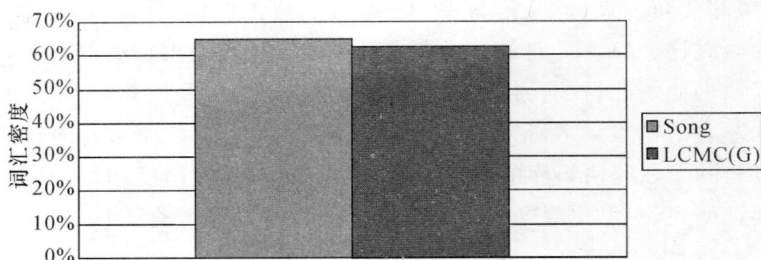

图1　Song 与 LCMC(G)中的词汇密度

发现,翻译小说语料库的词汇密度较低,存在词汇使用上的简化特征①。肖忠华在对比汉语母语语料库 LCMC 与汉语译文语料库 ZCTC 后发现,LCMC 的词汇密度远高于 ZCTC②。

而本研究的数据表明汉语译文语料库在词汇密度方面,要比汉语母语语料库高,这意味着汉语译文的实义词比例更高,文本信息量更大,客观上增加了译文的难度。为了便于找出原因,本研究对实义词的分布进行标准化处理后按照每百万词的出现频率进行细分,如图2所示。

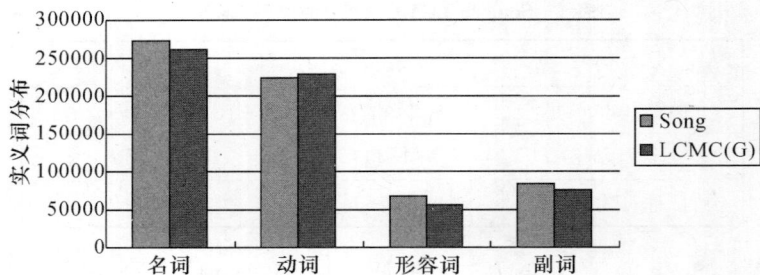

图2　Song 与 LCMC(G)中的实义词分布(每百万词)

对图2中关于实义词分布的语料库数据进行观察后发现,除了动词的使用体现出汉语译文的简化特征之外,汉语译文文本中名词、形容词与副词的使用比汉语母语的文本更多,这导致了汉语译文词汇密度高于汉语母语。缪佳和邵斌的研究结果也对简化假设提出了质疑,并认为这是受到英汉语言差异和源语渗透效应的影响③。所谓源语渗透效应,是指"在把一种语言翻译成另一种语言的时候,译文中有可能存在以源语为导向的趋势"④。这在一定程度上可以解释为何在本研究中,译文文本的名词、形容词和副词使用频率高于原创汉语文本,因为"英语常常通过动词的派生、转化、弱化和虚化等手段,采用非动词的形式(如名词、介词、形容词、副词等)表达动词的意义"⑤。而汉语则更倾向于多用动词。例如:

例1(a) 苏洵智慧很高,脾气刚烈,思想独立,个性又古怪,不是一个好相处的人。(Song)

例1(b) 姚红林不仅不怕死,不怕苦,他还具有极其精细的头脑。[LCMC(G)]

例1对比了 Song 与 LCMC(G)中关于人物的描写。汉语译文中关于苏东坡父亲苏洵的描述有五个形容词,分别是"高"、"刚烈"、"独立"、"古怪"和"好(相处)",动词只有一个"是"。而原创汉

---

①　胡显耀. 基于语料库的汉语翻译小说词语特征研究 . 外语教学与研究,2007(3):214—220.
②　肖忠华. 英汉翻译中的汉语译文语料库研究.上海:上海交通大学出版社,2012.
③　缪佳,邵斌. 基于语料库的英语译文语言特征与翻译共性研究——以余华小说《兄弟》英译本为个案. 天津外国语大学学报,2014(1):43—49.
④　Teich E. *Cross-linguistic Variation in System and Text:A Methodology for the Investigation of Translation and Comparable Texts* . Berlin:Mouton de Gruyter,2003.
⑤　连淑能. 英汉对比研究(增订本). 北京:高等教育出版社,2010.

语中,只有一个形容词"精细",动词有四个,分别是"怕"、"死"、"(吃)苦"和"具有"。这与上文词汇密度的趋势相吻合,即汉语译文的动词较原创汉语少,而汉语译文的形容词较原创汉语多。查看《苏东坡传》中这句英语源文为:"Possessing a high intelligence, severe in temperament, independent in mind, and crotchety in character, Shu Shün was not a man easy to get along with."①源文中同样出现了五个形容词,这表明汉语译文受到英语源语的渗透表现出自身的特征。

更重要的是,首先,《苏东坡传》的源语文本有其特殊性,即由中国人用英语创作的植根于中国文化的人物传记。"两脚踏东西文化,一心评宇宙文章"的林语堂学贯中西,国文与外文功底都十分了得。林语堂英文著作有一个共同的使命,就是用地道纯熟的英文向西方人介绍神秘的中国文化,架起沟通东西方文化的桥梁。因此,这些英文著作与其他英文作品不同,有其特殊性。例如:

例2(a)不过我们先谈这个生日,以免为中国人写传记的外国作家搞不清楚。中国娃娃生下来就算"一岁",因为人人都想尽快达到德高望重的年龄。到了新年,人人都长一岁,他就"两岁"了。根据中国这种算法,若与西洋算法比起来,人在生日前总是多算了两岁,生日后也多一岁。本书的年龄都照西式算法,不考虑实际的生日,不过苏东坡本人却需要精确些。他十二月十九日出生后就算"一岁",过年就算两岁——其实两周还不到。他生在年尾,他实际的年龄永远比中国算法年轻两岁。(Song)

例2(b)1948年,霍英东25岁,正是人生中富有浪漫色彩的岁月。[LCMC(G)]

例2对比了Song与LCMC(G)中关于年龄的叙述。原创汉语文本中并没有说明周岁与虚岁的区别。而汉语译文文本中,具有中国文化特色的年龄算法解释得非常清楚,这表明林语堂在《苏东坡传》中提及中国文化中特有的称谓、人名、地名、专有名词、度量单位、文化特色词汇、历史典故时,为了使西方读者能更确切、深入地理解,会使用较多的实义词进行描述与解释。诚如王正仁和高健所归纳的对林语堂自译英文作品的特点,其中就包括了:译文较原文更为丰满;凡是中国民族特色特别强的,其文本更为详尽。②

其次,《苏东坡传》的汉译也有其特殊性,这其实是一种特殊的回译。回译是指"将甲语种译入乙语种,以后又再作为素材引用从乙语种译回甲语种,或从第三第四语种译回原始语种"③。林语堂在描写中国的社会、历史和文化时,最初是以中文在他脑海里出现的。因此,尽管没有完整的汉语文本,林语堂的英语作品很大部分具有翻译的性质。更何况《苏东坡传》中引用了几百篇题跋、书信、奏议、诰命与诗词,这些汉语典籍都是林语堂翻译成英文的。如果把他的英文著作翻译成汉语,就会涉及回译的问题。王宏印和江慧敏也认为林语堂英文著作的汉译属于"无根回译",作品中汉语典籍的回译则属于"原文复现"④。这些因素导致《苏东坡传》的汉语译文呈现出与现当代传记与散文不同的特征。

(三)形合度

就语言学角度而言,英汉语言最大的区别在于形合与意合的不同⑤。形合是英语表达的常态,而意合在汉语中占优势。"所谓形合,指的是词语或分句之间用语言形式手段(如关联词)连接起来,表达语法意义和逻辑关系。所谓意合,指的是词语或分句之间不用语言形式手段连接,其中的语法意义和逻辑关系通过词语或分句的含义表达。"胡显耀和曾佳认为,由于汉语缺乏形态变化,其

---

① 林语堂. *The Gay Genius: The Life and Times of Su Tungpo*. 北京:外语教学与研究出版社,2009.

② 王正仁,高健. 林语堂前期中文作品与其英文原本的关系. 外国语,1995(5):49—54.

③ 孙迎春. 译学大词典. 北京:中国世界语出版社,1999.

④ 王宏印,江慧敏. 京华旧事,译坛烟云——Moment in Peking 的异语创作与无根回译. 外语与外语教学,2012(2):65—69.

⑤ Nida E A. *Translating Meaning*. San Dimas, CA: English Language Institute, 1982.

形式化主要通过使用虚词来实现①。因此,虚词在汉语译本中的比例可以作为汉语译文形式化的重要指标,特别是主要的语法标记词(助词、介词和连词)的占比。虚词的频率在总词频中所占的比例称为"形合度",形合度越高,则说明文本的句法显化程度越高。

两个语料库的形合度分别是 Song:18.45%,LCMC(G):20.93%。这个结果不符合翻译共性假设中的显化假设,因为以往的研究发现汉语译文文本的形合度要高于汉语母语文本,呈现出句法显化的特征②③④。本研究进一步把主要功能词的使用频率标准化后进行对比,如图3所示。可以看到,汉语译文只有在连词的使用上呈现出明显而突出的语内显化现象。卡方检验结果显示,Song与 LCMC(G)之间($x^2 = 299.4178, p = 0.000$)在连词的使用上具有显著差异。这表明与非翻译文本相比,翻译文本中句子片段之间和句子之间更多地使用连词来标记其逻辑关系,使译文达到较高的明晰程度。

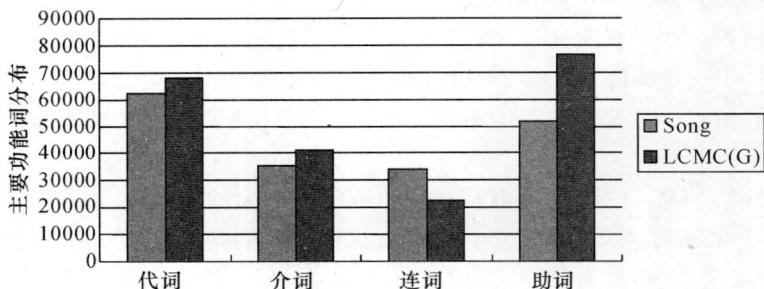

图3　Song 与 LCMC(G)中的主要功能词分布(每百万词)

而从代词的使用频率来看,翻译体汉语低于原创汉语的使用率。这个特征与上文发现的汉语译文中更多地使用名词有关。一方面,《苏东坡传》中出现了大量的人名、地名、称谓、官职等专有名词,这些名词有时候难以用代词来替代。另一方面,英语中通常用代词来代替名词以避免重复,但汉语中较常重复使用名词。⑤ 至于助词的使用,胡显耀和曾佳发现现代汉语大量使用助词来连接句子,用以表达时、体、态与语气等。⑥ 这导致原创汉语中助词的使用频率增加。而《苏东坡传》中大量引用的文言文,使得汉语译文中助词的使用频率降低,进而导致汉语译文形合度的降低。连淑能也认为"现代汉语受西方语言的影响,形合句比古代汉语多"⑦。

四、结　语

本文通过对林语堂所著《苏东坡传》的宋碧云译文语料库 Song 与兰卡斯特现代汉语语料库传记和散文子库 LCMC(G)进行对比分析,从词汇丰富度、词汇密度和形合度等方面对汉语译文的语言特征进行了实证研究。研究发现,从词汇丰富度来看,汉语译文 Song 比汉语母语 LCMC(G)低,结果支持翻译共性中的简化假设。但从词汇密度来看,汉语译文 Song 比汉语母语 LCMC(G)高,

① 胡显耀,曾佳. 对翻译小说语法标记显化的语料库研究. 外语研究,2009(5):72—79.
② 柯飞. 汉语"把"字句特点、分布及英译. 外语与外语教学,2003(12):1—5.
③ 胡显耀,曾佳. 对翻译小说语法标记显化的语料库研究. 外语研究,2009(5):72—79.
④ 王克非,胡显耀. 汉语文学翻译中人称代词的显化和变异. 中国外语,2010(4):16—21.
⑤ 缪佳,邵斌. 基于语料库的英语译文语言特征与翻译共性研究——以余华小说《兄弟》英译本为个案. 天津外国语大学学报,2014(1):43—49.
⑥ 胡显耀,曾佳. 对翻译小说语法标记显化的语料库研究. 外语研究,2009(5):72—79.
⑦ 连淑能. 英汉对比研究(增订本). 北京:高等教育出版社,2010.

结果不支持翻译共性中的简化假设。在形合度方面,Song 低于 LCMC(G),译文显化程度降低,结果不符合翻译共性中的显化假设。

词汇密度的语料库数据不支持翻译共性假设,部分原因在于源语渗透效应的作用。然而,本文认为更重要的因素在于《苏东坡传》源语文本的特殊性与汉译活动的特殊性。《苏东坡传》英语源文植根于中国文化,有着深深的中国烙印,这与其他英文著作有着显著的区别;而它的汉译其实是一个回译的过程。形合度的分析结果表明,译本的语言特征受到回译现象的影响。本文的结论还需要更多的语料库实证研究来验证,包括对林语堂英文著作与英语原创作品进行比较、对林语堂其他英文著作或其他华人作家关于中国题材的英文作品的汉语回译现象进行研究、对同一英文作品的不同汉译文本进行比较等等。在进行翻译语言的共性研究的同时,也应该关注翻译语言的个性研究。正如胡开宝等所指出的,"只有深刻理解翻译语言和翻译规范在不同因素影响下所表现出的具体差异,才能正确把握翻译共性和翻译规范"[①]。

---

① 胡开宝,毛鹏飞. 国外语料库翻译学研究述评. 当代语言学,2012(4):380—395.

校地合作篇

人民法院参与社区矫正工作的理论与实践研究

梁美英

摘要:人民法院作为审判机关,其参与社区矫正工作是全面实现法院功能的需要,也是充分实现社区矫正功能的需要。在当前形势下,为完善和发展人民法院对社区矫正的参与工作,需要完善立法,加强法院参与社区矫正工作的立法研究;转变观念,扩大非监禁刑的适用;规范程序,严密法院与其他部门的工作衔接。

关键词:人民法院　社区矫正　非监禁刑

社区矫正是一项司法行政机关,以及相关社会团体、民间组织和社会志愿者共同参与的系统工程。其中,人民法院站在该项工作的首道关口,其参与程度直接影响工作效果。人民法院参与社区矫正工作,是指"人民法院在审理假释、暂予监外执行案件和判处管制、单处剥夺政治权利等非监禁刑案件以及判处有期徒刑、拘役,宣告缓刑的案件中坚持惩罚与教育、改造相结合,充分运用刑罚及非刑罚的处罚方法,并配合社区矫正组织从事教育转化工作,以达到预防和减少犯罪,维护社会稳定的目的"[①]。人民法院参与社区矫正工作,一方面是在法律框架内依法行使审判职能的活动,是其审判工作的应然组成部分;另一方面也是其参与社会治安综合治理,预防、控制犯罪的一项重要社会义务,是审判工作的延伸。

一、人民法院参与社区矫正工作的作用

(一)全面实现法院功能

除了纠纷裁判这个最主要的功能,现代社会法院还承担着从纠纷裁判功能中衍生出来的权力制约功能和公共政策创制功能。[②] 根据"两部两高"印发的《社区矫正实施办法》(以下简称《实施办法》)第2条第2款规定:"人民法院对符合社区矫正适用条件的被告人、罪犯依法作出判决、裁定或者决定。"这正是法院纠纷裁判功能的体现。但"在现代社会里,社会功能的专一化不是绝对的,不同社会组织所担负的功能会有一定的交叉与重叠。"[③]目前行政机关对特定案件也拥有一定的裁判权,可以按照法定程序,在法定职权范围内,对违反行政法律法规者作出处理,是司法权对行政权的一种让渡。但监禁权是法院的专属权力,是绝对不能让渡的。相应的,对特定对象实施非监禁刑,

---

① 田甜.人民法院参与社区矫正存在的问题及对策.福建警察学院学报,2011(2).
② 丁以升.法院的功能.贵州警官职业学院学报,2008(6).
③ 丁以升.法院的功能.贵州警官职业学院学报,2008(6).

也应当是法院的专属权力。所以,人民法院恰当地适用非监禁刑罚措施——社区矫正,是其实现纠纷裁判功能的必然要求。

　　法院的权力制约功能主要通过违宪审查和行政诉讼两种方式来实现。在我国,违宪审查以权力机关为主导、行政机关为补充,法院不享有违宪审查权。所以,我国法院的权力制约功能主要通过行政诉讼来实现。在社区矫正工作管理和实施过程中,可能会发生司法行政机关滥用职权,侵犯社区矫正人员合法权益的情形,这就需要法院运用行政诉讼手段对司法行政机关的权力进行制约。

　　公共政策制定功能是法院裁判职能的合理延伸。正如美国政治学家安德森所言:"法官闯入了许多社会和政治活动领域。"[①]受"刑罚就是关押"等传统思想的影响,我国普通民众,甚至一些法官对社区矫正这一新鲜"舶来品"的接受程度还比较低。这就需要法院正确行使裁判权,恰当地适用非监禁刑罚措施和非监禁刑罚执行措施,通过一系列裁判,宣扬社区矫正所蕴含的"宽严相济"刑事政策,推动社会力量对社区矫正人员的关心和支持,共同营造参与管理、文明向上的社会氛围。

(二)充分实现社区矫正功能

　　社区矫正的功能可以分为对矫正对象的功能、对社区的功能和对国家社会的功能。从矫正对象自身来说,首先,社区矫正让其在原来的生活环境中,保持正常的生产生活、社会交往和学习机会,这为其再社会化提供了有利条件。其次,社区矫正远离监狱,避免了矫正对象受到犯罪文化等消极因素的不良影响,避免相互间的交叉感染,有利于其保持守法生活,达到矫正效果。最后,社区矫正有利于矫正对象获得社会力量的帮助。除了管理监督和教育矫正,帮助扶困也是社区矫正工作的重要内容。矫正对象会得到国家机关、社会组织、社区群众、家庭成员以及志愿者等各种力量在就业、生活、法律、心理等方面的帮助。对社区而言,社区矫正有效缓和了社区的各方矛盾,有利于和谐社区的建设,更有利于增强社区的自治管理能力。同时,对社区矫正人员的日常矫正工作的耳闻目睹,有利于增强社区居民的法律意识。从国家和社会的高度出发,一方面,社区矫正有利于调整行刑结构,转变传统的重刑观念。另一方面,社区矫正也有利于节约刑罚成本,实现刑罚最大效益。

　　如前所述,法院站在社区矫正工作的第一道关口,任何非监禁刑罚措施和非监禁刑罚执行措施的采取都离不开法院的审判工作。同时,后期对社区矫正人员的教育转化工作也少不了法院的配合。

二、人民法院参与社区矫正工作的现状及存在的问题

(一)人民法院参与社区矫正工作的现状

　　我国的社区矫正工作从 2003 年开始试点,2005 年扩大试点,2009 年在全国全面试行,覆盖逐步扩大,社区矫正人员数量不断增长。截至 2011 年 12 月底,各地累计接收社区矫正人员 88 万余人,累计解除矫正 48.2 万人,现有社区矫正人员 40 万人,社区矫正人员的重新犯罪率一直控制在0.2%左右。[②] 人民法院参与社区矫正工作的形式主要包括以下几方面:
　　1. 决定社区矫正的适用
　　这是法院参与社区矫正工作最主要的形式。社区矫正的范围主要包括以下五种罪犯:(1)被判

---

① 胡伟著.司法政治.香港:三联书店(香港)有限公司,1994:174—175.
② 以上数据来自司法部统计数据。

处管制的;(2)被宣告缓刑的;(3)被暂予监外执行的,具体包括:有严重疾病需要保外就医的,怀孕或者正在哺乳自己婴儿的妇女,生活不能自理,适用暂予监外执行不致危害社会的;(4)裁定假释的;(5)被剥夺政治权利,并在社会上服刑的。在符合上述条件的情况下,对于罪行轻微、主观恶性不大的未成年犯、老病残犯,以及罪行较轻的初犯、过失犯等,应当作为重点对象,适用上述非监禁措施,实施社区矫正。

根据对海宁市人民法院等基层法院的访谈调查,在司法实践中,社区矫正的适用对象主要集中在第(2)项,即被宣告缓刑的罪犯。但无论是管制、剥夺政治权利、缓刑等刑罚方式的适用,还是暂予监外执行、假释等刑罚执行方式的采取,都离不开法院的裁判。换言之,是否对罪犯采取社区矫正刑,需由人民法院以刑事判决或裁定的方式做出,即法院的裁判是社区矫正适用的前提。

2. 搭建矫正平台,参与监管帮教工作

一些法院深入农村、社区、企业,建立帮教基地,为社区矫正人员搭建矫正平台,使他们能够安心工作,认真矫正。特别是对符合宣告缓刑条件的外籍犯,如在本地有固定工作,则协调其单位进行监管帮教,并将其纳入单位所在地的社区矫正机构参加社区矫正。这是法院审判职能的延伸,需要与其他部门形成紧密配合的联动机制。换言之,法院只是监管帮教工作的协助者、配合者。实践中,有些法院主动担起了监管帮教工作的主要责任。但由于法院本身审判任务繁重,如果分散精力去主管社区矫正人员的监管帮教活动,将显得力不从心,并影响本职工作的进行。因此,由人民法院担负起监管帮教活动的主要责任是不现实的,也是不合理的。

3. 建立专门档案,做好定点回访工作

部分法院对社区矫正人员建立了专门的档案,对其进行动态监管。法院还定期或不定期深入到社区矫正人员的家庭、社区、单位、学校等进行跟踪回访考察。如海盐县人民法院联合县人民检察院、公安局、司法局等部门,组成"联合考察小组",在7天时间内对全县200多名社区矫正人员进行了滚动式排查,通过电话联系、调查走访、个别谈话教育等方式,了解矫正人员的工作、学习、生活情况,并对20余名罪犯进行重点回访考察。① 这些回访教育,有利于增强社区矫正人员的法律意识和守法观念,防止其违反法律法规或再次犯罪。

(二)人民法院参与社区矫正工作中存在的问题

1. 立法滞后,人民法院参与社区矫正工作的依据不足

目前,人民法院参与社区矫正工作的法律依据主要包括:《刑法修正案八》(以下简称《刑八》)、2012年3月修订的《刑事诉讼法》;"两高两部"先后印发的《关于开展社区矫正试点工作的通知》、《关于扩大社区矫正试点范围的通知》、《关于在全国试行社区矫正工作的意见》和《实施办法》;各试点省市制定的地方性文件,如《浙江省社区矫正实施细则(试行)》、《福建省审判机关参与社区矫正试点工作办法(试行)》、江苏省高院制定的《关于参与社区矫正试点的若干意见》等。

这主要存在以下方面的不足之处:(1)《刑八》和《刑事诉讼法》明确了对被判处管制、宣告缓刑、假释或暂予监外执行的罪犯,依法实行社区矫正,但这只是对社区矫正提出了一个概念,而对这项制度的具体展开没有回答,远不能满足司法实践的需求。(2)《试点通知》和《实施办法》的效力等级与社区矫正的重要性不相协调。《试点通知》规定了社区矫正工作的意义、适用范围、任务以及各部门的分工合作等内容,《实施办法》对各部门的职责以及相互之间的程序衔接作了进一步的细化规范。但它们仅属于工作意见或司法解释性文件,其法律地位无法与社区矫正工作的重要性相协调。

---

① 参见:海盐法院联合相关部门开展社区矫正人员回访活动。http://www.haiyancourt.gov.cn/Web/Detail.aspx? NewsID=2107,2012-11-25 访问。

(3)各地制定的社区矫正实施办法和意见多是地方高院、政法委或社区矫正领导小组制定的,在法律地位上,既不是立法,也不是司法解释,只能算试点文件或地方性文件。这些不宜作为社区矫正适用的依据。

2. 观念陈旧,非监禁刑适用率低

社区矫正工作的良好开展,很大程度上受到法院刑事裁判的制约。长期以来,我国非监禁刑的适用水平偏低。2004—2008 年,全国法院共适用缓刑人数为 1022406 人,缓刑适用率为 23%,适用管制 77270 人,管制适用率仅为 1.74%。2005 年底全国各级监狱在押犯人数达到 170 万余人,而当年全国法院核准假释人数仅 18430 人,假释适用率仅为 1% 左右。① 我国非监禁刑适用率低主要有以下几方面的原因:

(1)传统重刑观念的影响。这种观念认为"行刑即关押",具有重打击、重关押的倾向,将刑罚的功能简化为惩罚犯罪。虽然监禁刑有利于打击犯罪、预防犯罪,但它并不是治疗犯罪这种社会恶疾的"万能药"。如果不根据罪犯的具体情况,一味的崇尚重刑严打,极易造成服刑人员出狱后报复社会、重新犯罪。这与构建社会主义和谐社会相违背,也不利于刑罚目的的有效实现。

(2)刑事裁判与刑事执行脱节。"社区矫正的施行,在很大程度上受到刑事裁判的制约。"② 我国许多法官在确定刑种和行刑方式时,倾向于考虑已然的罪行,忽视罪犯的人格状况、将来执行的情况以及罪犯的再社会化等问题。目前出现的监禁矫正质量滑坡、出狱人员再犯罪率上升等问题,与监狱工作的不力有一定联系。但判处监禁刑时,不考虑后续的执行问题,忽视监狱的容量和环境,也是造成监禁矫正质量下降的一个重要原因。

(3)有关适用非监禁刑的规定比较原则,可操作性不强。如宣告缓刑的条件是"确实不致再危害社会",适用假释的条件是"确有悔改表现,不致危害社会"。这些规定过于抽象、概括,缺乏操作性和衡量度,会造成司法实践中审判人员认识不一,难以掌握和操作。况且,社会生活复杂多样,决定缓刑犯和假释犯会不会再危害社会的因素是复杂难测的,仅凭法官的书面审理和主观推断,确实很难作出准确判断。"这也是实践中法院不愿意适用假释的主要原因。"③

3. 程序缺位,与其他相关部门的衔接不够紧密

社区矫正在我国仍属新生事物,还没有成熟的经验和完善的制度作保障,"因此各级党委和各参与部门均高度重视,对每一个环节和程序,无论是适用对象的确定还是矫正方法的尝试,无不经过多方论证、研究甚至小范围适用,以防稍有闪失即带来不良影响"④。这种谨小慎微的态度和做法,在短时间内能掩盖程序方面的缺陷,但从长远来看,这对司法实务带来了重重矛盾和障碍。

社区矫正工作是一项综合性很强的系统工程,需要各部门联动配合以及社会力量的广泛参与。目前,各地社区矫正工作的实施意见和办法作了一些部门配合衔接方面的规定,如《上海法院参与社区矫正工作的若干意见》对法院与公安机关、检察机关、社区矫正工作指导小组等部门的衔接作了相应规定。但这些规定缺乏统一的程序要求,不够系统,有的省市甚至没有规定,这就使得社区矫正工作执行程序很难规范和统一。《实施办法》规范了社区矫正从适用前调查评估、交付与接收、矫正实施到解除矫正整个工作流程,在程序规定方面进步了一大步,但仍然不够规范系统。同时,实践中各部分的相互衔接配合难度大,交接不到位,导致脱管漏管现象时有发生。

---

① 以上数据出自最高人民法院统计报表。
② 冯卫国,储槐植. 刑事一体化视野中的社区矫正. 赵秉志主编. 社区矫正专题整理. 北京:中国人民公安大学出版社,2010:120.
③ 吴宗宪,陈志海著. 非监禁刑研究. 北京:中国人民公安大学出版社,2003:557.
④ 但未丽著. 社区矫正:立法基础与制度构建. 北京:中国人民公安大学出版社,2008:172.

三、人民法院参与社区矫正工作的完善

(一)完善立法,加强法院参与社区矫正工作的立法研究

完善的法律规定,是一项制度得以健康发展的保障和前提。我国的监禁刑由专门的《中华人民共和国监狱法》来调整,而与此相对应的非监禁刑——社区矫正却没有相同效力级别的法律依据进行系统规范。在当前构建社会主义和谐社会和强调宽严相济刑事政策的大背景下,社区矫正工作的重要性日益得到强调。从法律、司法解释性文件到各地方性文件,有关社区矫正的规定数量不少,但杂乱零碎、不成体系,与社区矫正工作的重要性不相协调。所以,我们亟须借助《刑八》、修改后《刑事诉讼法》和"两部两高"联合制定的《实施办法》颁布施行的东风,建立健全社区矫正制度,制定《社区矫正法》,确保社区矫正工作规范运行。

具体到人民法院,其参与社区矫正工作的重点,是要在现行法律的框架内行使法律赋予的职权和职责,在与法有据的基础上做到积极参与。所以,完善立法,加强立法研究,是做好人民法院参与社区矫正工作的基础。具体而言,可以从以下几方面出发:

1. 从法律层面确立法院在社区矫正工作中的定位和具体职责

现已有《实施办法》对人民法院、人民检察院、公安机关、司法行政机关等部门在社区矫正工作中的分工和职责做了较为详细的规定。可以在此基础上,吸收各地进行社区矫正工作的实践经验,及时制定《社区矫正法》,正式确定人民法院在社区矫正工作中的定位和职责。法院的定位和职责,首先是要突出法院的纠纷裁判职能,但同时也要考虑到法院的权力制约和公共政策制定职能。

2. 法院系统应积极参与社区矫正的立法研究

在多年的社区矫正试点工作过程中,站在司法前线的各人民法院积累了宝贵的实践经验。社区矫正工作又是一项实践性、操作性极高的工程,其立法工作需要大量的实践调研资料为支撑。所以,人民法院应当发挥优势,积极配合立法机关做好立法的起草调研工作。具体来说,人民法院可以重点在社区矫正适用对象的范围、审前调查评估程序、与司法行政机关等部门的衔接配合等方面作具体的立法研究。同时,由于我国各地发展不平衡,具体情况差异大,各省市人民法院可以在法定的范围内,分析研究符合本地"省情"、"市情"的社区矫正工作具体化规范,以便适应各地的现实差异性。

(二)转变观念,扩大非监禁刑的适用

随着人权观念的发展,犯罪的非刑罚化,刑罚的轻缓化,行刑的社会化已经成为国际性的发展趋势。作为裁判者的法院和法官,应当转变传统的刑事司法观念,充分认识到社区矫正的重要意义,适当扩大非监禁刑的适用。

1. 转变观念,正确看待非监禁刑

传统的重刑观念将刑罚与关押等同起来,使得社会公众不能理性对待犯罪人,也造成法院不能恰当适用非监禁刑。推进社区矫正工作的顺利开展,必须扫除这个思想障碍。首先,法院审判人员应当带头转变思想观念,区别对待轻刑犯罪和重刑犯罪。"如果犯罪人人身危险性大,罪行重,留在社会对国家、公共利益或公民的合法权益造成重大威胁,应采用监狱矫正方式;如果犯罪人人身危险性小,罪行轻,留在社会不会对国家、公共利益或公民的合法权益构成危险,就可以采用社区矫正

方式。"①其次,人民法院应当以依法行使裁判权为载体,宣传正确的刑罚观念,引导公众转变重刑观念,逐步形成科学的刑罚规范意识。在当今世界刑罚轻缓化以及理性行刑观念的背景下,"中国总要赶上时代潮流、追随文明大势。中国人无论如何不能总是浸泡在复仇的苦水中、烘烤在复仇的火焰上。"②

2. 改革量刑制度,建立刑事裁判与执行的良好互动机制

法官行使审判权时,不仅要关注正义的实现,也要兼顾被告人和罪犯的人格状况、再社会化,同时也要适度考虑监狱的容量和负荷,使裁判更具科学性。为了促进刑事裁判与执行的良好互动和沟通,可以参考西方国家设立相应制度,如吸收社区代表参加缓刑判决的听证,监狱定期向法院提供监狱容量通报与预警等。这些制度充分发挥了行刑环节对裁判环节的反馈作用,有利于提高刑罚适用和行刑方式的科学性。

3. 细化条件,提高非监禁刑适用的规范性和可操作性

法院参与社区矫正工作的最重要内容,就是要确定犯罪人的再犯可能性,以裁判其适用监禁刑或非监禁刑,从而决定是否启动社区矫正。适用非监禁刑的前提条件是"确实不致再危害社会",该项条款极具弹性,全凭各法官自由裁量,实践中不易操作。所以,具体细化非监禁刑的适用条件,充实其考察内容和检验标准,有利于提高各法院裁判适用非监禁刑的统一规范性和可操作性,是非常必要的。这项细化工作需结合相关制度来进行,如判决前人格调查制度。

(三)规范程序,严密与其他部门的工作衔接

"没有程序保障的正义,是难以实现的正义,一部实体正义的法律,如果没有相应的程序保障,实体正义必将落空,这已是公认的真理。"③法院参与社区矫正工作,需要与其他有关部门保持良性互动,形成无缝衔接,从而有效防止社区矫正人员脱管漏管现象的发生。

1. 社区矫正裁判阶段——完善审前调查评估程序

在《实施办法》第 4 条的基础上,需要对审前调查评估程序进行如下完善:

(1)规范相关的期限要求。如规定人民法院需要调查拟适用社区矫正的被告人、罪犯对其所居住社区影响的,应当在开庭前至少半个月书面通知县级司法行政机关。司法行政机关收到书面委托书后应当立即开始调查工作,并应当于开庭前三天将调查评估报告反馈给法院。这样的期限要求也有利于解决审前调查评估程序与法院审限制度的冲突问题。

(2)确定必须进行审前调查评估的情形。目前是否委托进行审前调查评估由法官自由裁量,极易造成实践中各法官能省则省,忽略该程序的现象。所以有必要设定法院必须委托进行审前调查评估的情形。比如相关主体,包括犯罪人、公诉机关、被害人等对是否适用社区矫正态度不一,法官无法形成判断时。

(3)设置社区矫正听证程序,加强对审前评估程序的监督。完全依靠司法行政机关提交的评估报告,难免产生有失公允的现象,也极易滋生司法腐败。有必要设置相应的听证程序,以最大限度地保证法院对社区矫正决定的公正。听证会应由原审案件审判长或审判员主持,检察机关、司法行政机关、基层自治组织当派人参加,犯罪嫌疑人或罪犯、被害人应当参加,其他群众可以旁听。

2. 社区矫正裁判与执行衔接阶段——与司法行政机关建立无缝衔接

(1)在法律文书的送达方面,应当严格按照《实施办法》的规定,按时按规定送达。如果因为法

---

① 程琥等.社会学视野中的社区矫正制度.中国监狱学刊,2004(4).
② 霍存福著.复仇 报复刑 报应说.长春:吉林人民出版社,2005:6.
③ 但未丽著.社区矫正:立法基础与制度构建.北京:中国人民公安大学出版社,2008:268.

院送达方面的迟延或错误,造成社区矫正人员的脱管漏管,则应承担相应的法律责任。(2)在人员的交接方面,应该完善程序,实现无缝衔接。一是建立社区矫正担保人制度。即在判决时,指定相应的亲属对社区矫正人员进行监督,如发生矫正对象的未按时报到和违规外出情形,则需承担相应的法律责任。二是实行判决现场交接制度,真正实现无缝衔接。即法院在宣判前,应当告知司法行政机关开庭判决时间并通知其参加庭审,判决后法院应现场宣告社区矫正,并将矫正对象及判决文书交给司法行政机关。

3. 社区矫正撤销阶段——规范社区矫正撤销程序

社区矫正的撤销程序应当包括三个环节——撤销请求的提出、是否撤销的审查和裁定撤销后的处理。(1)撤销请求应当由居住地同级的司法行政机关向原裁判人民法院提出,提出的根据是法律法规规定的撤销条件和矫正对象的实际表现。提出机关应当提交相应的证据材料,还要将撤销请求和证据材料同时报送负责监督的同级人民检察院。(2)人民法院在收到撤销请求和证据材料的 7 日内,应当进行书面审查,并在 15 日内作出初步裁定。如果初步裁定不撤销社区矫正,司法行政机关也未提出反对意见的,则不开庭即可作出不予撤销的裁定;如果法院初步裁定不予撤销而司法行政机关坚持相反意见,或者法院初步裁定撤销社区矫正的,应当及时开庭审理。社区矫正人员和司法行政机关相关人员应当参加庭审,并且分别进行举证和说明。社区矫正人员也可以委托代理人为自己辩护。(3)法院按照上述审查程序,依法裁定撤销社区矫正后,应当将撤销裁定书同时送达负责收监执行的监狱管理机关和同级人民检察院。司法行政机关应当在裁定作出后 3 日内将被撤销者送交监狱或看守所。

基于产学研合作的人才培养体系构建与实施

张　旭　韩军*

摘要：21世纪是人才的世纪，人才密集和智力密集是21世纪主流经济模式的最主要特征。之江公司在十多年发展过程中，一方面吸引国内顶尖的行业技术人才来公司就职，另一方面通过产学研合作方式，依托高校建立人才培养体系，培养企业发展急需的人才，为之江的发展打造了雄厚的人才梯队。本文对之江公司依托高校的产学研合作关系构建的人才培养体系从动因、构建和实施效果几个方面进行分析，以期对相关企业和高校的人才培养有所借鉴作用。

关键词：产学研合作　人才培养体系　杭州之江公司

21世纪是人才的世纪，人才密集和智力密集是21世纪主流经济模式的最主要特征。杭州之江有机硅化工有限公司是一家专门从事化工新材料研发和生产的股份制企业，创办于1996年，目前在全国建筑用密封胶领域处于领军地位。之江公司在十多年的发展过程中，凭借着美好的共同愿景和坚定的信念，既吸引了国内顶尖的行业技术人才来公司就职，也通过产学研合作的方式，依托高校建立人才培养体系，培养了众多的企业发展急需的人才，为之江的发展打造了雄厚的人才梯队，之江公司的人才体系的建设，对企业和高校的人才培养，有一定的借鉴意义。

一、问题的提出

（一）高校的人才培养目标和社会的需求有差距

目前，全国有各类高校2200多所，普通高校1000多所，主要分布在全国的大中型城市，社会对高校毕业生质量，主要是评价毕业生群体能否很好地适应国家、社会、市场的需求。而高校对人才培养质量的评价，主要是以高等教育的内部质量特征作为评价依据，对毕业生的培养是否达到学校规定的专业培养目标的要求为依据。这种培养模式是以学校本身为自我中心的培养，缺乏对学生适应企业需求的技能的培养，这给学生进入企业留下了后遗症，这也是导致高校培养出来的人才，不能很好地与市场接轨，不能适应企业对人才的需求。

近年来，教育部针对这个情况，也提出了相关指导性意见，要求各高校加强产学研密切合作，拓宽大学生校外实践渠道，与社会、行业以及企事业单位共同建设实习、实践教学基地。要采取各种有力措施，确保学生专业实习和毕业实习的时间和质量，推进教育教学与生产劳动和社会实践的紧

---

*　作者简介：张旭，杭州之江有机硅化工有限公司市场总监。韩军，杭州之江有机硅化工有限公司人力资源部经理。

密结合。

虽然通过产学研合作,建立大学生实习基地对人才培养的作用已被广泛接受,但真正在实际操作上,效果并不好。在市场经济条件下,在我国还没有关于企业必须接受学生实习法律、法规的情况下,产学研合作更多的还是高校"热"企业"凉",企业或其他用人单位多数不乐意接受大学生实习。因为一旦学生进入到实习单位,就给这些单位增加了许多工作和责任。要安排指导人员以及实习场地和实习用具,如果企业以无回报的方式来完成这些工作,是无法坚持的。只有企业通过实习获得后备人才的储备,这种实习才可能是受企业欢迎的。

(二)企业自身的人才培养机制不完善

由于学校对人才培养缺乏与市场接轨,企业招聘的毕业生必须根据公司发展的战略和岗位状况,分析培训需求,成立内部培训机构,或者建立企业大学利用内部培训讲师,或者花高昂的费用外聘培训师对人才进行二次培养和训练,以适应企业的发展需要。但这种模式存在以下两方面的缺陷:一是有些学生是迫于就业压力,把进入企业作为一个跳板,进入企业本身就很迷茫,不知道自己喜欢做什么?适合做什么?二是企业本身在招聘技术方面也存在问题,不清楚自身究竟需要什么样的人?即使知道自身需要什么样的人,在人才选拔方面也缺乏人才测评评估技术,选人不准。在人才的任用上,也是根据公司的发展需要,一厢情愿地把人才配置到符合公司发展需要的岗位上,而没有考虑人才是否喜欢、是否适合这个岗位。一言以蔽之,企业为员工做的职业规划是从企业本身考虑的,而没有考虑人才本身的需要,没有把企业的员工职业规划和员工个人的职业规划结合起来,没有达到双赢。

(三)产学研合作模式是人才培养的最佳途径

产学研合作教育模式由美国辛辛那提大学工程学院教务长赫尔曼·施奈德开创,他于1906年在辛辛那提大学推行了第一个合作教育计划。1983年成立世界合作教育协会,标志着合作教育已经成为世界性的教育改革潮流。麻省理工学院实施本科生科学研究计划,明确规定大学生的学习内容除了课程学习之外,还有科学研究方面的学习和任务;德国所谓的大学教育的第二次革命,就是指出"教学与科研相结合"的过程;英国大学则实行工读交替制,大学生在学习期间要到与本专业有关的企业部门工作一年或两年,这已经成了制度。实践证明,它是国际公认的培养创新人才的最佳途径。我国于20世纪80年代后期引进产学研合作教育。1997年10月教育部发出《关于开展产学研合作教育"九·五"试点工作的通知》,标志着我国产学研合作教育模式的启动。

企业和高校存在互补性的资源。产学研合作教育可以充分利用学校与企业多种不同教学环境和教学资源以及在人才培养方面的各自优势,把以课堂传授知识为主的学校教育与直接获取实际经验、实践能力为主的生产、科研实践有机结合的教育形式。这从根本上为了解决学校教育与社会需求脱节的问题,缩小学校和社会对人才培养与需求之间的差距,增强了学生的社会竞争力。

二、基于产学研合作的人才培养体系构建思路

之江公司与浙江财经大学的合作始于2002年,之江公司从浙江财经大学招收了市场营销专业的4名毕业生到公司就业,这是之江公司自1996年建厂以来,第一次批量引进高校毕业生到公司就业。在随后的几年中,之江公司又陆续从其他高校吸收工商管理、市场营销、财务管理,以及化工类专业的本科生到公司就业,但令人遗憾的是,这些初期引进的毕业生多数先后离开了之江公司,这种情况的发生,既有毕业生自身的性格和工作能力和适应性的问题,也有公司对毕业生的使用和

培养方面存在一定的问题。这一现象的产生,促使公司和学校下决心解决这一问题。

经过多年的探索,之江公司与浙江财经大学东方学院基于产学研合作、互惠共赢为基点,围绕着实习生、高校和企业三方的需求,提出了通过产学研合作建立企业的人才培养创新体系,该体系以企业对创新人才的需求和人才自身发展诉求相结合为核心,借助浙江财经大学东方学院在企业管理、市场营销以及人力资源管理方面的教师资源,以产学研结合的实习基地为依托,围绕着之江对人才的能力需求,对学生实施系统扎实的训练,达到企业、学生和高校共赢的结果。

产学研合作的人才培养体系的构建思路依次为确定人才培养目标、签订实习基地协议、建立校企合作教育组织、建立校企联合指导教师队伍、共同设计和实施培养方案、联合进行人才培养质量评价,具体如下图。

```
┌─────────────────────┐
│   确定人才培养目标      │
└──────────┬──────────┘
           ↓
┌─────────────────────┐
│   签订实习基地协议      │
└──────────┬──────────┘
           ↓
┌─────────────────────┐
│   建立校企合作教育组织   │
└──────────┬──────────┘
           ↓
┌─────────────────────┐
│   建立校企联合教师队伍   │
└──────────┬──────────┘
           ↓
┌─────────────────────┐
│   共同设计实施培养方案   │
└──────────┬──────────┘
           ↓
┌─────────────────────┐
│  联合进行人才培养质量评价 │
└─────────────────────┘
```

在确定了人才培养体系的框架以后,如果进行人才培养活动的实施是一个关键的问题,之江公司认识到,只有把企业对人才的需求,和人才对自身发展的诉求结合起来,在充分尊重人才的心理需求的基础上,并围绕着人才的这些心理需求,展开相应的培养和训练,才能达到公司和员工双赢的目标。

三、基于产学研合作的创新人才培养体系的具体运作

之江公司通过与浙江财经大学东方学院的产学研合作机制,聘请学院教师为公司的管理和营销顾问,参与公司的重大经营决策,负责实施之江公司的管理和营销实习生的招聘、选拔、录用和培训工作。以企业营销实习生的培养体系为例,阐述之江公司基于产学研合作的创新人才培养体系的具体运作。

(一)营销实习生的培训过程和内容

1. 营销实习生的实习过程安排

实习计划主要分为四个阶段:第一阶段是了解公司和产品理论讲授阶段,时间一个星期。主要是为了让实习生能在熟悉了解公司和产品功能特点,同时也是让实习生互相认识沟通的一个阶段,让他们有一种融入组织的感觉,因此能更好进行后续的培训和学习。让实习生有一定的组织归属感。

第二阶段是关于销售知识讲解和销售案例分析阶段,时间一个星期。主要为了通过公司提供的专业培训一方面增加实习生销售方面的技能和知识,另一方面让实习生感到公司对他们的重视,因此将更有热情地学习。可以给予实习生一定的组织归属感和成长感。

第三阶段是销售实践阶段,时间两个星期。通过给予实习生一定难度的工作,一方面从实践中锻炼销售人员的能力和技巧,另一方面是增加他们的成就感。

第四阶段是市场调研和信息反馈阶段,时间四个星期。一方面是培养实习生做计划和具体调研的能力,另一方面也是公司为开拓民用胶市场前所作的一个初步调查。

2. 营销实习生的具体实习内容

第一阶段的实习内容分为以下几个方面:一是公司总经理介绍公司的主要情况,行业情况,竞争对手。二是产品知识课:由生产经理给实习生讲授公司的主要产品的分类、用途、功能、性能指数。三是车间实习:由车间经理安排实习岗位,主要目的是了解产品的生产过程,工艺过程,公司的生产设备,生产能力,生产状况。

在开始这一阶段的实习后,让实习生对公司有个大概的了解,实习生在了解公司情况的基础上,可以参照自身的想法选择是否仍然在公司实习。同时开始阶段采用的也是比较简单内容,一方面可以给实习生对陌生环境的一个适应时间,另一方面也是让实习生有互相认识交流的时间。让实习生感觉到公司对他们的关心,加快他们融入公司的时间。

第二阶段主要是销售知识学习和演练,内容包含两块,一是总公司的销售顾问和销售总监为实习生讲授销售的理论和技能方面的知识,包括销售前准备、如何介绍产品、账款回收和售后服务、销售过程、如何寻找、开发客户、如何和客户进行沟通、销售。二是经验交流课,销售顾问和销售总监从实践的角度来讲解,同时他们以自己在现实中遇到的真实问题以案例分析或情景演练的方式让实习生现场模拟演练,让实习生能身临其境体会到销售过程。

由于很多实习生都不是市场营销专业毕业的,没有接受过专业的销售知识培训,因此在这个阶段公司对实习生进行了一些专业知识和技能的培训,给他们一种成长感。并且安排已在公司工作的大学生与实习生进行面对面的零距离的交流,从实习生心理状况,思想状态进行了解、讲解、交流。以一种更能接近实习生心理的身份为实习生解决和开导实际遇到的问题,从心理上了解和关心实习生,让他们能有充分的组织归属感。

第三阶段是销售实践,主要是跟随公司销售部门人员到公司营业点实地进行现实中的销售学习。这一阶段的实习生面对的工作就比较有挑战性,同时也是对前期所学具体实践,更好地训练实习生的主动性、接触性、互通性、灵活性、服务性等方面的能力,为后面公司进军新市场做准备。这个阶段通过增加难度,来引发实习生的学习兴趣,增加他们的自信心、给予他们成就感。

第四阶段的培训内容,一方面是制定市场开拓计划和调研计划书。一个是结合公司目前的情况和行业情况,起草一份市场开拓计划书,为后面即将展开的市场调研做计划。另一方面是市场调研及调研总结会。市场调研时间三个星期,分为三个团队,地点是江苏、北京、浙江。主要是了解当地的民用胶市场情况,搜集供应商和大型门窗厂的资料。要求以团队合作的方式设计计划书,每个团队要对自己的计划书进行讲解。这样做,一方面培养实习生团队合作的能力,也是让他们在即将进行的市场调研前凝聚他们更有团队合作的精神。另一方面激发实习生的能力,讲解课和经验总结会给他们自我表现的机会,并通过公司高层进行现场评比的方式来激励实习生们更有热情去实践。

(二)关注心理需求,给予实习生更多的归属感

1. 采用团队培训来加强实习生间的沟通,提高实习生对企业的归属感

以团队形式组织实习生进行培训方式可以有效地提高实习生的归属感。团队培训有利于团队协作,来自同一学校的实习生,彼此之间团结友爱,有集体精神,凝聚力强,在工作中能互相帮助,互相激励,可以更好地提高各自的工作绩效。团队培训还能满足实习生的心理需要和情感需要。霍

桑实验揭示了人是社会人,人们不只有物质的需要,还有社交的需要,有爱和归属感的需要。实习工作的繁琐性和单调性容易使人产生厌倦情绪,实习生在非正式组织中能够寻找到友爱和支持,缓解工作压力,满足心理和情感需要。因此企业以团队形式对实习生进行培训和指导,在之江实习生培训管理中就是采用这种形式进行,笔者已亲身感受到这种方式确实可以提高实习生对公司的归属感。

2. 建立实习生和企业员工的良好关系

要在实习生和正式员工中形成良好的互动关系,不仅需要实习生有虚心求教和爱岗敬业的态度,也要求企业有针对性地建立一套实习生考核体系。因为在实习生管理中,大多数企业并没有因为招收动机差异而采用相应的考核方法,甚至根本就没有这类考核,以至于实习生和正式员工的关系变得不清不楚。可以说,无论是正式员工不愿意真正"传、帮、带"实习生,还是指派实习生整日打杂,两类关系难处的最主要原因都是没有明确管理实习生的工作职责,以及相应的考核系统。同时学校在实习前应该侧重进行"做人"方面的岗前培训,企业则应侧重于"做事"方面的制度教育和岗前培训。

(三)提供丰富的培训内容,提升实习生的专业技能

1. 采用多环节给实习生传授相关知识

知识和能力资源是产生竞争优势的源泉,共享性知识管理体系不仅强调知识分享,更强调知识创造。之江公司就与实习生共享知识体系,在之江实习的过程中,有车间技术人员和负责人向学生介绍公司产品、生产工艺、特点。销售总监传授销售方面的经验。许多外企每年都有计划招收实习生,并安排在相应的技术或管理部门,这不仅可以带来新的知识与非知识资源,为他们培养目标员工做好了铺垫,同时也增强实习生在公司的成长感。

2. 加强实习生的技能培训,提高实习生的专业能力

如果从需要层次理论的内涵和培训的实质来看,实习生的每一个需求层次都有接受培训的需要,只不过是在不同的需求层次上,接受培训的目的不同。培训既是人的知识、技能和能力提高的过程,也是个人行为改变的过程。人对于培训的需求是随着人类社会的发展、进步和人的需求层次的逐步提高而不断发展的。之江公司就很注重对实习生的培训,有生产和产品方面的知识的讲授,有销售经验方面的指导,有具体实践的历练。每一个实习生都感到自己在之江学到了很多,大家的实习热情也高涨了很多。

因此加强对实习生技能培训来增加实习生的成长感。从天之骄子变为地位低微的一线员工,有时甚至会被同事忽视或嘲笑,这一转变难免会令实习生产生自卑心理。企业应加强实习生的岗前培训和在职培训,只有让实习生拥有扎实的工作技能,才能使其找回自信,从容应对工作挑战。

(四)提供更多的参与机会,激发实习生自我意识的增强

1. 多给予实习生参与工作的机会

工作安排上,企业可以尽量给实习生安排一些有挑战性或有新鲜感的工作,允许他们有尝试的机会,并根据实习生的年龄适度安排工作时间以及工作量。企业的实习生不管是中专生还是大学生,大多都是独生子女。他们在家娇生惯养,而现在面对企业繁重的工作,无论在生理还是心理上都会觉得有沉重的负担,需要一个慢慢适应的过程。在此过程中,企业应该根据实习生的年龄阶段适度安排好工作时间和工作量,要考虑到实习生的承受能力。

在之江整个培训过程中是循序渐进的,由开始的一般了解公司到深入了解,从技能培训到情景演练再到具体的销售实践,最后是市场调研。整个培训的难度是循序渐进慢慢提高,这样有利于实

习生的接受。

2. 建立有效的实习生激励机制

针对实习生的需求层次建立有效的物质与精神激励机制。就物质激励而言,不仅要让他们参与日常经营管理,还可以将他们视同短期合同工或临时工一样进行考核,包括给予适当的工作补贴和创新奖励。就精神激励而言,除了口头、书面肯定及公开表彰外,领导与员工用餐或高层与实习生开展对话等也非常重要,如果经理或者其他高层领导见到时能走过去拍拍他们的肩膀或者竖起大拇指,肯定他们工作的干劲和责任感,他们都会格外的高兴,因为他们获得了企业的关注和肯定。在之江实习的时候,经常隔一段时间就会有领导对实习生的实习过程进行了解和评价,激发实习生的工作热情。

3. 为实习生制定职业生涯规划

企业实习生的实习动机差别很大,如果是毕业实习,就业一般是他们首要考虑的问题;如果是课程实习,则完成学业是其主要目的;如果是高年级自荐实习,则企业知名度与工作平台是其主要考虑因素。对大部分实习生,特别是来自高校的学生来说,对实习工作和就业情况的期望都非常高,许多人都觉得毕业后应该能从事管理层或技术专家型的工作,可是眼前在企业实习却做些低层次的操作性工作,理想与现实的矛盾必然产生很大的心理落差。针对这些问题,之江公司结合实习生的自身特点为他们作出职业规划,提升他们对企业的认同度和忠诚度。只有把实习生个人的职业规划和企业的员工职业规划结合起来,才是真正意义的企业员工的职业生涯规划。

4. 给实习生展示自我风采的机会

企业应通过举办员工联谊会、技能大赛、知识竞赛等活动,为实习生提供施展其才华的舞台。一方面有利于与员工间的交流与沟通,另一方面也提高了实习生个人的吸引力和自信度。之江公司在这点上做得很到位,在每隔一个阶段就有一次实习生相互交流会,同时每次的方案计划的制订也给实习生展示自己能力的机会。此外,公司还在实习生实习结束的时候举办座谈会,让实习生们对自己在实习期间所学到的知识和经验以及发现的问题畅所欲言,并加以总结和归纳。这样一方面可以加强实习生之间的知识分享,另一方面有利于企业发现和总结问题,为下一次的实习生工作积累经验。

四、产学研合作人才培养体系的实施效果

通过坚持共建共享、优势互补、互利互惠、巩固发展的原则,杭州之江有机硅化工有限公司与浙江财经大学东方学院通过走产学研结合之路,努力达到"多赢"的局面,取得了很好的效果。

(一)获得了足够充分的后备人才梯队

通过与学院实施产学研合作,建立实习基地,引导学生参加公司组织的多次营销和管理实习,公司选拔了一批对之江文化具有强烈认同感,在品行和能力都能适应之江未来发展的优秀后备人才,组建了之江未来发展的人才梯队。比如之江公司的海外部、硅酮事业部的山东、北京等办事处,通过实习基地培养进入公司的员工,已经成长为公司业务的中坚力量。

(二)提升企业的经营管理水平

通过坚持"共建共享、优势互补、互利互惠、巩固发展"的原则,之江公司和东方学院探索产学研结合之路,依托学院的优质师资,开展提升企业管理水平的专项课题研究,促进了企业的长远发展。自2008年以来,公司和学院先后进行了"国内化妆品行业市场研究"、"国内 PU 填缝剂市场研究"、

"国内建筑用胶市场调研"、"之江人力资源体系改进"等企业课题的研究,通过这些项目的研究,一方面提高了之江公司的决策水平和企业管理水平,一方面也培养提高了项目参与学生的实际工作能力。

(三)加强了高校"双师型"教师队伍的建设

通过与之江公司的密切合作,利用之江公司的经营经验优势和高校的人才资源相结合共同开发研究项目,学院年轻教师通过深入之江公司,与之江工作人员接触交流,参与公司的科研课题和管理工作,获取第一手资料,充实教学内容,有效地促进年轻教师的学术水平和实际动手能力。之江公司在为高校解决实习的困境的同时,长期的合作又能给高校培养一批优秀的"双师型"的教师队伍。

基层法院行政案件管辖权的反思与重构

茅益东 柯盛华*

摘要：目前我国的行政审判呈现两个特点，一是原告胜诉率逐年下降，而撤诉率、驳回起诉率、上诉率和申诉率居高不下，二是受案数量明显偏少且停滞不前。出现这一困局的主要原因在于司法权整体上受制于行政权。相对集中管辖既能改善行政审判环境以增强司法公正，也能培育专业法官队伍以提高办案质量，还能合理配置审判资源以提高审判效率，具有波动范围与改革阻力更小的优势，不失为现行政治与司法体制下的一个比较务实可取的选择。

关键词：司法权 行政权 行政案件 管辖权

"行政案件数量少，原告胜诉率低，撤诉率、驳回起诉率、上诉率和申诉率高"的局面年复一年地在全国人民法院上演，足以表明我国行政诉讼的现状并不乐观，在许多地方，用"走入困境"来形容并不为过，也并非危言耸听。而作为绝大多数行政案件一审人民法院的基层法院，情形则有过之而无不及。即便是最高人民法院先后两次对行政案件管辖制度改革出台司法解释，甚至于2009年11月又专门下发《关于依法保护行政诉讼当事人诉权的意见》，行政案件"一少、一低、四高"的现象也没有得到实质性的改观。在未来的行政诉讼制度变革中，是否仍有必要将行政案件管辖权授予每一基层法院？如果没有必要又当如何重新构造基层法院行政案件的管辖权？

一、现状：基层法院行政审判之运行透视

（一）行政案件少而不均

相比于民事案件与刑事案件，行政案件受理的数量极低，而且增长速度几乎停滞不前（见表1）。以2011年为例，全国人民法院一审行政案件的收案数为136353件，仅占一审刑事、民事、行政案件收案总数7596116件的1.80％；按全国3133个基层法院计算，平均每个基层法院的收案数是43.5件，如果加上各中级人民法院的话，这个数字更小；与当年全国约13.5亿人口的数量相比，行政诉讼比率只有百万分之一百零一，与其他国家或地区相比差距很大；与国内高达千万计的信访案件相比，行政诉讼案件少得不成比例；与浩瀚的执法数量相比，行政诉讼案件简直微不足道。

---

* 作者简介：茅益东，浙江省海宁市人民法院纪检组组长。柯盛华，浙江省海宁市人民法院行政庭副庭长。

表 1 ：全国人民法院受理一审案件数量情况统计表（2005—2012）①

年份	行政（件）	民事（件）	刑事（件）	合计（件）	行政案件比例（%）	年中人口（万）	行政诉讼率（件/100万）	行政诉讼增长率（%）
2005	96178	4380095	684897	5161170	1.86	130756	73.6	3.85
2006	95617	4385732	702445	5183794	1.84	131448	72.7	−0.58
2007	101510	4724440	724112	5550062	1.83	132129	76.8	6.16
2008	108398	5412591	767842	6288831	1.73	132802	81.6	6.79
2009	120312	5797160	766746	6688963	1.80	133474	90.3	10.99
2010	129133	6090662	779595	699350	1.84	134100	96.3	7.33
2011	136353	6614049	845714	7596116	1.80	134735	101.2	5.59
2012	129583	7316463	996611	8442657	1.54	135404	95.7	−4.97

　　更为关键的是，我国行政案件的分布极不均衡，除了少数人口规模和经济总量较大的省市区外，多数省市的行政案件数量不大。即使按照收案数量位居全国前列的广东、江苏等省的数字看，平均每个法院受理的一审行政案件大都在 50 件以下，与民事和刑事案件的收案量形成悬殊的对比。除了北京、上海等情况特殊的都市外，其他省、自治区和直辖市的法院平均受案数还要小得多。很多基层法院每年受理的行政案件量不到 10 件，全年没有行政诉讼案件的基层法院也为数不少。以浙江省为例，根据浙江省高级人民法院统计，在全省 90 个基层法院中，2008 年收案超过 50 件的只有 23 个法院，不到 20 件的有 34 个法院，不到 10 件的有 16 个法院，有 2 个基层法院全年没有案件。目前每个基层法院都设立了行政审判庭，按要求均应配齐一个由 3 个法官组成的合议庭。这就造成许多法院行政庭办案不多甚至无案可办的局面，与民、刑事案件案多人少的矛盾形成鲜明的对比。由此造成的结果是，行政庭的法官赋闲浪费，或是行政庭法官以办理其他业务庭的民刑事案件为主，导致基层法院行政庭名不副实。特别是案件量少的法院，不仅存在无案可办的现象，也会由于法官审判经验的缺乏而影响审判质量。②

（二）审判结果高低不"平"

　　虽然一审行政诉讼案件数量不多，但却一直陷入原告胜诉率逐年下降，而撤诉率、驳回起诉率、上诉率和申诉率居高不下的困局（见表 2）。2005 年以来，判决支持原告（包括判决撤销、责令履行法定职责、确认违法或者无效）的比例不断下滑，从 2005 年的 17.25% 一路跌至 2012 年的 7.65%。③ 而在各种非判决的结案方式中，原告撤诉的比例一路从 2005 年的 29.8% 攀升至 2012 年的 49.8%，如此高的撤诉率并不意味着"官民和谐"真正得到了实现，其背后不知隐藏着多少"非正常撤诉"。④ 此外，裁定驳回起诉占据了一审结案方式的 8% 左右，最高的年份 2006 年为 12.2%，最低的年份 2011 年也有 6.5%，如果再加上原告起诉而法院裁定不予受理的以及法院对于原告起诉既不受理也不作裁定的案件，没能进入法院实体裁判的行政案件比例显然是偏高的，而这绝非

---

① 数据来源于：全国法院司法统计公报. 最高人民法院公报，2006（3），2007（3），2008（3），2009（3），2010（3），2011（3），2012（3），2013（3），国民经济和社会发展统计公报.
② 叶赞平，刘家库. 行政诉讼集中管辖制度的实证研究. 浙江大学学报（人文社会科学版），2011（2）.
③ 近些年来，虽然我国行政机关依法行政的意识、能力与水平都有了较大的提升，但是公民、法人或其他组织的合法权益受到行政行为侵害的情形在行政管理中仍是时有发生的，在行政诉讼中原告如此之低的胜诉率显然不正常，像德国这样的成熟法治国家，原告的胜诉率维持在 20%—50% 之间.
④ 何海波. 困顿的行政诉讼. 华东政法大学学报，2012（2）.

正常。

虽然目前法院没有统计一审案件的上诉率,但如果以二审立案数除以当年一审结案数来估算,再考虑到相当比例的一审行政案件是以协调和解(撤诉)和其他方式结案,一审行政案件的上诉率是相当惊人的。① 据何海波教授推算,对一审行政判决的上诉率约为78.8%,对一审行政裁定的上诉率约为49.1%②。虽说再审行政案件的数量很少,但如果考虑到行政案件总量较少,行政案件的再审比例也是明显偏高的,而且远远超出同期刑事、民事案件的再审比例。③

表2　全国人民法院审理行政案件情况统计表(2005—2012)④

年份	结案	撤销	履行法定职责	确认违法无效	原告胜诉比率(%)	驳回起诉	撤诉	二审	再审
2005	95707	11764	2511	2237	17.25	10885	28539	29448	1894
2006	95052	9595	1457	2280	14.03	11562	31801	28956	1950
2007	100683	8600	1377	1612	11.51	9198	37210	29986	1908
2008	109085	8564	1341	1977	10.89	9086	39169	32920	1543
2009	120530	8241	1140	1485	9.02	11004	46327	32643	1358
2010	129806	7340	1142	1454	7.65	10014	57745	35334	1448
2011	136361	6944	2135	1567	7.80	8849	65389	33479	1564
2012	128625	6980	1569	1296	7.65	8544	64104	32549	1277

原告胜诉率低,撤诉率、驳回起诉率、上诉率和申诉率高的行政诉讼现状,足以证明上世纪90年代初期即已存在的行政诉讼"立案难、审理难、判决难"的问题至今没有得到有效解决,也意味着最高人民法院对于管辖制度的两次改革的成效不尽如人意。

二、溯源:行政诉讼陷入困境之原因解析

就我国行政审判陷入困境的原因,学术界与实务界已有全面与深入的研究,无须笔者赘言。不过,笔者以为,在司法权整体上受制于行政权的情况下,相比于民事与刑事审判而言,管辖制度与审判力量方面的缺陷才是症结所在。

(一)强人所难的管辖设计

最高人民法院《关于行政案件管辖若干问题的规定》(以下简称《管辖规定》)颁行前,除法律、司法解释有特别规定外,行政诉讼案件,在地域管辖方面概由作出行政行为的行政机关所在地法院管辖,而级别管辖上则一般由基层法院管辖。从司法实践来看,绝大多数的行政案件都是由被告所在地基层法院管辖。据此,可以清晰地看到,我国实际上确立了行政案件由被告所在地基层法院管辖

---

① 虽然不能简单地以上诉率来衡量一审裁判的质量,但高位的上诉率似乎说明一审裁判在及时消弭行政纠纷上还有待改进。如果联系一审裁判支持原告比例的低迷,以及原告提出上诉的巨大比例,居高不下的上诉率也是对一审裁判公正性的质疑。

② 何海波.困顿的行政诉讼.华东政法大学学报.2012(2).

③ 以2010年为例,各级法院受理申诉、申请再审案件121643件,经审查决定再审26800件,决定再审案件占同期全部诉讼案件的3.4‰。同年,行政案件立案再审的数量占当年全部一审行政案件的1.1%,占全部二审案件的4.1%.

④ 数据来源于:全国法院司法统计公报.最高人民法院公报,2006(3),2007(3),2008(3),2009(3),2010(3),2011(3),2012(3),2013(3).

的原则,对被告行政机关来说,亦可称之为"本地法院管辖原则"。如此配置一审行政案件的管辖权,确实有利于当事人就近进行诉讼以节省交通费用、食宿费用等诉讼成本的耗费,也方便人民法院认定案件事实,就近进行诉讼保全、财产保全,执行生效裁判。但是,这种主要立足于"追求效率"立场的配置不可避免的为行政机关能够轻而易举地对本地基层法院施加压力提供某种便利。诚如马怀德教授所言:"在行政诉讼实践中,行政机关作为行政争议的当事人,因切身利益所在较之其他诉讼对法院的干预有更强的驱动力,而由于行政部门在地方党政权力机构中的强势地位,司法体制的地方化实际上主要表现为地方政府部门对法院人事、财政的控制以及由此而来的对法院独立审判的实际干涉。"①法院无论在物质供给还是在人事安排等方面都没有足够的自主权,无法排拒来自行政的干预。而且,行政审判庭作为法院的一个内设机构,受制于法院自身对之的重视程度,一些法院为获得人事安排、财政拨款等方面的某些利益,往往在行政审判方面加以让步。此外,基层法院大多设在县城,人口不过几万,是一个典型的乡土社会。在这样的社会中,由血缘、家族、亲情乃至上下级等等关系所织成的网络给绝大多数在本乡本土法院司法的法官们带来了多么沉重的压力。② 在这样的管辖制度下,让事实上接受地方政府控制的法院监督政府无异于"让老鼠监督猫",③让势单力薄的行政法官独立公正审理行政案件实在是强人所难。由此,不难理解为何本地法院审理行政案件会出现"受案难、审理难、判决难",也就不难看出行政案件原告"不敢告、不能告、告不赢"的症结所在。

那么《管辖规定》颁行后,是否改变了上述一审行政案件管辖原则呢?答案显然是否定的。2008年2月1日施行的《管辖规定》,试图在《行政诉讼法》确立的"原告就被告"管辖制度的框架内,通过"指定异地管辖"④和"提级管辖"⑤等举措,将部分案件的管辖权限"移动",脱离本地基层法院,进行异地审理。换言之,即便《管辖规定》得到全国法院的严格执行,一审行政案件的管辖也只能形成"由本地基层法院管辖为主导,异地基层法院与本地中级人民法院管辖为例外"的基本格局,仍然改变不了绝大部分案件由本地基层法院管辖的原状,自然也就无法破解司法权受制于当地行政权的困局。何况在司法实践中,由于管辖权转移缺乏严格规范,又由于地方干涉、地方保护主义等因素作梗,上级法院"怠于提级管辖、乐于降级管辖",或者消极行使提级管辖权,不给下级法院挑担子;或者将案件交由下级法院审理,给下级法院的肩头增添一副承受不起的担子,为司法权偏向行政权创造便利空间。⑥ 从2005—2012年的历年《全国法院司法统计公报》所刊载的行政审判数据来看,也明确无误地表明《管辖规定》的实践效果不容乐观,其旨在"防止和排除不当干预,使人民法院能够独立公正地受理和审理行政案件"的良好初衷没有得到很好实现。

(二)参差不齐的法官队伍

公允而言,除去管辖设计失之偏颇之外,行政案件驳回起诉率、上诉率与申诉率居高不下,亦与行政法官特别是基层法院行政法官的业务水平整体偏低密切相关。

行政诉讼与民事、刑事诉讼之间的最大区别是行政诉讼具有很强的专业性和技术性,这就对行政审判人员的专业素质提出了不同于一般民事、刑事审判人员的要求。具体来说,与民事、刑事审

---

① 马怀德.行政审判体制重构与司法体制改革.国家行政学院学报,2004(1).
② 贺卫方.司法的制度与理念.北京:中国政法大学出版社,1998:63—65.
③ 马怀德.有效解决行政争议需设置行政法院.人民法院报,2013-5-6(5).
④ 指定异地管辖,是指有管辖权的基层人民法院不适宜管辖的第一审行政案件,经原告申请、基层人民法院提请或者中级人民法院决定,可以由中级人民法院将案件指定到本辖区内其他基层人民法院管辖审理。
⑤ 提级管辖,是指基于上级人民法院的同意与决定,将下级人民法院有管辖权的行政案件转交上级人民法院审理。
⑥ 冯一文.管辖选择权:行政案件管辖制度改革之一剂良方——基于行政诉讼中"官官相护"滋生"告状难"现象的分析.河北法学,2012(4).

判相比,法院对行政行为是否合理的判断,必须严格从规则出发,即必须是一种"规则之治",因为作为其审理对象的行政行为无论在实体还是程序方面都必须依法作出。作为规则之治,行政案件所面对的是一个高度理性的"建构秩序",需要法官对法治理念有更深层次的理解,而不能一味使用伦理或常识来代替"法律人"的思维。而且,与传统的政府仅充当"守夜人"角色相反,在现代社会,政府的权力不断扩张,其所调整的社会关系变得愈加宽泛,而行政法律规范更是面广量大、变动频繁,其滞后性、局限性、不完善性、矛盾冲突性表现得尤为明显。其中的法律空白与漏洞自然需要法官去填补,法律规范之间的冲突亦需要法官去平衡与调和。这就要求行政法官除了通晓一般的法律知识之外,还须具有更加坚实的法学理论功底以及坚持不懈的学习和研究习惯。总之,行政审判要求法官必须具有全面的知识结构、精深的审判经验和崇高的道德素养。

然而,现实中,我国基层法院行政法官的知识结构较为单一,真正接受过系统法学训练的仍然偏少,具有行政执法经验的人才更是难觅。而且,在行政化的法官管理体制下,基层法院不同专业审判庭法官之间的流动很是频繁,行政审判队伍极不稳定,导致专业的行政审判知识与经验的积累十分有限,专业化的行政法官群体根本无法形成。此外,大多基层法院都面临着行政案件严重供给不足而民事、刑事案件大幅攀升的失衡局面,行政法官要么赋闲浪费,要么"不务正业"大量兼理民事案件或刑事案件。以 Z 省 J 市为例,除其所辖 N 区与 X 区外,下属 5 个县、市均是经济百强县,但7 个基层法院的行政庭无一不在大量办理民商事案件或执行案件,案件类型更是五花八门:民间借贷、交通事故赔偿、商事合同、离婚、知识产权、涉外商事、非诉行政案件执行等等,而且办理的行政案件与其他类型案件在数量上完全不成比例。如此现状,试问如何能够促使基层法院行政法官不断提高行政审判业务能力和职业素质,如何能够保证基层法院行政法官可以依法公正高效审理行政案件,又凭什么让人相信可以将行政诉讼受案范围拓展至抽象行政行为,还有什么不能理解为何民众宁愿到上级机关上访也不愿选择行政诉讼,即便提起行政诉讼也少有人真正服判息诉?

总之,就基层法院的现实处境及其法官的整体素质而言,《行政诉讼法》将一审行政案件的管辖权普遍配置给每一基层法院,无疑是得不偿失的。

三、出路:行政诉讼管辖模式之比较选择

(一)制度变革之逻辑进路

如前所述,广大基层法院普遍存在行政案件数量偏少,行政审判质量不高,行政法官素质不理想等诸多问题,而出现这一现状的主要原因在于,在司法权整体上受制于行政权的基本格局下,现行的行政诉讼管辖制度不但不能阻隔反而便利于行政权对司法权的不当干扰,不但不能优化反而不利于行政审判资源的合理配置,不但不能促进反而妨碍行政审判队伍的提高和稳定,以致塑造行政审判权威与公信已然成为一种奢谈。因此,在重构行政诉讼管辖制度时,就必须致力于既要改善行政审判环境以增强司法公正,也要培育专业法官队伍以提高办案质量,还要合理配置审判资源以提高审判效率。

(二)管辖模式之择善而从

《管辖规定》颁行前后,围绕行政诉讼管辖制度改革,学术界和实务界多有研讨并形成不少方案,比如马怀德教授力推设立独立的行政法院,[①]姜明安教授则主张撤销基层法院行政庭改由中级

---

① 马怀德.有效解决行政争议需设置行政法院.人民法院报,2013-5-6(5).

法院受理一审行政案件,①而各地法院也在积极探索异地管辖、提级管辖以及相对集中管辖。

　　1. 行政法院——美丽的愿景

　　毋庸讳言,建立人、财、物相对独立的行政法院,对于实现行政审判的法治功能而言,确实至为理想和完美。但是建立独立的行政法院这一方案,不但需要花费巨额成本去重新建立独立的、三级制的行政法院体系,而且牵涉整个国家权力结构的根本性调整,在普通法院行政庭审理行政案件已有多年的情形下,要求得各级党委、人大、政府乃至法院的共识与支持必定遥遥无期,因此在目前的政治体制下难以成行。

　　2. 异地管辖——燎原的星火

　　异地管辖,经审判实践证明,在现有人、财、物配置维持不变的前提下,因行使管辖权的法院与作为被告的行政机关分属两地,确实能够有效屏蔽、阻隔行政权对审判权的不当干扰,使得受诉基层法院和法官有胆识且有能力开展行政审判。但其缺陷在于,在行政案件数量总体有限且分布极不均衡的情况下,即便将行政案件交叉由异地的基层法院审理,也改变不了各个法院行政案件数量不足且行政审判资源配置浪费的现状,也就无力击破行政法官因办理行政案件数量太少而难以积累审判经验与提高业务水平的困局。因此,异地管辖的推进司法权行使去当地化的改革思路,为我们进一步探索行政案件管辖制度改革点燃了明灯与希望,但作为一项基础性的主体制度并不可取。

　　3. 提级管辖——改革的方向

　　提级管辖,即取消基层法院对行政案件的管辖权,改由中级人民法院受理一审行政案件。这种模式既提高了管辖的集中程度,又实现了案件的异地管辖,并提高了案件的管辖级别。故正如姜明安教授所言,这种模式既有利于提高行政审判的公正性,又有利于行政审判的相对集中,提高行政审判效率,还有利于行政法官积累行政审判经验,提高办案质量。② 但是,这种模式也有明显的缺陷:除了导致基层法院行政审判职能缺失外,实行提级管辖后,绝大多数的一审行政案件集中于中级法院,一旦上诉则案件必然涌入高级法院,这就容易导致基层矛盾上移,中、高级人民法院负担加重,以及当事人的诉讼成本与诉讼不便利性增加。新中国成立以来,党和政府一直不遗余力地强调并贯彻"矛盾化解在基层"的原则,换言之,废除已经运行二十余年的基层法院管辖一审行政案件的既定模式,改革决策层次太高,改革难度过大。因此,这种模式,就其长处而言应当作为行政案件审判审级和管辖制度的改革方向,但其存在的缺陷也决定着在今后较长一个时期内难以实行。

　　4. 相对集中管辖——务实的选择

　　始于解决行政审判队伍不稳定问题这一目的,2007 年 9 月,浙江丽水中院在所辖的 9 个县(市、区)开始试行行政诉讼相对集中管辖制度,即由丽水中院根据本辖区具体情况,确定 3 个基层法院集中管辖辖区内其他基层法院管辖的行政案件,集中管辖法院不宜审理的本地行政机关为被告的案件交由其他集中管辖法院审理。

　　历经数年实践,如同当年浙江台州中级人民法院尝试的行政案件异地交叉审判模式,相对集中管辖制度再次收获了"破茧成蝶"的功效:节约了大量司法资源,3 个集中管辖法院的 9 名行政法官就可以审理全市原来最低需要配置 27 名法官审理的行政诉讼案件;同时集中管辖法院的行政审判法官人均办理案件数量上升,审判经验增加,审判质量也得以提高;最为重要的是,集中管辖法院异地交叉审理案件,很大程度上减少了案件审理受到的非正常干预和地方保护,司法审查的监督力度大幅度提高。优势集中体现在两个指标的变化上:一是行政诉讼案件数量上升,2006 年和 2007 年丽水全市一审行政案件数分别是 110 件和 111 件,实行集中管辖制度后的 2008 年和 2009 年增加

---

① 姜明安.推进行政审判制度、体制、机制的改革.人民法院报,2013-5-6(5).
② 姜明安.推进行政审判制度、体制、机制的改革.人民法院报,2013-5-6(5).

到 191 件和 201 件,上升了 74％以上;二是行政机关败诉率明显提高,2008 年丽水市行政机关败诉率为 26.9％,居浙江省第一。2008 年集中指定管辖的 56 件案件中,行政机关败诉的有 20 件,行政机关败诉率达 35.7％,远远高于全市一审行政案件行政机关的败诉率。[①]

丽水中院的有效改革,不但进入了最高人民法院的视野,也为地方法院行政法官所广泛认同,2013 年年初,最高人民法院决定将行政案件相对集中管辖试点工作推向全国。[②] 相比较而言,相对集中管辖完全可以称之为异地管辖与提级管辖的"升级版",因为既能取异地管辖之有利于屏蔽行政权不当干扰之长,又能提高行政案件管辖的集中度与审判资源配置的合理度,并进而能够促进行政裁判质量与法官专业水平的提升,同时也不用改变现有的审级制度,多数案件可以实现中级人民法院终审,既不会增加中、高级人民法院的负担又能够将矛盾化解于基层。

毫不避讳地讲,相对集中管辖模式仍然存在因集中管辖法院与案件当事人分处两地而带来的诉讼成本增加与诉讼不便利性的不足,对此可以辅之以巡回审判、委托送达等举措予以化解。不过,在法律授予基层法院行政案件管辖权已有数年的情况下,实行相对集中管辖就意味着既要扩大集中管辖法院的案件管辖权,又要同时革除剩余基层法院的行政审判权力,这一制度变革显然不只是需要取得各地党委、人大、政府等机关的支持,更是牵涉深层次的权力、财政与人事等的配置与调整,可谓是牵一发而动全身。但是,相比较于提级管辖而言,相对集中管辖的波动范围较小,改革的阻力也就更小,因而更加务实与可取。

总之,相对集中管辖模式,不但能够达致前述行政诉讼管辖制度变革的目标,而且较之于其他管辖模式,具有波动范围与改革阻力更小的优势,因而具有极佳的制度价值与实践意义。

四、结束语

我国民众一直深受"无讼"、"息讼"、"厌讼"和"耻讼"传统观念的影响,以致绝大多数的行政诉讼原告在发动诉讼程序前会对诉讼风险以及可能面临的不利后果进行较为全面的评估,换言之,他们往往是在迫不得已时才选择诉讼以最终获得过程和结果双重意义上的公正裁判。但是现行的每个基层法院均管辖行政案件的审判体制,既不能有效屏蔽行政权对审判权的不当干扰,又不能实现审判资源的优化配置,更无力促进审判质量与法官队伍的提升,以致公正裁判总是变得遥不可及或是变幻无常,最终他们不得不在上诉、申诉或是信访之途上来回折腾。法院上下虽然励精图治多年,但行政审判却仍然走不出"艰难困厄"的局面。鉴于此,为实现行政审判的困境突围与良性发展,必须改变每个基层法院均管辖行政案件的现状,积极探索行政案件相对集中管辖模式,为《行政诉讼法》修订完善奠定扎实基础。

---

① 申欣旺.减少行政审判的地方干扰.中国新闻周刊,2013(4).
② 最高人民法院.关于开展行政案件相对集中管辖试点工作的通知.2013-1-4.

无民事行为能力人离婚制度研究

屈周燕*

摘要：离婚作为婚姻家庭法的核心内容之一，是解决婚姻不幸福的最后一种方式，也是法院民事审判庭的一个重要案由。其中以植物人、精神病等无民事行为能力人为当事人一方的特殊离婚案件并不常见，因而学界与实务对此问题缺乏关注，但若一旦有诉讼提前，则会使判决变得十分复杂。本文作者从程序与实体两个角度对婚姻家庭法的完善提出立法建议，使其更好地适用于无民事行为能力人离婚案件，并以期在离婚制度改革之探讨上投上关注的一票。

关键词：无民事行为能力人　离婚　制度

一、问题的引出

海宁市人民法院于 2014 年 4 月 22 日立案受理了一起诉精神病人的离婚案件，被告有狂躁症，情绪时而稳定，时而失控，沟通过程异常困难，最后经法院耐心做工作，合理分配双方财产后以调解结案。本案中被告尚属间接性精神病人，并未完全失去行为能力，但若被告是无行为能力人，调解则无法进行，法院又该如何平衡两者的权利义务？此案件引起了笔者的关注。

此类案件若轻率判离则面临着社会压力——鼓励了夫妻大难临头各自飞的利己主义，但可以离又是婚姻自由的题中之义，因而司法面临的便是如何附加正常一方当事人合理的义务以规避上述不道德行为的难题。但无论司法想如何发挥主观能动性，实现双方权益义务的公平维护和分配都需要立法的"授权"，然我国目前的立法对这类案件无论程序还是实体的指导意义仍显不足。

无民事行为能力人是完全不具有以自己的行为取得民事权利、履行民事义务的能力的人。直接地说，在婚姻关系中，夫妻一方若对自己行为的性质、后果、意义无法认识，在离婚时也无法表达自己的内心意愿，其便是无民事行为能力人，具体包括植物病人、精神病人、脑萎缩者等。夫妻一方是无民事行为能力人的原因可包括：结婚前便是无行为能力人，另一方因胁迫、欺骗或者自愿结为夫妻或结婚后因为意外事件或者精神压力过大而丧失行为能力。[①]前者可用无效婚姻或者可撤销婚姻制度来解决，而后者（且短期内无法康复）正是本文讨论的情况。

---

* 屈周燕：海宁市人民法院助理审判员。
① 熊英.论精神病人的离婚权.广西社会科学,2008(7).

二、无民事行为能力人离婚案件相关法律条文的缺漏

无民事行为能力人离婚案件具有一般离婚案件的共性,《中华人民共和国婚姻法》(以下简称《婚姻法》)中可以找到大部分相应的条文,但是由于主体的特殊性,有些条文的适用有局限性,有些条文的规定不够明确,还有一些条文确实不够恰当或者有所缺漏。

(一)关于诉讼程序上的不足和误读

1. 宣告程序适用的主体范围的狭窄

我国审理无民事行为能力人案件时一般都会有宣告程序——宣告当事人一方为无民事行为能力人,从而有根据地适用代理等制度。但是我国法律关于无民事行为能力人的定义寥落晨星。《中华人民共和国民法通则》(以下简称《民法通则》)第十三条规定:"不能辨认自己行为的精神病人是无民事行为能力人";最高人民法院《关于贯彻执行〈中华人民共和国民法通则〉若干问题的意见(试行)》(以下简称《民通意见》)补充无民事行为能力人也包括痴呆症人。这两个条文的规定与当时的社会环境相契合,但随着市场经济的发展,植物人、脑萎缩、脑瘫患者等失去辨认能力的患者与日俱增。此类群体属于无民事行为能力人是无异议的,立法应对主体范围做更为全面的规定,从而统一适用宣告程序。

2. 离婚诉讼与变更监护关系的疑虑——《婚释三》第八条的局限与完善

在《最高人民法院关于适用〈中华人民共和国婚姻法〉若干问题的解释(三)》(以下简称《婚释三》)出台前学界和司法裁判对法定代理人可以代理无民事行为能力人提起离婚诉讼还有反对意见。

如在司法实践中,2006 年 4 月 13 日,江西省兴国县人民法院对一起精神病人的父亲代理提起的离婚案件裁定驳回起诉。法院认为,离婚是涉及身份关系的法律行为,必须由本人亲自决定。本案原告的父亲既然不是法定监护人,也就不是法定代理人,其代理刘某提出离婚请求的行为,属无效民事行为,故依法裁定驳回起诉。[①] 在学术论坛上,学者认为离婚是一种身份行为,此类案件不但涉及当事人双方的私人利益,更涉及多数关系人的利益,甚至影响社会秩序和国家利益,因此法律对其有严格的限制性规定,如不能自认、代理。"鞋子合适与否只有脚知道",因我们无法探知无民事行为能力人的真实意思,所以代为诉讼便有干涉婚姻自由之嫌。

如今《婚释三》第八条指出:"无民事行为能力人的配偶有虐待、遗弃等严重损害其人身或财产权益行为,其他有监护资格的人可以依特别程序变更监护关系;变更后的监护人代理无民事行为能力提起离婚诉讼的,人民法院应予受理。"已经厘清了这一争论。提起离婚诉讼是诉讼代理而非民事代理,诉讼活动涉及原告、被告、诉讼代理人、法院四方主体,有公权力的介入,法院的判决并不以双方主观意志为依据,也即法定代理人代理无民事行为能力人提起离婚诉讼并不一定会损害无民事行为能力人的权益。另外诉讼权利是人权的一部分,源于出生,终于死亡,一旦否决了代理人代理提起离婚诉讼的权利,无民事行为能力人的诉权只能是一种无法得到保障的应有权利[②],因此其他有监护资格的人可以代为提起离婚是没有争议的。

但是对第八条有三个值得注意的点:第一,"严重"二字引起的误读。本条将监护人作为无民事行为能力人的法定代理人提起离婚诉讼的情况限定在配偶一方严重损害无民事能力人权益时。但

---

① 穆文好.无民事行为能力人离婚诉权初探——以精神病人为视角.http:/t.cnzTqBcQK(2011/12/7),2014-04-23 访问.

② 於贤淑.论精神病人的离婚诉权保障.长春理工大学学报(社会科学版),2010(6).

若配偶转移了共同财产 1 万元用于自己的生活娱乐,开始但并未严重损害无民事行为能力人权益,家属得知后提起诉讼是否无法律依据了呢? 本条是对其他有监护资格的人作为无民事行为能力人代为提起离婚的一个明确,并未有新的规定,然而"严重"二字又引起了"非严重"时不可代为起诉的困惑。第二,《婚释三》明确了近亲属欲代为起诉时要先变更监护的程序规定,但有些学者仍有疑惑,他们提出:"当法院判决不准离婚,强制要求变更监护人必然再引发新的变更监护,这无疑增加了诉累。"因此,他们建议:"在这些案件中若双方并无特别要求,且配偶对法定代理人无异议,则可直接排除配偶方的法定代理人资格;但一方有特别要求,或者配偶对法定代理人选有异议,则仍需启动特别程序。"①司法解释已有所规定,我们理当做合格的执法者,但这一考虑为特别程序的完善提供了思路。第三,还需值得注意的是若近亲属都不愿意作为法定代理人,且即使根据《民法通则》第十七条指定法定代理人后,其仍不愿意出庭配合,则能否适用第三款:没有第一款规定的监护人的,由精神病人的所在单位或者住所地的居民委员会、村民委员会或者民政部门担任监护人?

(二)关于离婚实体内容规制的不当和缺漏

1. 离婚判定标准的不妥当——司法裁判说理有缺漏

我国采用"感情破裂"的离婚判断标准。关于无民事行为能力人"感情破裂"的依据,主要是《婚姻法》第三十二条第(五)款"其他导致夫妻感情破裂的情形"以及《关于人民法院审理离婚案件如何认定夫妻感情确已破裂若干具体意见》(以下简称《具体意见》)第 3 点:"一方在夫妻共同生活期间患精神病,久治不愈的可认为感情破裂。"但事实上,感情是极其主观的内容,难以推定。如夫妻一方因车祸沦为植物人,但另一方仍悉心照料,后实在由于压力过大而起诉离婚,从这里并不能看出感情破裂,但法官在书写判决书的时候只能引用以上两项条款,甚至"挑拣"事实忽略一方悉心照料从而认定感情破裂。事实上从我国法律的规定来看,早已突破了"感情破裂"标准,如"重婚或有配偶者与他人同居的"等,都只是推定感情破裂。

"感情破裂"作为判断离婚的标准更合适还是"婚姻关系破裂"更合适是学者一直争议的话题。坚持"感情破裂"的学者主要认为感情是维系婚姻关系的本质,恩格斯曾言"婚姻要以爱情为基础,婚姻的维系也应以爱情的保持为条件",以感情为基础的婚姻符合马克思主义婚姻观。② 以"感情破裂"为标准有利于发挥法律的指引作用,淡化以物质、利益等有悖婚姻本质的婚姻观。

笔者认为在无民事行为能力人离婚案件中采用"婚姻关系破裂"作为离婚标准更加合理(适用一般离婚案件)。除"感情因素"过于主观等原因外,还因为对于无民事行为能力人的配偶来说,其选择离婚最主要的原因便是共同生活的目的无法实现。马克思曾在《论离婚草案》一文中指出:婚姻是男女双方自愿结合的产物,但从结合之日起就已脱离了单纯的男女意志,成为昭示身份的伦理关系,这一伦理关系则由稳定的"家庭"外壳体现出来,从而有了进入法律调整领域的可能。家庭这一外壳不单包含了"感情"的感性因素,更涵盖了"抚养子女"、"赡养老人"、"共同经济生活"等客观内容。③ 因此,双方选择离婚并不只因"感情破裂",在无民事行为能力人离婚案件中,"感情破裂"难以确定,但是所列举的家庭责任无法履行是显而易见的,这些事实一旦认定则说明婚姻社会属性的丧失,即可判定离婚,这避免了"感情破裂"的不确定性,也避免了法院判决书说理时的尴尬。

2. 离婚后无民事行为能力人人身和财产权益保障有缺漏

关于结婚后一方沦为精神病人能否离婚还有很多争论,主要考虑就是无论从道德还是法律上

---

① 戴燕,张小明. 对"植物人"离婚诉讼程序的思考. 江苏经济报,2004-02-4(1).
② 梁继红. 对"感情破裂"的离婚条件的反思. 西南交通大学学报(社会科学版),2006(5).
③ 李光灿,吕世伦. 马克思恩格斯法律思想史. 北京:法律出版社,1991:56.

来说,夫妻一方在另一方年老、疾病、丧失劳动能力的情况下有扶助的义务,配偶以离婚来逃避扶养义务,若法院对此类案件处理不慎重,会在一定程度上助长个人主义,且判决一旦不当,无民事行为能力一方的权益没有保障,其亲属的情绪无法稳定,极易引发社会争议。然而在无民事行为能力人的婚姻中,因行为能力的丧失,无民事行为能力人无法履行生儿育女、照顾家庭的责任。没有生活上的扶助、精神上的交流,配偶选择离婚是无可厚非的,我们需要关注的是如何更好地保障他的权益。

(1)指导原则上存在不足。在分割夫妻共同财产时,我国确定了"照顾无过错方"、"子女和女方权益"、"利于生活生产"的分割原则,但是对弱势群体是否应予以照顾并未作出规定,原则体现了立法精神,在法律规制空缺时起到补充说明的作用,照顾无民事行为能力人等弱势群体的原则也符合"保障人权"的法治主题,在《婚姻法》中应有所体现。①

(2)离婚经济帮助制度的不完善。我国规定了救助性的经济帮助制度。《婚姻法》规定:"离婚时如一方生活困难,另一方应从其住房等个人财产中给予适当帮助。"而《最高人民法院关于适用〈中华人民共和国婚姻法〉若干问题的解释(一)》(以下简称《婚释一》)指出:"'一方生活困难'是指个人财产和离婚时分得的财产无法维持当地基本生活水平。一方离婚后没有住处的,也属于生活困难。"实现的条件是:①一方生活确有困难,无法维持当地基本水平;②仅限离婚时提出;③他方有支付能力。

我国经济帮助制度的设计存在以下不足:

第一,适用条件不全面。其一,从法条中可以看出,我国目前的经济帮助主要是指救助性经济帮助,相较国外,他们的扶养制度还规定了补偿性扶养。虽然我国《婚姻法》第四十条规定,婚姻关系存续期间,夫妻书面约定所得的财产归各自所有,一方因抚育子女、照料老人、协助另一方工作等付出较多义务的,离婚时有权向另一方请求补偿。此规定与补偿性扶养有相似的地方,但适用条件太过狭窄。如果夫妻双方未书面约定财产分别制,但无民事行为能力人丧失行为能力前对家庭或者另一方的发展有诸多贡献,是否就无法请求经济帮助? 显然是不合适的。其二,再来审视我国的救助性经济帮助。从横向上看,国外对扶养请求权的适用资格有具体的立法,而我国只规定"生活困难"——"一方生活无法维持当地基本水平"而适用。这一范围显然过窄,举一例释之,无民事行为能力人如果能维持当地基本生活水平,但相比离婚前有极大的恶化陷入巨大压力之中,但按我国现行法仍无法使用经济帮助制度。从纵向上看,国外扶养制度会考虑过去、现在、将来的需要,而从我国《婚姻法》第四十二条与《婚释一》第二十七条中难以看出我国在判断当事人"生活困难"时考虑的时间跨度会有多长。司法实践中以诉讼时为判定标准,但是无民事行为能力人的生活状态大有恶化的可能,在我国社会保障难以迅速完善的情况下,家庭必须承担一定的扶养责任,仅考虑离婚时的状况无法保障无民事行为能力人的权益。

第二,给予"适当帮助"的依据不明确、方式不完善。② 其一,我国仅规定"适当帮助",没有明确的参考依据,这使得法官自由裁量权过大,没有提供明确、全面的考虑因素,也难保法官因自己生活经验不足而做出不够合理的判决。其二,在帮助的方式上,我国采用支付一定数额的现金,或提供住房的使用权或者所有权。现金的支付由当事人协商,协商不成由法院判决,考虑到日后执行难的情况,多数采用一次性付清,但这对双方权益的保护又是不利的,将来的物价升高,或者意外事件出现,或者无民事行为能力人的状况恢复,双方当事人是否可以要求变更? 这对无民事行为能力人是十分重要的,子女抚养费的变更为我们提供了思路。至于住房的帮助,立法只要授予法官自由裁量

---

① 张红娟. 精神病人离婚案件审理的理论与实践———一位来自审判一线法官的思考. 郑州大学 2008 年硕士学位论文:17—18.
② 马忆南. 离婚救济制度的评价与选择. 中外法学,2005(2).

权,法院根据案件情况决定给予住房帮助是否合适,以及时间的长短,或者租房费用的补贴数额等。

(3)离婚损害赔偿适用范围过于狭窄。《婚姻法》第四十六条规定了四种可以请求损害赔偿的情景,并且没有兜底条款。那么实际中,夫妻一方多次与他人通奸,或有肆意为有害无民事行为能力人健康的行为是否可以要求赔偿? 此外,这些内容都涉及人身权益,但事实中,配偶一方侵害无民事行为能力人的赔偿金的事实更为常见。当配偶一方对无民事行为能力人财产有不当处理时,无民事行为能力人的近亲属可以变更监护。但在离婚时能否依据此而请求损害赔偿呢? 法律并没有规定。

三、完善无民事行为能力人离婚制度的建议

为了在保障离婚自由的前提下更好地保障无民事行为能力人的权益,必须对上述内容进行完善,以表明对弱势群体的关注,这必将是法治进步的又一标志。

(一)完善现行的离婚程序

1. 扩大宣告程序适用的主体范围

植物人、脑萎缩、脑瘫患者或者以后出现的新弱势群体,他们都符合一个共同特征——没有辨认能力,只是形成原因与状态不同。《民通意见》第八条规定,在诉讼中,若当事人或利害关系人提出一方当事人患有精神病(包括痴呆症),而人民法院认为确有必要认定的,应当按照民诉法规定的特别程序,先做出当事人有无民事行为能力的判决。这些人群作为当事人一方,适用精神病人的规定先宣告为无民事行为能力人并无特别大的争议。但法律的指引、规制功能都要求立法语言的科学性,在未来的立法中可以参照国外禁治产宣告制度,以"无民事行为能力人"这一上层概念为主语,采用概括和列举方式对对象做宽泛的界定,尽可能包括所有行为能力欠缺的人,以适应社会发展的需要,扩大宣告程序适用的主体范围。这不仅使离婚制度的设计得以全面,更有利于建立起完整的"弱势群体权益保护"法律体系。①

2. 完善变更监护人程序

《婚释三》中的第一个问题将在下文阐述,这里对完善"变更监护人"程序做一探讨。对无民事行为能力人做出宣告,并变更监护人,这是确定诉讼主体资格、体现程序规范的要求。但若能在制度设计上,将宣告程序、变更监护人在一个文书中体现,将有助于降低诉讼成本,减轻诉累。学者所提到的制度设计貌似辩证合理,实则破坏了司法程序的统一性。在诉讼中,"未成年人、精神病人的监护人是其法定代理人",不变更监护人而代为提起、参与诉讼的法律依据又在哪里? 因此,无民事行为能力人离婚案件应先由法院宣告当事人为无民事行为能力人,再变更监护确定法定诉讼代理人,进而进行实体判决,且尽可能减轻诉累。

3. 明确法定代理人可以代理无民事行为能力人提起离婚诉讼

完善《婚释三》第八条的规定。删去"严重"的前提性规定,另外,若无民事行为能人为被告,且他的被指定的近亲属不履行法定职责时,婚姻法应明确由其所在单位或者住所地的居民委员会、村民委员会或者民政部门担任监护人。《民法通则》第十七条第三款规定的前提有局限性,即使有"没有第一款规定的监护人的",若他们怠于保护无民事行为能力人的权益,只有从制度上做好最后的港湾设计——由集体、机关单位保护。

---

① 冯灼兰.精神病人离婚的司法实践问题探讨.福建法学,2010(2).

(二)完善实体问题的立法规制

1. 以"婚姻关系破裂"作为判决离婚的标准

德国立法中采用"婚姻关系破裂",以"共同生活关系不在"且"不能期待恢复共同生活关系"为依据,表明现在及以后婚姻的自然与社会功能都不能很好地实现,标准十分明确。从法律的角度上来说,婚姻关系破裂是由于双方权利义务不平等,导致共同生活的目的无法实现,所以笔者认为采用这一概括性表达更为合理。同时,为了司法实践的可操作性,应作出概括式列举,可做如下规定:(1)一方患有疾病或生理缺陷等原因无法发生性行为、无法正常进行沟通或无法履行扶养、赡养等义务;(2)由于各种原因结婚后未能建立或维持感情,情感沟通联系少,无法共同生活的;(3)一方有虐待、遗弃、家庭暴力、盗窃等其他违法犯罪行为,或一方有与他人同居、吸毒等不当行为和嗜好,无法原谅的;(4)双方分居一年且同意离婚,分居或下落不明满2年以上;(5)其他符合法律规定的情形。无民事行为能力人主要依据第1条推定"婚姻关系破裂"。

在具体司法实践中,无民事行为能力人配偶向法院提出离婚的理由有多种,归结一点就是不想再维持婚姻关系,但双方的感情不一定完全破裂。特别在农村地方,民风淳朴,夫妻双方感情稳定,即使一方沦为无民事行为能力人,在传统伦理观的影响下,配偶仍会念及昔日情感悉心照顾,无论从婚前婚后的感情、存续时间都很难认定"感情破裂",甚至出现了"离婚不离家","带夫出嫁"的事例。若迫于生活压力,另一方选择离婚,采用"感情破裂"标准也不准确。因此,即使法律欲发挥其道德指引功能,强调婚姻中的感情因素,也不应体现在离婚标准的判断上,而是要在调解环节上多做引导。①

2. 加强对离婚后无民事行为能力人人身和财产权益的保障

(1)确立财产分割照顾弱势群体的原则。给予弱者群体特殊的保护,是平等原则的题中之义,也是公正与正义的内涵,只有确定了原则才能解决司法自由裁量说理时无法可依的状况。在具体适用时,无须关注过错,仅考虑一方的个人状况,判定其是否属于弱势群体即可。现有法律规定中并没有对弱势群体的概念作出界定,立法时可结合司法实践,与当地最低生活水平或者相较另一方生活水平来确定。

(2)完善离婚经济帮助制度。一方面,增加补偿性经济帮助制度,修正《婚姻法》第四十条取消前提限制,考虑婚姻存续期间一方对家庭义务的履行、对另一方学业或事业完成的贡献程度等因素确定帮助程度,构建起以补偿性和救助性为内容的离婚经济帮助制度。另一方面,救助性经济帮助应更科学化,修正《婚姻法》第四十二条。首先,救助性经济帮助适用的范围应扩大,可采用列举方式,具体可考虑医疗与生活两方面,低于最低标准的"绝对主义"与相比离婚前生活状况的"相对标准"两角度来列举,在无民事行为能力人离婚案件中具体为:离婚后无法继续保证无民事行为能力人治疗的;离婚后生活状况低于当地最低生活水平的;离婚后医疗状况或者生活水平明显低于离婚前状况的以及其他情况四个方面。其次,在确定抚养金的数额时,则可在司法解释中明确规定需考虑的因素,以防止立法的冗长。如可根据夫妻双方的谋生能力、双方的年龄、身体和精神健康状况、双方的品行、双方婚姻维持的时间、双方的财产及来源、双方的经济负担及经济需要、双方的义务和责任、婚姻未破裂前的家庭生活水平、离婚带给双方的经济损失、双方各自为家庭幸福所作的贡献、离婚的特殊状况等因素确定赔偿基数、年限以及一次性或者定期、不定期的支付方式。具体如何实现需要发挥司法的自主性,具体下文论述。

另外,立法还需明确,双方都有权在情况发生变化的时候变更或者终止抚养费给予或住房使用

---

① 张云.判决离婚法定理由辨析.学术探索,2003(5).

权的帮助。可做如下规定:经济帮助有特殊情况的,可适当提高或降低上述比例,具有包括:(1)受抚养人死亡或者明确放弃经济帮助;(2)法律判决的救济时间届满;(3)抚养方因婚前原因抚养能力有所增加;(4)受抚养人生活状况显著改善;(5)受抚养人经济情况显著恶化,且抚养人有能力的;(5)其他。

(3)完善离婚损害赔偿请求制度。《婚姻法》第四十六条只概括了四种适用情形,且没有兜底条款。现实中,因一方过错导致婚姻关系破裂,最终离婚的情况有很多,不少行为的恶劣影响并不亚于这四种情形。所以增加兜底条款——"其他损害一方权利,情节严重的",赋予法官自由裁量权是保护受害方的有效方式。[①]

四、结　语

本文的行为思路是从无民事行为能力人主体的确定到离婚诉讼的提起,到离婚判断标准的确定,再到离婚后无民事行为能力人权益的保障,笔者从问题出现开始——探讨立法中需关注的重难点,这样流线型的思考旨在对无民事行为能力人离婚制度做一个较为全面的探讨。目前我国立法规制出现不足是法制逐步完善的必经阶段,但现代化发展至今,现实对社会提出了关注弱势群体的紧迫要求,我们需加快法制进程。尽管目前已有许多有关弱势群体的个性规定,但是在具体细节上仍有不足,无法适应司法实践的需要。日后若能形成一批保障弱势群体的全面而细致的法律,将是我国法制乃至法治建设的重大进阶。

---

① 　王歌雅.离婚救济制度:实践与反思.法学论坛,2011(2).

"分—合—分"

——知识产权司法体制的必由之路

范云程[*]

摘要:任何事物的发展都遵循螺旋式上升的发展规律。作为知识产权司法体制的发展进程,也必然遵循这一规律。本文从对我国当下的知识产权审判模式现状分析入手,对知识产权司法体制的从分到合,再到分的发展进程从集中化、统一性和专门化三个方面进行剖析,展望了未来知识产权的司法体制蓝图,从司法权力的运行为视角,从纵向和横向两个维度探讨了从现实走向未来的路径选择,希冀能对知识产权司法体制的发展完善提供有价值的思路。

关键词:知识产权　司法体制　审判模式

一、引　言

知识产权纠纷,因其指向的标的物非物质实体,故天然的与其他纠纷界限分明,自成一派。我国对于知识产权纠纷的司法实践正是对这一认知逐步深化的过程。从最初知识产权刑事、民事和行政三大类纠纷的"三审分立",逐步过渡到"三审合一",体现出对于知识产权纠纷的审判剥离于其他普通类的审判,形成专门化的审判模式的理念追求。从权威部门的书面语境中更能得到印证,2008年国务院的《国家知识产权战略纲要》要求研究设置统一受理知识产权民事、行政、和刑事案件的专门知识产权法庭以及探索建立知识产权上诉法院。2009年的《人民法院第三个五年改革纲要(2009—2013)》指出要探索设置统一受理知识产权案件的综合审判庭。2013年,《中共中央关于全面深化改革若干重大问题的决定》将探索建立知识产权法院作为了改革目标。可见,对知识产权案件的审判从实践到理论都走过了"三审分立"的过去时——"三审合一"的现在时——知识产权法院分离出普通法院体系的将来时这一过程。而这一过程,充分体现了事物螺旋式上升的发展道路,从低级的"分",发展到对"分"之否定即"合",之后又是对否定之否定,重新发展为"分",但这是更高层次的"分",如此完成了上升发展的进程。如何遵循这一发展规律,解决好从现在时平稳合理的步入将来时,则是知识产权司法领域一道面向未来的考题。

---

[*] 范运程:海宁市人民法院民三庭庭长.

二、知识产权司法体制的现状分析

(一)知识产权司法体制的现状

我国的知识产权审判,包括刑事、民事和行政,起步比较晚,在上世纪 80 年代初期,上述三大类的知识产权诉讼案件都是分散到不同性质的审判庭进行审理。到了 90 年代中期,相继有北京、上海、武汉、重庆等地方的法院在内设机构中设立了知识产权审判庭,打破固有的"三审分立"的审理模式,将三大类的知识产权诉讼案件统归于知识产权审判庭进行专门化的审理,确立了"三审合一"的"立体审判模式"①。对于上述各地法院的改革模式,有学者冠以"浦东模式"②、"武汉模式"、"重庆模式"等。虽然各地的审理模式在实践中略有差异,但总体而言,大同小异,其基本做法都是"将法院涉及知识产权的民事、刑事和行政司法审判职能统一于一个审判部门,避免以'大民事''大立案''大执行'冲淡和分散知识产权法律保护的力量"③。据统计,截至 2013 年底,全国已有 7 个高级法院、79 个中级法院和 71 个基层法院开展了知识产权审判"三合一"的试点工作。另全国具有一般知识产权案件管辖权的基层法院有 160 个。④ 可以推断,全国范围内,省以下的三级法院在审理知识产权案件时的模式仍然是以"三审分立"的模式为主,"三审合一"的审理模式从全国布局看,仍然还是处于部分经济发达地区的试点阶段。因此,我国的知识产权司法体制是在普通法院体系内,以"分"为主,以"合"为辅的总体结构。

(二)知识产权司法体制的形成原因

之所以出现上述现实状况,有其特定原因,大致可以归纳为以下方面:

1. 实践推动

由于民事、刑事和行政三种纠纷分别适用不同的诉讼程序法,审理角度不同,司法逻辑存在差异,裁决的价值取向也不尽相同,导致了三种知识产权类诉讼案件存在交叉审理状况时的矛盾凸显,相同的事实会出现截然相反的判断。譬如,刑事案件认定构成侵犯商业秘密,而民事案件却作出不存在商业秘密的认定,行政案件中裁决行政机关就侵犯商标权行为的处罚合法,而民事案件中却认定不构成侵犯商标权。这种状况的出现,与现代法治精神要求的司法统一性格格不入,"裁判尺度的不统一,极大地损害了国家司法的公信力"⑤。正是鉴于此,在实践的推动下,不少经济发达地区的法院主动采取了改革措施,发起了一场自下而上的知识产权审理模式的改革,"三审合一"的审理模式在全国部分地区的法院中逐步开始了试水和探索。

2. 国情决定

司法活动的开展,审理模式的选择,都应以国内实际情况为客观基础。我国幅员辽阔,各地经济发展水平差异较大,作为上层建筑领域的司法体制自然受经济基础所决定。知识产权相比物质实体,属于更高层次的权利体系,经济欠发达地区参与社会交往的主体更多关注的是物质上的权利,对于无形的知识产权自然关注度较低,甚至对知识产权这一概念都还很陌生,这也决定了经济发达地区的知识产权纠纷多发,而经济落后地区则反之的国情状况。这一基本国情决定了不可在

---

① 孙应征.知识产权法律原理与实证解析.北京:人民法院出版社,2004:15.
② 郑成思.中国知识产权保护体系改革研究.北京:知识产权出版社,2008:91.
③ 郑成思.中国知识产权保护体系改革研究.北京:知识产权出版社,2008:91.
④ 数据来源于:中国法院知识产权司法保护状况(2013 年).人民法院报,2014-4-26(2).
⑤ 孙海龙.知识产权审判法专题判解与学理研究(综合卷).北京:中国大百科全书出版社,2010:121.

全国范围内一刀切，"三审合一"的审理模式，对于经济落后地区的法院来说，显然只是种束之高阁的摆设，或是对审判资源的粗暴合并。因为一个完善的"三审合一"审判庭的组建远非简单的法官拼凑，而是多方位的立体组合。因此，在经济发达地区，知识产权案件数量较充裕的地区以试点方式开展"三审合一"的审理，其他地区以分散审理知识产权案件的司法体制是符合当下国情的。

3. 国际影响

我国在 2001 年正式加入了 WTO，其中很重要的一部分需承担的义务就是加大对知识产权的保护。这需要我国在知识产权司法保护领域的司法统一，而分散于三大诉讼领域的各条审判业务线的知识产权诉讼显然无法实现知识产权审判尺度的统一。实际上，这不仅仅是"中国特色"，而是世界各国在知识产权司法保护进程中普遍出现的"成长的烦恼"。因此，不少经济发达国家都在不同程度上将知识产权审判专门化，或是统归于知识产权专门审判庭，或是成立专门的知识产权法院。比如美国 1982 年建立的 CAFC，专门管辖全国范围内专利诉讼上诉案件，被认为是"知识产权领域在过去四分之一个世纪最有意义的一项制度创新"。[①] 德国在 1961 年成立了国际上第一个专门的知识产权法院，处理对专利和商标局决定不服的案件。我国台湾地区于 2008 年 7 月设立了智慧财产法院专属管辖知识产权民事、行政和刑事案件，其设立目的在于提高智慧财产案件审判的专业性和效率。[②] 因此，随着国际知识产权司法保护环境的变迁，作为 WTO 成员方的我国势必需要在知识产权的审理模式上作出应变措施，故"三审合一"的审理模式应运而生。

三、知识产权司法体制的优势分析

分析知识产权司法体制，主要即"三审合一"审理模式的现在时，保留并提升先进之处，淘汰或改革落后之处，以此方法来确定将来时的方向和目标。

(一)有限的集中化

"三审合一"的知识产权审理模式，其核心就是在于"集中"，该模式改变了三大诉讼各自审理的分散模式，使司法权对于知识产权的保护力度更易集中和整合，避免了各自为政所带来的在衔接方面的诸多不利因素，"形成知识产权保护合力，有效解决行政、民事和刑事交叉案件中存在的问题"[③]。由此看来，"集中"这一原则是有利于司法保护的，但目前的"集中"仍止步于有限的范围内，主要体现在，集中管辖仍然是局限于法院机构内部，本质上只是对案件在不同业务庭之间的分流作了调整，大部分正在开展"三审合一"工作的法院，都是将本应分流到行政庭和刑事庭的涉知识产权案件改由专门审理知识产权民事案件的业务庭进行审理，同时配以相关审判人员的调配，充实知识产权民事审判庭的综合审判力量。如此做法虽相比分散的审判有一定优势，但仍然无法避免知识产权案件在司法管辖问题上的混乱局面。由于我国对于民事纠纷中的专利案件的管辖，确立的是中级法院一审管辖的原则(目前有少数基层法院已开展专利一审民事案件的试点工作)，只是将商标权、著作权等一般知识产权民事案件的管辖权下放到部分基层法院，而刑事和行政案件却无此限制，这意味着某个专利侵权行为，民事赔偿的一审在中级法院，刑事案件的一审却在基层法院。而在一些无一般知识产权民事案件管辖权的基层法院，则三大诉讼类的知识产权案件都会出现类似情况，如此的管辖规则显然为审理中的冲突和裁判结果的矛盾埋下了隐患。

① [美]威廉·M·兰德斯，理查德·A·波斯纳.知识产权法的经济结构.金海军译.北京:北京大学出版社,2005:2.
② 傅利英,张晓东.台湾地区智慧财产法院制度及运作状况评述——兼评与大陆法院试行的"三审合一"模式的区别.科技与法律,2008(5).
③ 易玲.知识产权三审合一的"合"与"分".政治与法律,2011(11):118.

(二)局部的统一性

知识产权案件的审理逻辑与普通案件的最大区别就在于存在"基础关系"的认定,这一"基础关系"指的就是对知识产权的确权和对侵害关系构成要件的判定。"三审合一"模式的最大优势就是使审理民事、刑事和行政的法官统一到一个专门的庭,最大限度地减少对于"基础关系"认定上的差异,相比"三审分立"的模式在裁判结果的统一性上有很大进步。但这种统一性存在局部性,即只局限于单个法院内部。基于前述的在案件管辖上的混乱局面,出现局部的统一是可以实现的,因为在某个法院内部,只需"三审合一"就可最大限度地实现裁判把握上的趋同,但一旦涉及某个知识产权侵权事实的民事赔偿和刑事判罚为不同法院审理裁决时,这种统一性自然会被削弱甚至出现截然相反的结果,即同案不同判的矛盾情形。要处理这种矛盾情形,就又回到了三大类诉讼案件的交叉审理的问题上。因此,"三审合一"在解决案件审理的统一性上仍然存有不小的局限性。

(三)失衡的专门化

现代法治的理念越来越趋向法官内部的专业化,即要求对于法官作适当的专业归类。目前我国的法院内设机构大多仍是以传统的诉讼程序作专业庭的归类方式,同时在庭内部,辅以案件类型作一定程度的再分类,以此来实现法官的专门化审理。知识产权类案件的审理,需要法官有适当的工科类背景或实践经验,特别如专利案件,且审理的思维逻辑又有其特殊性,存在"基础关系"的认定,"三审分立"的模式,要求刑事、行政及民事的法官以知识产权的视角去审理刑事案件、行政案件和民事案件,而"三审合一",只需经验丰富的具有知识产权审判理念的法官去了解和熟悉刑事、行政和民事的三大类诉讼程序的基本流程。相比而言,后者的模式选择更能促进法官的专门化,更能培养出高素质的精通知识产权审理技能的专门化法官。但是,在"三审合一"的模式下,知识产权审判庭的法官仍然属于普通法院内的法官,在目前知识产权案件数量地区分布不均衡的情况下,该庭的法官可能仍然要审理其他类型的案件。这就产生了地区性的法官业务能力的失衡。另一方面,从法官自身角度看,目前实践操作中,"三审合一"的审判庭内的法官原先大部分从事民商事审判工作,而在刑事和行政类知识产权案件相对较少的情况下,主要的精力仍然投入到了大量的知识产权民事案件的审理中,这也导致了法官自身业务能力的失衡。因此,综合来看,虽然"三审合一"实现了知识产权法官的专门化,但从长远眼光分析,失衡的专门化对于知识产权类精英型法官的培养,其促进作用将日渐弱化。

四、知识产权司法体制的目标展望

从上述对"三审合一"审理模式的分析,不难看出,该模式有进步之处,但无法满足未来对知识产权司法审判的需求,"只能作为一种向更新的模式衍进和嬗变的过渡性和暂时性选择"①。因此,提升该过渡模式的可取之处,未来的答案和目标自然已经明了。

(一)"独立门户"的集中化

在法院内部的集中审理,无法逾越地方法院的各种条框,与地方法院同呼吸,共命运,同样受制于地方各种权力部门的牵制,地方保护主义色彩也同样会渗透在知识产权案件的审判之中。欲摆脱之,只能更高层次的集中化,脱离于地方行政区划,将知识产权案件的审判"独立门户",建立起集

---

① 姚莉.时代呼唤知识产权法院的设立.人民法院报,2009-04-09.

中审理知识产权案件的专门法院。鉴于知识产权案件的特殊性,其专门法院的建制应当保持自上而下的独立司法体系,使知识产权案件在全国范围内都能保证完整性,符合司法的统一性需求。不同于我国的军事法院、海事法院等专门法院,是根据某个领域或某个地域的需求而设置的专门法院,知识产权专门法院应当是在全国范围内普遍存在的具有独立的上下级审级关系的审判体系,而非只是某个行政区域内的地方法院的分支机构。

(二)"因地制宜"的统一性

知识产权专门法院的建制,应当遵循我国单一制国家结构形式的要求,因此,以知识产权专门法院为结构基础的知识产权专门的审判体系架构,方可实现在全国范围内的知识产权审判的统一性。通过合理的在各省、各地区配置专门的知识产权法院,协调好就某个侵害知识产权的民事、刑事和行政三类诉讼案件的统一归口,才是解决"同案不同判"、"同事不同果"的出路。当然,这种全国范围的统一性,应当只是就相同或相似的法律事实在适用法律时保持原则上的一致,而非细化到判赔数额等的完全相同,这显然也是违背了以事实为基础的审判原则,因为每个案件的事实都是有客观外在环境作为背景的。全国范围内,各地经济、政治、文化、民风等都千差万别,不可能也不应该在审判细节上都完全相同。鉴于此,专门法院的统一性需要"因地制宜",以客观的司法环境为背景基础,以统一的审判思维为司法原则来处理每个特定的案件,在保证全国的原则统一性的基础上,又不失"地方特色"。统一性的着眼点是在知识产权专门法院审判体系内,最大限度避免矛盾裁判的出现,而非实现完全相同的机械裁判。统一要解决矛盾,但不是等同。

(三)"业有专攻"的专门化

"三审合一"模式下的法官,混杂了长期从事民事、刑事或行政诉讼类案件的法官,从知识产权审理角度看,符合了专门化的需求,但事实上,知识产权案件的审理,仍然是包含了民事、刑事和行政三大类诉讼案件的审理,从司法审判角度看,其横跨了所有诉讼类型的案件,如此之跨度的综合性审判,使得该模式徒有了"专门化"的虚名,本质上是知识产权审判的大而杂。而作为一个普通法院的内设部门,再作内部细分的空间已经捉襟见肘。因此,只有建置专门法院,才能实现知识产权审判的小而精。作为独立的专门法院,可按案件类型设立内部机构,使某个机构的法官专注于该类型的知识产权案件的审判,通过长期的实践,自然能够形成该诉讼领域内的知识产权精英型法官。比如知识产权刑事审判领域的专业法官,其应当具备刑事审判技巧和对知识产权法律的精通;又如知识产权民事审判领域,属于目前案件数量最多的知识产权审判领域,还可细分精通著作权案件、商标权案件、专利案件等的专业法官。对于知识产权审判,当事人所需要的,与其是"全面略懂"的全才,还不如是"业有专攻"的精英。

五、知识产权司法目标体制的实现路径

从上述已设定的目标中,可以看出,就知识产权司法体制的未来,更高层次的"分",即专门法院的建置是正确的方向,低层次的"分"是将知识产权案件分散于普通法院各条审判业务线,而高层次的"分"是建立在集中管辖的基础之上,将知识产权的整体司法运作体系从普通法院内分离,显然这一"分",是质的提升和飞跃,符合了事物发展的规律。如何从现有的司法体制转变为未来的目标体制,是涉及组织、人事、机构、财政等多方面、全方位、综合性的复杂工程,笔者仅从司法权力运行的角度对路径的选择作一简单阐述。

（一）纵向路径

当知识产权案件的司法权从普通法院分离之后，就会在全国范围内出现自上而下的就知识产权案件的相对独立的纵向司法体系。如何配置从基层到中央的司法权力，如何设置权力的运行方式等都属于对纵向问题的路径选择。

1. 关于专门管辖的范围

对知识产权案件进行独立的专门管辖，首先应当明确界定专门管辖的范围，即将哪些案件的司法管辖归类为知识产权专门法院的管辖范围之内。简单而言，只要案件事实或法律适用涉及知识产权，包括刑事、民事和行政类案件，都应归类于专门法院集中审理。这其中涵盖了目前已经由"三审合一"模式下，知识产权庭审理的全部案件，同时建议，对于以知识产权为基础关系的其他类型的案件，如侵犯知识产权的侵权人依据合同关系的追偿案件，或者某些合同类纠纷中权利义务有涉及知识产权方面，且存在争议可能性的民事类案件，以及犯多罪的刑事案件中，包含了部分知识产权类犯罪的案件等，该种类型的案件应一并归入专门法院集中审理，尽可能实现知识产权相关案件的裁判尺度的统一。由此，知识产权专门法院审理的案件类型事实上可能并不局限于目前的知识产权类案由的范围内，任一其他案由的案件只要有涉及知识产权方面的实体纠纷，都可由专门法院集中管辖。

2. 关于终审程序的审级

司法权具有天然的终局性，知识产权案件的审理也应当在专门法院的体系内终结，这便涉及终审制度的设置问题。我国对于三大诉讼类案件的终审制度都规定了二审终审制，包括对于海事法院、军事法院等专门法院的审级亦是如此，考虑到司法权力运行的平稳过渡和司法受众体的认知连续性，建议对于知识产权专门法院仍然适用二审终审制。且从司法效率方面看，"涉及专利、商标、商业秘密等案件，往往同时具备受害范围广、受影响程度深、损害后果大的特点，加上技术更新的周期越来越短，使得知识产权案件的审判只有不断提高效率，才能避免迟来的正义"[①]。因此，实行二审终审，兼顾了公平与效率，应适用之。但知识产权专门法院的二审终审制，还是有所区别，其应与三级专门法院相配套，因此是"三级二审终审制"。也就是说，在建置专门法院的层级上，应当摒弃与目前普通法院相对应的四级，依据知识产权案件目前的总体收案情况和其专业性强、技术要求高的特征，只需在全国自上而下建立三个层级，即初审法院、上诉法院以及在最高法院内设的知识产权庭。从目前现实的知识产权案件纵向收案情况看，专利类案件基本都在中级法院初审，一般类案件在部分基层法院、少部分中级法院初审，在过渡到专门法院后，专利类和一般类的知识产权案件都将由初审法院集中审理，上诉法院则只受理对于初审法院的上诉案件，而最高院的知识产权庭则统一对全国范围内的案件审理作指导和监督。该种纵向司法权的分配模式，既能保证初审案件的单头集中化，避免了出现不同类型知识产权案件在不同层级法院集中审理的情况，也能使所有初审案件在上诉法院能够得到终审，从而保证了在上诉法院管辖范围内裁判结果的趋同性，避免出现该区域内审理中的裁判矛盾。

3. 关于地域管辖的布局

在确定以"三级二审终审制"的审级制度后，在全国范围内就需要以地域为基础来划分专门法院的建置。由于全国沿海和内陆地区的经济发展水平差异明显，导致各地目前的知识产权案件收案数量上存在较大的差异。但笔者认为，作为建置知识产权专门法院这一系统性的复杂工程，还是应从全国范围内同步进行，不应以案件数量差异而对各地区别对待，否则会导致在全国范围内存在

---

① 何铭. 知识产权案件审判模式改革研究. 知识产权，2012(10)：38.

两条知识产权司法权力的运行纵线,一条是在专门法院,一条则是在未建置专门法院地区的普通法院,如此则易导致知识产权纵向司法运作的混乱,该种司法体制不符合我国单一制国家的结构体系。鉴于上述考虑,建议上诉法院的设置可以按目前的省级行政区划,同时参照全省范围内各个地区的知识产权案件的收案数量,合理配置一至三个上诉法院在每个省级行政区划。如作为知识产权审判工作开展较成熟的地区,如北京、上海、广东、浙江、江苏等,可以依据客观需要,在一个以上,适当多配置上诉法院,对全省(市)范围的上诉案件依据地域范围作划地分管,而其他省级地区则至少应配置一个上诉法院,统管全省(市、自治区)内的所有知识产权上诉案件。同时在每个省级地区以下,还应根据案件审理的客观实际,在各地建置初审法院。初审法院是所有知识产权案件的一审法院,对一审裁决不服,都可向所属的上诉法院提起上诉,上诉法院的二审裁决即属于终审裁决。如此纵向司法权力运作的设置,可以保证在只设立一个上诉法院的地区,对于知识产权案件的事实认定和法律适用上的高度一致,而在设多个上诉法院的省辖区内,也只需通过少数几个上诉法院之间的沟通协调来避免相互矛盾的裁判结果的出现,从而实现"因地制宜"的统一。

(二)横向路径

对于横向问题的路径选择,是相对于纵向问题而言的,主要是包含了同等层级的知识产权专门法院之间的关系和单个知识产权专门法院内部的横向权力运行的问题,换言之,就是单个知识产权初审法院的内部和外部的关系运作。

1. 外部——初审法院的地域分工

由于知识产权侵权类案件的管辖主要是依据侵权行为地或被告所在地,地方保护主义的思想会使侵权行为发生地或被告所在地法院在司法过程中对本地侵权人或多或少的予以一定程度的关照,从而使对外地而来的维权人的保护力度减弱。因此,建议对初审法院的地域建置应当摒弃与行政区划保持一致的设计原理,反而应当跨行政区域,依据知识产权审判之需,合理划分省级行政区划下的地域范围,并设置合理数额的初审法院。以浙江地区为例,杭州市如设置一个初审法院,则可以集中管辖其本地及周边的嘉兴、湖州两地区的知识产权案件,而宁波市设置的初审法院则可管辖本地及绍兴、舟山地区的案件。如此设置初审法院,能够打破司法审判的地方化,有效排除地方行政机关对知识产权司法工作的干预,最大限度实现知识产权审判的独立性。此种跨行政区划而设置的初审法院格局,从一定程度上阻碍了权利人维权诉讼的便利性,某些未设置初审法院的地区的权利人需要到较远地区的初审法院进行维权诉讼。但以目前的交通便利性而言,该种程度的便利性上的牺牲而换取的司法公平和裁判结果的统一,应该说是值得的,是一种取其大利而舍小利的正确的选择结果。过于分散的初审法院,提升了诉讼便利性,却因多种因素无法换来权利人预想的公正结果,得不偿失,实不为取。而事实上,可以采取变通作法来提升便民诉讼,即在某个初审法院辖区内,某个地区的知识产权案件多发的情况下,按需可在该地区设置初审法院的派出法庭,充分发挥我国法院巡回审判的便利优势,为该地区的当事人维权诉讼提供便利。比如前述的宁波地区的初审法院,可视情况在案件数量较多的绍兴地区设立派出法庭,管辖绍兴地区范围内的一审知识产权案件。

在初审法院的设置上,还有涉及与知识产权确权相关联的一个特殊地区,即北京地区,对于专利复审委员会和商标评审委员会就专利权和商标权的确权裁决,需要通过行政一、二审来最终确定权利的有效性。这种准司法的裁决,往往成为了目前知识产权司法程序中的前置程序,从而被不少被诉侵权人恶意利用,成为拖延维权诉讼的一大"法宝",同时也从一定程度上降低了司法权威性。故建议,在专门法院建置体系中,应当将知识产权权利的司法确认权直接归入法院,无需通过此种行政前置程序,"将专利复审委员会和商标评审委员会等'准司法'性质的行政权收归于专门的知识产权法院行使"①,交由知识产权专门法院来判断专利和商标的有效性。但考虑到全国各地法院和法官的司法水平上的参差不齐、专业技术要求较高以及从全国范围内来保证权利确认的一致性,涉及权利确权的诉讼案件建议统一由设置在北京地区的初审法院集中管辖为宜,否则,各地法院各自为政进行确权诉讼,显然会导致结果的矛盾和权利的不稳定性。

　　2. 内部——内设机构的职责分工

　　作为独立的专门法院,势必要对内设机构作合理划分,这也为知识产权案件审判工作的细化提供了良好的条件,审判分工的细化就为培养更专业化的知识产权法官提供了优质的土壤。依据三大类型诉讼程序划分民事、刑事和行政案件,是属于粗分,对于刑事和行政,鉴于案件数量不多,可不再往下细分,而对于民事类,可依据权利类型继续细分。如可依知识产权中的三大种类权利,专利权、商标权和著作权,同时结合其他数量较少的类型案件,可在专门法院内部分设专门审理专利类案件、商标类案件、著作权类案件、不正当竞争类案件、植物新品种和集成电路布图设计类案件等类型的审判庭。如此相对独立和审判人员相对稳定的细化案件审理分工的设置,极大程度上为法官精通于某个类型的知识产权案件审理创造了条件和环境,使法官能以更专注的精力投身于自身范围内的类型化案件,而无需疲于应付其他类型的知识产权案件,甚至非知识产权类案件。类型单一的审判可能会使人员的流动性上产生一定程度的劣势,但同时也为专而精的优势创造了必要条件。因为从某种层面上看,如果不能培养出一批某个领域的专家型法官的话,那么知识产权专门法院的建置的初衷则可能会无法达成。

六、结　语

　　知识产权司法体制的未来,需要从现有的体制,通过系统复杂的建置工程,逐步走向更高层次的"分",独立于普通法院体系。从分到合,再从合到分,这不是返回原点,而是更高层次的起点。正如郑成思教授所言,我国用了不到20年的时间走过了西方国家几百年的路程。②而接下来的20年要走的路,可能充满了更多的未知,任重而道远。笔者才疏学浅,仅能从自我有所接触的司法权力的运行方面进行了粗浅的探讨,以期能抛砖引玉,为我国知识产权专门法院的构建提供些参考思路,如有幸能产生些许有益的价值,则已不胜荣幸。

---

① 叶同友.论我国知识产权法院之构建.http://www.doc88.com/p—661150520954.html,2014-05-29 访问.
② 郑成思.知识产权法.北京:法律出版社,1998:23.

图书在版编目(CIP)数据

仰山论丛.2013卷 / 黄董良主编. —杭州：浙江
大学出版社，2014.12
ISBN 978-7-308-14297-7

Ⅰ.①仰… Ⅱ.①黄… Ⅲ.①高等学校—教学研究—
中国—文集②高等学校—教学改革—中国—文集 Ⅳ.
①G642.0-53

中国版本图书馆 CIP 数据核字（2014）第 303402 号

仰山论丛（2013 卷）

黄董良　主编

责任编辑	叶　抒
封面设计	刘依群
出版发行	浙江大学出版社
	（杭州市天目山路 148 号　邮政编码 310007）
	（网址：http://www.zjupress.com）
排　　版	浙江时代出版服务有限公司
印　　刷	杭州日报报业集团盛元印务有限公司
开　　本	880mm×1230mm　1/16
印　　张	9.75
字　　数	268 千
版 印 次	2014 年 12 月第 1 版　2014 年 12 月第 1 次印刷
书　　号	ISBN 978-7-308-14297-7
定　　价	35.00 元